機運之謎

－數學家 Mark Kac 的自傳－

Mark Kac 著｜蔡聰明 譯

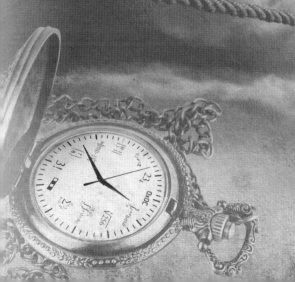

三民書局

國家圖書館出版品預行編目資料

機運之謎：數學家Mark Kac的自傳— / Mark Kac著;蔡
聰明譯.－－初版二刷.－－臺北市：三民, 2018
面； 公分.－－(鸚鵡螺數學叢書)

ISBN 978-957-14-5736-9 （平裝）

1.卡茨(Kac, Mark, 1914-1984 2.數學 3.傳記 4.波蘭

784.448   101021085

© 　機運之謎
—數學家 Mark Kac 的自傳—

著 作 人	Mark Kac
譯 　 者	蔡聰明
總 策 劃	蔡聰明
發 行 人	劉振強
發 行 所	三民書局股份有限公司
	地址　臺北市復興北路386號
	電話　(02)25006600
	郵撥帳號　0009998-5
門 市 部	(復北店)臺北市復興北路386號
	(重南店)臺北市重慶南路一段61號
出版日期	初版一刷　2013年1月
	初版二刷　2018年1月
編 　 號	S 316810

行政院新聞局登記證局版臺業字第〇二〇〇號

有著作權‧不准侵害

ISBN　978-957-14-5736-9　　（平裝）

http://www.sanmin.com.tw　三民網路書店
※本書如有缺頁、破損或裝訂錯誤，請寄回本公司更換。

《鸚鵡螺數學叢書》總序

本叢書是在三民書局董事長劉振強先生的授意下，由我負責策劃、邀稿與審訂。誠摯邀請關心臺灣數學教育的寫作高手，加入行列，共襄盛舉。希望把它發展成為具有公信力、有魅力並且有口碑的數學叢書，叫做「鸚鵡螺數學叢書」。願為臺灣的數學教育略盡棉薄之力。

I. 論題與題材

舉凡中小學的數學專題論述，教材與教法，數學科普，數學史，漢譯國外暢銷的數學普及書，數學小說，還有大學的數學論題：數學通識課的教材、微積分、線性代數、初等機率論、初等統計學、數學在物理學上的應用、…等等，皆在歡迎之列。在劉先生全力支持下，相信工作必然愉快並且富有意義。

我們深切體認到，數學知識累積了數千年，內容多樣且豐富，浩瀚如汪洋大海，數學通人已難尋覓，一般人更難以親近數學。因此每一代的人都必須從中選擇優秀的題材，重新書寫，以更好的講法，注入新觀點、新意義、新連結。從舊典籍中發現新思潮，讓知識和智慧與時推移，與時俱進，活化數學，給數學賦予新生命。本叢書希望聚焦於當今臺灣的數學教育所產生的問題與困局，以幫助年輕學子的學習與教師的教學，舉例來說，我們期待有人能為中學的師生寫一本簡明的數學史。

從中小學到大學的數學課程，被選擇來當教育的題材，幾乎都是很古老的數學。但是數學萬古常新，沒有新或舊的問題，只有寫得好或壞的問題。兩千多年前，古希臘所證得的畢氏定理，在今日多元的光照下只會更加輝煌、更寬廣與精深。自從古希臘的成功商人、第一

位哲學家兼數學家泰利斯 (Thales，約 640–548 B.C.) 首度提出兩個
石破天驚的宣言: **數學要有證明，以及要用自然的原因來解釋自然現
象** (拋棄神話觀與超自然的原因)。從此，開啟了西方理性文明的發
展，因而產生數學、科學與民主，幫助人類從農業時代走到工業時代，
以至今日的電腦資訊文明。這是人類從野蠻蒙昧走向文明開化的歷史。

古希臘的數學結晶於歐幾里德 (Euclid，約 325–265 B.C.) 13 冊
的原本 (The Elements)，包括平面幾何、數論與立體幾何; 加上阿波羅
紐斯 (Apollonius，約 262–190 B.C.) 8 冊的圓錐曲線論; 再加上阿基
米德 (Archimedes, 287–212 B.C.) 求面積、體積的偉大想法與巧妙計
算，使得他幾乎悄悄地來到微積分的大門口。這三個人的工作合稱為
古希臘數學的偉大三重奏 (great trio)。這些內容仍然都是今日中學的
數學題材。我們希望學子能夠學到大師的數學，也學到他們的高明觀
點與思考方法。

目前中學的數學內容，除了上述題材之外，還有代數、解析幾何、
向量幾何、排列與組合、記述統計、最初步的機率與統計推理 (區間
推估，信賴區間與信心水準)、初步的線性代數 (線性規劃、一次聯立
方程組、矩陣與行列式)、初步的微積分 (只探討多項函數的簡單情
形)。對於這些題材，我們希望本叢書都會有人寫專書來論述。

一切文明都是人類在特定時空與社會環境背景下所創造出來的
(發現或發明)。因此，面對古老的題材，我們特別要強調數學史、人
文、物理、方法論、⋯諸要素的融合，還要講究統合與連貫性，讓讀
者的經驗與知識之增長，有系統地逐漸挖深與拓展。數學是一部最精
純的方法論，只有連貫的知識才會是美而有用，並且容易掌握。

古希臘的畢氏學派 (Pythagorean school) 認為宇宙 (Cosmos) 是有
秩序的，按自然律 (laws of nature) 在運行，並且可以用理性 (logos，
邏格思) 來掌握。這個 logos 的核心就是 logic 與數學，所以他們提出

「萬 有 皆 數，數 統 治 著 宇 宙」(All is number. Number rules the universe.) 的偉大思想。後來哲學家柏拉圖 (Plato, 427–347 B.C.) 創立雅典學院，在門口標舉「不懂幾何學的人不得進入此門」，並且對於數學大大稱讚說：

> 上帝永遠在做幾何化的工作。幾何志在永恆的知識。幾何引導靈魂走向真理，創造出哲學的氛圍。算術具有強大的提昇力量，迫使靈魂只對抽象的數作計算與推理，不讓可見或可觸摸的東西進入論證之中。

文藝復興（約 1400–1600）之後，現代科學之父伽利略 (Galileo, 1564–1642) 也強調：「偉大的自然之書 (The Book of Nature) 是用數學語言寫成的，不懂數學就讀不懂這本書。」發明微積分的萊布尼茲 (Leibniz, 1646–1716) 更宣稱：「世界上所有的事情都按數學的規律來發生。」法國偉大的數學家、數學通人 Poincaré (1854–1912) 說：「大自然是數學問題最豐富的泉源」。他又說：

> 數學家並不是因為純數學有用而研究它；
> 他是因為喜愛而研究它，他喜愛它是因為它美麗。

他們全都在強調數學本身的真與美，以及用來研究宇宙大自然的無窮威力。在人類歷史上，講究「唯用是尚」的民族，數學與科學都沒有什麼發展，誠如數學家項武義教授所說的「唯用是尚，則難見精深，所及不遠」。

數學是科學的語言，是人類理性文明的骨幹，是說理論證的典範。數學是一種科學，一種哲學，一種藝術，一種語言。數學作為一種語言，包括四個層次：

自然語言 (natural language)，專技語言 (technical language)

符號語言 (symbolic language)，圖形語言 (graphic language)

翻開任何一本數學書，都可以看到這四種語言。自然語言就是我們日常生活所用的語言；專技語言是數學的專門術語，例如虛數、函數、方程式、微分、積分等；符號語言是數學的主要特色，數學大量用記號來表達其內涵，例如代數的 x，函數 $y = f(x)$，三角形面積的 Heron 公式 $\Delta = \sqrt{s(s-a)(s-b)(s-c)}$；最後是圖形語言，數學研究的兩大主題是數與形，形就是圖形，坐標系使得數形結合成一家，並且具有更寬廣的發展潛力（例如高維空間）。面對抽象的東西通常作個圖解才好理解，因為「**數缺形少直覺，形缺數難入微**」。

在四種語言中，比較讓學子困擾的是專技與符號語言。誠如 Laplace 所說：「**數學有一半是記號的戰爭**」。因此，創造適當的記號與掌握記號，是掌握數學的要訣。這跟小孩子學習母語一樣，嘗試改誤 (trial and error)，多做練習，是必要的功夫。

II. 讀者的對象

本叢書要提供豐富的、有趣的且有見解的數學好書，給小學生、中學生到大學生以及中學數學教師研讀。我們會把每一本書適用的讀者群，定位清楚。一般社會大眾也可以衡量自己的程度，選擇合適的書來閱讀。我們深信，閱讀好書是提升與改變自己的絕佳方法。

教科書有其客觀條件的侷限，不易寫得好，所以應該要有其它的數學讀物來補足。本叢書希望在寫作的自由度差不多沒有限制之下，寫出各種層次的書，讓想要進入數學的學子有好的道路可走。看看歐美日各國，無不有豐富的普通數學讀物可供選擇。這也是本叢書構想的發端之一。

　　學習的精華要義就是，儘早學會自己獨立學習與思考的能力。當這個能力建立後，學習才算是上軌道，步入坦途。可以隨時學習，終身學習，達到「真積力久則入」的境界。

　　我們要指出：學習數學沒有捷徑，必須要花時間與精力，用大腦思考才會有所斬獲。不勞而獲的事情，在數學中不曾發生。找一本好書，靜下心來研讀與思考，才是學習數學最平實的方法。遇到問題，有能力找到好書，自己閱讀，找同學或老師討論，以尋求解決之道。古希臘的原子論大師 Democritus（約 460–362 B.C.）說：「我只要尋得事物的因果，即使波斯帝國都不換」。自己想出的一個答案，勝過別人告訴你的一千個答案。

III. 鸚鵡螺的意象

本叢書採用鸚鵡螺 (Nautilus) 貝殼的剖面所呈現出來的奇妙螺線 (spiral) 為標誌 (logo)，這是基於一個我喜愛的數學典故，也是我對本叢書的期許。

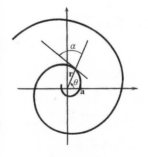

鸚鵡螺貝殼的剖面　　　　　　　　等角螺線

　　鸚鵡螺貝殼的螺線太迷人了。它是等角的，即向徑與螺線的交角 α 恆為不變的常數 $(\alpha \neq 0°, 90°)$，從而可以求出它的極坐標方程式為

$r = ae^{\theta\cot\alpha}$，所以它叫做指數螺線 (the exponential spiral) 或等角螺線
(the equiangular spiral)；也叫做對數螺線 (the logarithmic spiral)，因為
取對數之後就變成阿基米德螺線。這條曲線具有許多美妙的數學性質，
例如自我形似 (self-similar)，它是飛蛾撲火的路徑，又跟黃金分割
(golden section) 與費氏數列 (Fibonacci sequence) 都有密切的關係，結
合著數與形、代數與幾何、藝術與美學、建築與音樂，讓瑞士數學家
Jakob Bernoulli (1654−1705) 著迷，要求把它刻在他的基碑上，並且刻
上一句拉丁文：

Eadem Mutata Resurgo

此句的英譯為：

Though changed, I arise again the same.

意指「雖然變化多端，但是我仍舊照樣升起」。這蘊含有「變化中的不
變」之意，象徵規律、真與美。

IV. 給讀者的建議

在電腦資訊時代，提出問題與解決問題的能力，以及創意的培養，是
教育與學習的核心。地球的資源有限，只有創意是無窮的，是創意在
推動著世界。數學有最豐富的材料與問題可以鍛鍊這些能力，並且只
有數學可以不獨斷地以說理的方式來教導這些東西，提供給學子自己
找尋與發現的機會。

　　數學的主要特色是不斷的抽象拔升，這是為了抓住本質，達到一
般化與普遍化的境界，以觸摸無窮。數學透過計算、邏輯推理與證明
來掌握一切，但是不要忘記，直觀與想像力才是數學的領頭羊。順便
一提，計算也是至精至簡的證明。

　　再來是數學作文，這包括閱讀與表達的能力。不但要能夠讀懂書本與問題的敘述，而且還要能夠透過口頭與書寫，流暢地說理論述。這些能力都是目前學子最薄弱的一環，要努力補強。

　　徹底解題與後續處理的重要性：藉著解題，將所涉及的數學概念、公式、定理與方法都切實地掌握住，把觸鬚伸出去，跟周邊的東西連結，向四面八方擴散。我們要強調，數學的解題貴在徹底，而不在於多。解完題之後，還要再作一番回味與整理，融入所學的一般理論體系之中，得到理解。

　　對於數學教師而言，必須深切體認到，學子的心靈不是一個桶子，有待填滿，而是一把火種，需要點燃，之後就會自己燃燒。其次，要讓學子對數學有所感動，一個必要條件是教師要先對數學有所感動；若缺此，那麼教師學習再多的教育理論與教學技巧都於事無補。

　　當然，好的教學法不唯一，從理想的蘇格拉底教學法（一對一的對話啟發），到填鴨背記的教學法，在這兩極之間存在有許多好的教學法與優秀教師。重點是，教師要找尋與建立自己獨特的風格 (style)。教與學是一體的兩面。教學是一種藝術，要教導理解，這端賴教師的學識與創意安排。

　　在今日變遷這麼快速的時代，舊典範已破，新典範未立，好壞雜陳。一方面是社會充斥著浮誇，功利當道，鋪天蓋地；另一方面是新事物如雨後春筍。在這種充滿著危機與轉機的情況下，有志與有眼光的青年，不要隨波逐流，應該及早領悟，終究是要沉潛下來，努力經營頭腦，做扎實的基本功夫，掌握數學的精神要義，才能走更寬廣且更長遠的道路。

　　發明集合論以征服無窮的 Georg Cantor (1845–1918) 有兩句名言：

1. 在數學中，提出正確問題的藝術比解決問題的藝術更重要。

   (The art of asking right questions in mathematics is more important than the art of solving them.)

2. 數學的本質在於它的自由。

   (The essence of mathematics lies in its freedom.)

這已經變成數學的格言，至今依然擲地有聲，膾炙人口。我引出來跟讀者分享與共勉。

　　鸚鵡螺來自海洋，海浪永不止息地拍打著海岸，啟示著恆心與毅力之重要。最後，期盼本叢書如鸚鵡螺線之「歷劫不變」，在變化中照樣升起，帶給你啟發的時光。

> 眼閉
> 從一顆鸚鵡螺
> 傾聽真理大海的吟唱
>
> 靈開
> 從每一個瞬間
> 窺見當下無窮的奧妙
>
> 了悟
> 從好書求理解
> 打開眼界且點燃思想

蔡 聰 明

2012 年歲末

推薦序

上個學年我和蔡聰明教授微積分的上課時段完全一致，因為我這位好朋友（好同事，好徒弟）說這樣子的安排最方便於一起出去郊遊（＝走山＋泡湯）。（他們夫婦駛車，載不會駛車的我們夫婦。真謝謝他們！）所以我們聊天的機會比起未退休前同一個辦公室時還多得多。

那一次到礁溪阿先溫泉處泡湯，男湯這邊也是只有兩人專享。恰好聊到正在講解的「Taylor 展開」。我說：「教微積分，深度是最大的困擾。什麼該教，什麼不該教，並不好拿捏，尤其是 Taylor 這個題材。」聰明說：「講故事永遠是個好主意。」那麼講什麼樣的故事呢？我說：「其它項目，也許我能夠說一些數學的應用故事，不過 Taylor 展開沒什麼好故事吧」。他說：「我如果跟學生講 "數學可以救命，你們信不信？"」，學生當然都不信，但一定會聚精會神地聽！於是在湯屋中，他就跟我講了 Taylor 展開怎麼樣子救了 Igor Tamm（諾貝爾的物理桂冠者）一命的故事。

從前我也算博聞強記的人，現在知道遠遠不如聰明了！

我提到在五南書局正好要出一本《湖濱高中代數講義》。書中的前半是高中生的方程式論，因此向好友李白飛教授討了一篇極佳的故事文章，附錄在書裡。於是聰明馬上講了 M. Kac 的故事，「三次方程式的卡丹公式救了 Kac 的命」。他說，Kac 的自傳，有一章〈我如何成為一位數學家〉，就講這件事，他已經譯好了。那時候好像他還沒有明確的計畫要譯出整本 Kac 自傳，所以就也讓我附錄在這本講義中了。

當然我也鼓勵他：「那麼應該整本譯出來。」現在機緣圓滿，終於面世，我非常高興欣慰。

　　對於我們來說，Kac 的傳記，比起其他學者的傳記，意義稍有不同。因為我們都是念機率論的人，Kac 所提到的人，我們都相當熟悉。從他的師父 Steinhaus 到他，並不是機率論的主流學者。主流還是俄國學派與法國學派。不過，雖說俄國人 Kolmogorov 才把機率論公理化，波蘭的 Steinhaus 卻是在相近的時期，在弄清楚了獨立性之後，試著把全部機率論中的機率空間，都表達為單位區間（亦即「古典 Lebesgue 空間」）的可測影，從而探討種種的機率問題。（以學問的發展來說，他的想法其實完全正確！Steinhaus 的空間，絕對可以支撐到目前機率論的所有的應用，並不需要抽象的機率空間。）Kac 有這樣的師承，他機率論的思考，都是「扎實的硬算」，他的成果，在在顯示出他的巧妙深邃。

　　在那些著名的機率論者之中，Kac 有一些特出之處。第一：他由師父這邊得到的思考方式，讓他在數論方面發揮了「算術獨立性」的觀點，這與一般的機率論不一樣。因為這裡的「測度」其實不是測度！沒有「測度的連續性」。因此，所有分析學的操作，都不是那麼當然。第二：他獨立地發明了 Feynman-Kac 公式（註）。Kac 的公式，在機率論（Markov 過程論）來看是非常自然的，後來的 Markov 過程論中出現的 Dynkin 公式，基本上是 Kac 公式的推廣、抽象化。在這方面說，Kac 是真正的開創者。（Kac 有著名的演講「聽鼓問題」，他在這方面的研究，其實還是源自他導出 Kac 公式的那個思路。）第三：也許是最重要的，他在統計力學的數學基礎方面，可以說是領導了研究方向。

註：這公式其實是兩個公式，最少是有兩個面向。Kac 的公式不是物理學那一面向的，而是數學這一側的！結果非常有趣：費曼的公式太重要了！很多量子理論的推展，簡直只有用費曼的說法才有辦法計算，所以費曼是超級的天才，這公式的重要性，遠非 Kac 公式可以比。但是另一方面說，兩個公式的數學基礎不同，Kac 的公式完全穩固，費曼的公式，在數學上是有些問題的。

　　M. Kac 的自傳，說來很薄，這是恰如其份。他是一個真正做學問的人，不求聞達（＝不想做公眾人物）。一方面說，他境遇悲慘，在大浩劫中，他是全家子遺。一方面說，他達觀面對，只好接受泰姬 (Tyche) 的賜福，他說「卡丹公式救了他的命」。他高尚的智慧，常常顯現在自傳中的許多幽默。例如說：用「簡單的波蘭人」，向那個應考的研究生提示「單純極點」。

　　閱讀好的傳記，永遠是有益的，尤其是數學家的，因為他們與那些所謂的「偉人」大大不同。讀他們的傳記，讀者領會到的是：很平凡的或者不明亮的環境，卻有非凡的努力，尤其是毅力，再加上很單純的心。對於一個有志於學問的讀者，這種傳記，會給她（他）完全純淨的鼓舞。聰明是極優秀的教師（這有我們台大的獎狀為憑！），教學極具熱忱，表達能力很好！其實他頗有詩人的文采（因為他翻譯華茲華斯的詩作之後，我很欣賞！他偶而的感興小詩，也是那麼浪漫清逸，能夠讀到，真是我的特權！），他的翻譯，信達雅我都敢保證。他為了讓讀者有百分之二百的收穫，加上許多關於當時當地文化氛圍的註解，正是他平日做良師的用心之顯現。

　　這本 Kac 自傳的漢譯，值得所有具有理科大學生水準的人閱讀。

楊維哲

2013 年初

機 運 之 謎
數學家 Mark Kac 的自傳

CONTENTS

＊星號的章節皆為譯者所增補。

體例說明

1. 本書「體例說明」、「譯者導讀」、「Mark Kac 簡略年譜」以及「人名年表」都是譯者加上的，方便於讀者閱讀與對照。

2. 本書在主文中的註解，分成「註」、「譯者註」、「譯者摘要」與「譯者補充」。只有「註」為原作者 Kac 所加入，其餘皆為譯者增補。

3. 在每一章的開頭，都放有「譯者摘要」，說明整章的大意與要旨。另外在章末有時還加入「譯者補充」(若有的話)，為一般讀者補充主文中所提到的重要事件、人物或論題，不論是數學的或非數學的，以幫助讀者理解。

4. 譯者在譯完本書之後，寫了一篇「譯者導讀」，表達譯者的感想與看法，並介紹這本書給讀者，謹提供作為讀者參考。一切還要讀者親自品嚐，獨立思考與判斷。

5. 接下來，從「序文」到「主文」，再到「卷末後記」與「索引」，才是原書正本的譯文。這是本書的核心主體，表現數學家 Kac 所自述的一生。

6. 譯者與 Kac 都是學機率論的，所以譯者加入附錄 I「機率論佳言錄」。這是譯者長期收集有關機率論 (與統計學) 的佳言，當然也包括一些一般數學的佳言。欣賞數學家對數學的看法與觀點，本身就是一件有趣與快樂的事情，這就像聽音樂家評論音樂一樣。

7. 最後譯者再加上附錄 II「譯者推薦書籍」，讓想要進一步延伸閱讀的讀者，可以將求知的觸鬚伸展出去，達到連鎖反應的效果。讀書要採取滲透式的方式，產生擴散與連鎖反應，不斷加深與拓廣，讓眼界與觀點不斷提升。

8. 譯者對本書所增補的部分，期盼對本書的理解有正面的幫助，而不是蛇足。

感謝辭

Kac 讀作 "kahts"，音同「卡茲」。他從小就學法文，喜歡在書中引用法國名家的佳言，以及行文中插入法文的字句。這部分非譯者所能勝任。

　　所幸，譯者請賴東昇教授在法文的翻譯給予協助。譯者在臺大曾上過他開的課「微分式」(Differential forms)，也同遊過英國。多年前譯者到法國旅遊，曾受到他在法國留學的女兒賴慧芸小姐的幫忙。

　　另外，譯者的好朋友李有豐教授的夫人，臺大外文系李欣穎教授，她給予譯者在英文上的疑難相當大的協助。

　　還有，恩師楊維哲教授長久以來的鼓勵與討論，是促成本書誕生的動力之一。他更幫忙閱讀本書的譯稿，提出寶貴的建議與修正，使得本書趨近完善。

　　最後，有關本書漢譯的版權洽商過程，承蒙財團法人福田文教基金會的高瑞錚與張梅音兩位律師協助，以及三民書局所作的大量努力。

　　在此譯者要一併表達感謝他（她）們。當然，如果本書仍還有任何錯誤或不當的地方，那是譯者自己的責任，也請讀者不吝指正。

　　最後，譯者要用華茲華斯 (William Wordsworth, 1770–1850) 的一首詩〈我心雀躍〉來表達譯完本書後的愉快心情。華茲華斯是英國湖濱派的浪漫主義詩人，崇尚大自然，以大自然為師。他對詩的定義是「情深詩湧，寂然由衷」。(Poetry is the spontaneous overflow of powerful feeling: it takes its origin from emotion recollected in tranquillity.)

My Heart Leaps Up

My heart leaps up when I behold

A rainbow in the sky:

So was it when my life began;

So is it now I am a man;

So be it when I shall grow old,

Or let me die!

The Child is father of the Man;

And I could wish my days to be

Bound each to each by natural piety.

我心雀躍

我心雀躍，當我看到

天邊的彩虹：

此情從小就開始；

此情到如今依舊；

願此情天長地久，

否則毋寧死！

孩童是成人的父親；

且盼我的日子能夠

以大自然的虔誠

編織成朝朝暮暮。

蔡聰明

2012 年 9 月 23 日

譯者導讀

This oceanic feeling of wonder is the common source of
religious mysticism, of pure science and art for art's sake.

這種如大海般的驚奇感，是宗教神祕主義、
純粹科學以及為藝術而藝術的共同泉源。

─Arthur Koestler (1905–1953), *The Act of Creation*, 1964─

閱讀 Mark Kac 的自傳，讓我們感受到，在艱困與險惡的生存環境中，有一段強烈向上提升的力量。

作為一個人或數學家，Mark Kac 的一生都是一個典範。在當前的時代，優秀的舊典範蒙塵，新典範尚未建立。事實上舊典範仍然是曖曖內含光，不應丟棄，值得年輕的世代去學習。

數學是一種科學，一種哲學，一種藝術，更是一種大自然的語言，美麗如詩。數學跟探索大自然的奧祕還有一些人文活動，緊密相連結。Mark Kac 的一生實現了這個偉大的觀點，也體現了追求真理的熱情與高貴情操。

人生並不是孤立的，個人的才華與努力必須跟周遭時代的環境互動交織，甚至受到糾葛，再加上個人際遇與生活習慣的制約，才產生一個人的命運。在這個過程中，處處充滿著「機運」，有好運與厄運交相混合。Kac 一出生（1914 年）就遭逢第一次世界大戰。長大成人得到博士學位（1938 年）又遇到第二次世界大戰，造成家破人亡，這是困苦與悲慘的人生經驗。他將這些都表現為對人生的洞察，以及智慧的結晶。

Kac 的一生研究機率論及其在統計物理學上的應用，他的人生際遇充滿著機運元素，導致他的命運非常多變。他因走上數學之路，每每讓他化險為夷。他的一生特別受到機運女神的眷顧，能夠發揮他的才能，實現他的夢想。他寫的自傳採用《機運之謎》(*Enigmas of Chance*) 為標題來表達他的一生，這是絕佳的選擇，貼切的恰如其分。他說：

> 我要讚美威力無比，但卻反覆無常的機運女神 —— 泰姬 (Tyche)。雖然我花費許多的數學生命，嘗試要證明她確實不存在，但是她仍然不吝惜地給我個人的生命帶來好運和幸福。

I. 翻譯本書的緣由

Kac 是一位機率論的大師，因為譯者也是學機率論的，所以曾經讀過他的一些書與文章，並覺得很精彩、有趣又清晰流暢。臺大數學系的圖書館在 1988 年 7 月 6 日購入《機運之謎》這本書，譯者在 1989 年 2 月 12 日借閱過，那時就受到感動。從出版至今，27 年過去了，但是譯者仍然覺得這是一本好書，好書經得起時間的焠鍊！

一位教師要讓學生對數學有所感動，其中一個必要條件是教師要先對數學有所感動；若教師本身缺乏這項條件，那麼就算接受再多的

教育理論與教學技巧的訓練也於事無補。好的教學，除了自己要有所感動之外，還要具備傳達給別人的熱情與技巧，Kac 正是具有這種能力的人。譯者喜愛這本書，翻譯它也是因為它令譯者感動，希望把 Kac 的精神樣貌跟讀者分享。

　　當譯者寫《從算術到代數之路》這本書時，寫到三次與四次方程式自然就想到 Kac 自傳中的〈我如何成為一位數學家〉（本書第 1 章），很適合將它翻譯收錄。Kac 用自己的方法推導出三次方程式的卡丹公式，這讓他第一次嚐到數學發現的喜悅。因此，譯者翻譯了這一章附上，在 2011 年 10 月出版。

　　接著譯者想，既然已經翻譯了這一章，乾脆將整本書都翻譯出來，何況原文全書才薄薄的 163 頁，但沒想到這比自己寫數學書還要困難！尤其是譯者要加入自己寫的導讀、註解、補充與兩篇附錄，希望這些都是適切的。

　　譯者秉持著名的**阿基米德性質** (Archimedean Property) 的精神來翻譯這本書。平均一天翻譯兩頁，不到三個多月就完成了。阿基米德性質就是：對於任意一個很大的正數 a，以及一個很小的正數 $\varepsilon > 0$，恆存在一個自然數 n，使得 $n\varepsilon \geq a$。這表示，做任何事情，恆心與毅力貫穿一切。例如，應用到本書就是 $a = 163, \varepsilon = 2, n = 82$，就會有 $n\varepsilon \geq a$。因此只要 82 天就可翻譯完成。所謂「真積力久則入」，滴水可以穿石。

　　閱讀與翻譯一本書，兩者有很大的不同。通常的閱讀大約只是粗讀，選擇一些感動的精華部分來讀。翻譯就不同了，必須逐字逐句精讀，再以準確與流暢的文字翻譯出來，這是一項挑戰。在兩種不同的語文之間做轉換，一切麻煩與困難都含在其中。

　　另外，自己寫一本書與翻譯別人寫的書，雖然同樣都是寫，但是相當不同。前者是自己設計與建立架構，構思內容，收集材料，並且

我寫我口。後者雖不必設計與建立架構，卻要達到跟原作者一樣的高度與廣度見識，這甚至比自己寫書更困難。

打個比方來說，讀別人的書有如在地面上爬行，所見與所知都受到相當的侷限；自己寫書如老鷹在空中翱翔，俯視山河大地；兩者的感受相當不同。

II. 人生是一個奇妙的隨機過程

歷來數學家自己寫自傳的人本來就很少，機率學家更少，Kac 的《機運之謎》正是其中一本機率學家的自傳。另一本是 Norbert Wiener 的《我是一個數學家》（凡異出版社，新竹，1990）。一般而言，數學家的傳記都是由別人（傳記家）撰寫的，這樣的傳記書就有不少。自己寫與別人寫各有利弊或盲點。對於數學家的傳記，總是會論及專業的數學工作，所以譯者認為還是數學家自己寫的自傳，才能寫得精準與深入，寫出自己真實的數學體驗與觀點，這些正是本書最珍貴的部分。

譯者喜歡把人世間看作是一個巨大的隨機過程 (stochastic process)，每個人的一生都是這個人生隨機過程的一條樣本路徑 (sample path)，代表一個人的命運，所有人的樣本路徑全體構成此隨機過程的樣本空間。樣本路徑互相交織作用，就構成人間的命運萬象。這是一個最複雜的隨機過程，無法歸類，參悟不透。它看似 Markov 過程，卻又不是，超越了目前所有隨機過程的研究範疇。

對於人生的隨機過程，當我們處在當下，看過去似乎是命定的，看未來則是隨機的，唯一能夠把握的是「當下的現在」。人生是因緣和合，緣起緣滅，形成一個奇妙的「因陀羅網」(Indra's net)。每個人的心靈都是網中節點上的一顆鑽石，反映著周遭的大千宇宙，也反映著每一顆鑽石，層層互相照映。這個過程隨時有新的粒子加入（誕生），展現一條新的路徑；也有既有的粒子消失（死亡），路徑停止演化。

　　由此觀之，Kac 粒子一生的樣本路徑充滿著艱困、奇特與驚奇，令人著迷。他喜歡說幽默與詼諧的話，趣味盎然。他除了有追求數學的經驗之外，還有豐富的人生經驗，充滿著機運與智慧。這些都是閱讀這本書所能得到的珍貴收穫。

　　數學家與物理學家分別發明「點」與「質點」的概念，這是非常方便並且有用的一種理想化創造。星球、石頭都可看作是質點。一般而言，質點的運動可以分成定命的 (deterministic) 與隨機的 (stochastic) 兩個範疇。對於幾何來說，「點」只佔有位置，不具有大小。所有幾何圖形都是由點的運動所組成，它是構成幾何學的最基本要素。

　　一個人在世界上生活，當然也可以看作是一個質點的運動，看似定命運動但又是隨機運動。Kac 這個質點，一生所運動出來的軌跡，特別奇異有趣。譯者但願在大學時代就能讀到這本好書，相信必能提早大大增加數學的成熟度，以及對數學的見識。另外，愛因斯坦粒子、羅素粒子、希爾伯特粒子、居禮夫人粒子、史懷哲粒子與梵谷粒子…，也都是屬於奇異粒子，值得追跡、欣賞與閱讀。

III. 本書內容的簡介

Kac 是從歐洲古老的文明與深厚的人文傳統所孕育與涵養出來的人。他誕生在波蘭的一個猶太家庭，並且在波蘭完成最高的博士學位，然後到新世界的美國發揮他的才能，直到老死。他一生的命運充滿著傳奇。二次世界大戰時，他經歷國破家亡的慘痛，在美國的歲月，他擁有多姿多彩的數學創造性工作。數學與命運，像 DNA 的雙螺旋線一樣互相交纏。

　　Kac 寫自己，也寫周遭的同事、朋友，都很精彩。他根據人物、事件、或年代來寫作本書，井然有序。品評人物，稱讚人物，甚至月旦人物。月旦者胆也，必須有胆並且有見識。

　　他在高二的暑假（16 歲）利用自己的方法，重新推導出求解三次方程式的卡丹公式，這是影響他一生命運最重要的關鍵。他這樣說：

> 自從 1930 年的夏天，當我重新推導出卡丹公式，嚐到發現的喜悅之後，除了數學我就不想做其它事情。更精確地說，我只想做數學及其對物理學的應用。

　　本來他的父母要他學習工程，但是重新發現卡丹公式讓他受到鼓舞，決定走上數學這條路。這個決定救了他的性命。詳細情形，請閱讀本書第 1 章〈我如何成為一位數學家〉，它值得每一位高中生研讀。Kac 證明高中生也可以研究數學！

　　他在 17 歲進入波蘭的 Lwów 大學就讀，由於本身十分優秀，加上遇到良師益友 Steinhaus，這成為影響他生命的第二個關鍵。Kac 這樣描寫 Steinhaus：

> 對他來說，數學與詩都是現實世界和生命的一面鏡子，他玩著數字、集合以及曲線，就像詩人玩著文字、詞句與聲韻。

這是數學如詩的一個見證。

　　本書談及數學的部分是有關於機率論獨立性概念的追尋（第 4 章）。對立與獨立是相依的概念，即條件機率 (conditional probability)，以及更加推廣的條件期望 (conditional expectation)。這些都是機率論中相當難以用直覺就能掌握的概念！ Kac 是在 1930 年代機率論嚴格化的草創初期，一切要靠自己從頭摸索，更加艱辛。

　　1935–1938 年，Steinhaus 與 Kac 師徒二人聯手，開拓獨立性概念的研究，得到一個美妙的結論：

> 有獨立性的地方就有正規分布律 (normal distribution)。

1916 年 Steinhaus 發掘了兩位年輕人 Banach 與 Nikodym。Banach 是 Steinhaus 第一位指導博士論文的學生。後來他幽默地說，發掘 Banach 是他這一生對數學最大的貢獻。

1938 年 Steinhaus 在 Lwów 大學主持頒發給 Henri Lebesgue 榮譽博士學位，事後他對 Kac 說：「我擁有 Banach 為第一位指導的博士生，Henri Lebesgue 為最後一位博士生，這是我留給後世一個不錯的紀錄。」

劍橋大學的機率學家 D. G. Kendall 教授也有類似的情況。當 David Williams 就讀中學時，他就發現 Williams 的數學天分並且開始加以培養，直到 Williams 於劍橋大學畢業。畢業後的 Williams 到其它大學去歷練多年，等到 Kendall 在 1985 年即將退休時，就推薦 Williams 回母校接替他的教授職位。

像 Karl Popper 這麼有名氣的科學哲學家想要到劍橋大學任教都被否決掉，只好到倫敦的政經學院就任「邏輯與科學方法論」的講座教授。Popper 退休後由他心儀的徒弟 Lakatos 繼任他的教授職位。

人生在世都會遇到感動與挫折的時候。數學家是一種很特殊的行業，他們的工作很少被外行人所了解。在數學的創造性工作中，Kac 曾經體驗過激情、狂喜與絕望，他又富有高超的寫作技巧與熱情，能把這些感動與挫折都傳達出來。因此，他是一位值得閱讀的人，這本 Kac 的自傳《機運之謎》就呈現在你的眼前。

Kac 的專業是機率論、隨機過程論以及機率論在數學與物理學，尤其是在統計熱力學上的應用，例如相變 (phase transition) 與凝結現象。他對數學的看法有自己獨到的領略，堅持數學要與大自然緊密結合。譯者對 Kac 的書與論文，通俗文章與科普都相當喜愛。他寫得那麼地清晰流麗，也經常有許多的智慧語。

雖然是 27 年前的書，但本書仍然是本好書。Kac 的一生簡直就是伴隨著機率論的發展而成長。科學與其它著作容易過時，相對的，數學談的是比較本質性的東西，具有嚴謹的推理、論述與方法，所以相對永恆而不易過時。就像四千年前的畢氏定理，至今仍閃閃發光，依然是數學皇冠上的一顆鑽石。

Kac 一生經歷過五個大學: 波蘭第二古老的 Lwów 大學，奠定他成為數學家的基礎；然後他到美國的約翰·霍普金斯 (Johns Hopkins) 大學、康乃爾大學、洛克斐勒 (Rockerfeller) 大學以及南加州大學從事數學的教學與研究，發揮他的數學創造才能。讀完本書相當能了解美國大學教育的辦學理念。大學是人類精神的堡壘，自由研究與自由創造的燈塔，是人類進步的動力。

對於大學教育或更一般教育的辦學理念，他服膺:

把大學當作藝術品來經營。

大學追求精緻與完美，使其成為自由思想與創造者的樂園。他對於科學的見識也是非凡的:

科學是人類心靈的偉大探險。它是人文傳統不可分割的一部分。

他對於大學擔負培育有智慧的領導人才，更是精闢:

> 對於人與大自然的研究，導致知識的生長與資訊的增加，都必須專業化。但是，要達到洞悟，必須同時對許多相關領域的知識都求得理解。除非具有創造力的學者與學生，在大學裡就能學到加強知識與求知能力的統合性，否則大學無法提供給我們這個複雜的文明，所極需的有智慧的領導者。

IV. Kac 對創造性的看法

世上的天才有兩類：普通的天才與魔術般的天才。Kac 說：

> 一種是「普通的天才」，另一種是「魔術般的天才」。普通的
> 天才是你我都能夠達到的，只要我們再好上幾倍。他們的心
> 靈如何運作並沒有什麼神祕性。一經我們了解他們的工作，
> 我們就覺得自己確實也可以做得到。但是魔術般的天才就不
> 一樣，利用數學的術語來說，他們處在我們的直交補空間
> (orthogonal complement) 裡，他們的工作心靈，其所有的意
> 向與目的都無法理解。即使我們了解他們的工作之後，他們
> 的思路過程仍然是處在完全的神祕黑暗之中。

世上也有兩種道路：習慣之路 (habitual way) 與非習慣之路 (non-habitual way)。創造必須跳脫習慣之路，改走非習慣之路。不要走現成的道路，而是要選擇沒有路徑的地方來走，並且留下軌跡。(Do not go where the path may lead, go instead where there is no path and leave a trail.) 但是，生活要走習慣之路，才會容易且舒適。因此，生活與創造之間經常產生衝突或矛盾，這叫做創造的弔詭。

所謂「笨鳥離巢易，靈龜脫殼難」，靈龜代表創造性，牠的殼代表習慣之路，要擺脫習慣之路是何其困難。

雖然說生命的過程就是一個創造過程，但是天才很少。在 Kac 的心目中，大多數的天才只是普通的天才或解題者，只有極少數的人是魔術般的天才或觀念的創造者。物理學家費曼 (Feynman) 是後者的典型代表，他在思考時，是以整個身體與靈魂合一運作，思想靈動時，身體甚至會在地上打滾。

有人描述費曼的天才如下：「他看待世界的方式是他不把任何的事物視為理所當然，永遠要親自想出來。如此，他對於大自然的行為經

常得到一種全新且深刻的理解，並以新鮮漂亮的單純方式表達出來。」
我們再看費曼教人如何當天才的方法：

> 讓你的腦海裡時時想著最喜歡的 12 個未解決的問題，即使
> 只是放在潛意識裡也好。每當你學到一個新招數，第一件事
> 就是拿來對這些問題試一試，看看有沒有什麼幫助。等你偶
> 爾試成功一次，別人就會說：「天啊，這是怎麼辦到的？你真
> 是一位天才！」

叔本華 (Arthur Schopenhauer, 1788–1860) 教人如何成為一位哲學家，
他說：

> 當一個人被一個深刻的問題所困，經過長期的思索與苦鬥，
> 最後終於找到一條解決的出路，那麼他就成為一位哲學家。

如果將這一句話中的「問題」改為任何領域的問題，「哲學家」改
為該領域的專家，那麼它仍然適用。像 Kac 在高中時，獨立思索如何
求解三次方程式，經過一個暑假的奮鬥，終於找到一條自己的出路解
法，於是他就成為一位數學家。在適當的時機，遇到適當的深刻問題，
並且自力解決了，這在人生的道路上，必然留下深刻的痕跡，影響著
一生的走向。

　　創造之謎就如機運之謎一樣神奇且奧秘，永遠解不開。對經驗的
共鳴，對事物的驚奇，對求解問題的堅忍不拔，跳脫習慣之路…，這
些都只是創造的必要條件。但是，創造並沒有充分條件，也沒有機械
規則可循。法國偉大數學家 Henri Poincaré (1854–1912) 對天才與創造
的描述值得參考：

Thought is only a flash in the middle of a long night.

But this flash means everything.

創造性思想是漫漫長夜中的靈光一閃，但這便是一切！

Logic...remains barren unless it is fertilized by intuition.

邏輯是不孕的，除非它跟直覺受精。

It is by logic that we prove, but by intuition that we invent.

我們用邏輯來證明，但用直覺來發明。

Mathematicians are born, not made.

數學家是天生的，而不是人造的。

對於一位偉大的數學家，我們要學習他美妙的觀點與境界，以及高尚的品格。這些目前似乎都不講究，也不流行了。但是，無論如何，這些都是人生的精品。尤其是處在目前商業功利氣息這麼濃厚的時代，這些典範更加彌足珍貴。當初康乃爾大學在 1865 年創校時，她的宗旨之一就是「改變目前流行的，長久以來橫掃這塊土地商業功利的道德與價值觀」，非常值得當今日的照妖鏡。讀 Kac 這本自傳可以感受到這些空谷足音，落地有聲。

V. 譯者對科普寫作的看法

本書是由 Alfred P. Sloan 基金會規劃出版的書籍，這個基金會的目標，就是要做科學與數學的科普出版工作。

寫數學的科普有極大的困難與挑戰，數學本來已是小眾文化，而且大多數人從小已被不良的數學教育所扭曲，導致不喜歡數學，害怕數學，甚至是討厭數學。無法從數學中得到樂趣，更無法欣賞數學的美妙。因此要寫一本適合大眾閱讀的數學書簡直是不可能的任務。

　　物理學的科普作家霍金 (Stephen Hawking, 1942–) 是很成功的例子。例如他寫的《時間簡史》(*A Brief History of Time*) 是一本暢銷的科普書。他在書中說，一本科普書若多寫一個方程式，讀者就會少掉一半，所以他只放入唯一一條愛因斯坦的質能互換公式 $E = mc^2$。它被稱譽為物理學最美的公式，跟數學的歐拉公式 $e^{i\pi} + 1 = 0$ 互相比美輝映。

　　一本書寫出來，就要面對讀者。當然天下沒有一本書適合所有的讀者，尤其是數學與科學的書，可能讀者當中有外行人與內行人。寫書最怕的是外行人讀了還是不懂，內行人不必讀。不過，事情沒有這麼單純，外行人與內行人又可分成許多層次。

　　因此，大多數的科普作者採取走中間路線，縮小讀者群的範圍。遇到數學專業的部分，就作蜻蜓點水式的介紹。然而，要討好兩邊的人，結果往往是兩邊都不討好! 外行人認為太艱難; 內行人認為淺薄，不夠味道。我想在大學裡，教過文學院數學通識課程的人，都嚐過要如何教與如何選題材的苦頭，譯者就有這個經驗。

　　譯者喜歡採取的道路是把主要的數學都寫出來，但讀者群要定位清楚，這不失為一個好辦法。例如定位在國中生，或高中生，或大學理工學系的學生。說得更一般點，為那些想要讀書的人而寫。這樣目標與讀者都很清楚，相對的，寫作就容易下手，可以真實地寫數學。一些數學科普書籍往往淪為寫數學而不敢碰觸真實的數學。這就像莎士比亞的《哈姆雷特》劇本，缺少哈姆雷特這個主要角色一樣。

　　在本書中，譯者多補了「機率論佳言錄」以及「譯者推薦書籍」，希望能夠幫助讀者對機率論的理解。

　　譯者要引用邏輯的三段論法: 因為「書是人寫的並且人是會犯錯的動物」，所以「書是會有錯誤的」。因此，本書在譯文上的錯誤或不當之處，在所難免，敬請讀者不吝指教，則不勝感激。

基金會叢書序文

多年來 Alfred P. Sloan 基金會所關注的領域，是促進大眾對科學的了解。對於這個領域的投資效果很難立竿見影。在本世紀（指 20 世紀），科學已經演變成很複雜且龐大的事業。科學的敘述被嵌置在一個脈絡裡，它可以追溯到四百多年前開始的巧妙實驗與精心建構的理論（指 17 世紀的科學革命）。它們幾乎不可能只用高等的數學語言表達出來。希望一般大眾對科學能夠有所了解，已是百年前就有的合理目標，但在今日也許還只是空思夢想*(譯者註)*。

　　然而，要了解科學的事業，確實是我們眾人都能更掌握的事情，這有別於科學的資料、概念以及理論本身。它可能是住在我們隔壁的男人或女人所從事的工作，每天到工作的地點上班，透過希望與目標激發著熱情，跟大家一樣地得到報酬，偶爾經歷成功或失敗。這個事業有它自己的行規與習性，但我們每個人都能了解它，因為它是人類的精髓。了解科學事業不可避免的會帶來對其產品性質的見解。

　　因此，Sloan 基金會開始鼓吹各個領域傑出的科學家，寫出他（她）們在科學中的生活與工作。寫作的形式不拘，留給個別的作者決定：可以是自傳的形式；也可以是一系列的文集；亦或是採用說故事的方式，寫出他（她）身處於其中的科學社群。每位作者都是在自己領域中的傑出人物。「科學」這個字，我們不作狹義的理解：它包括科學周邊的活動，例如科技、工程、以及經濟與人類文化學、物理學、化學與生物學。

　　基金會希望表達感謝諮詢委員會巨大且持續的貢獻，使得這個計畫得以運作下去。這個計畫從一開始就由 Robert Sinsheimer 當委員會的主席，他是 Santa Cruz 的加州大學校長。目前的委員會成員是：

Simon Michael Bessie，他是 Cornelia and Michael Bessie 共同出版社的成員；Howard Hiatt 是哈佛大學醫學院的教授；Eric R. Kandel 是哥倫比亞大學的教授、Howard Hughes 醫學研究院生理、手術與高等研究員；Daniel Kevles 是加州理工學院的歷史學教授；Robert Merton 是哥倫比亞大學退休教授；Paul Samuelson 是麻省理工學院經濟學教授；Stephen White 是 Alfred P. Sloan 基金會前任的副主席。前任的委員有：Daniel McFadden，是麻省理工學院的經濟學教授；Philip Morrison 是麻省理工學院的物理學教授；Mark Kac（已逝）是前南加州大學的數學教授；Frederick E. Terman 是史丹佛大學退休的教務行政人員。基金會的代表人為 Arthur L. Singer, Jr. 與 Eric Wanner，以及計畫的主要出版者 Harper & Row 公司。第一屆的代表為 Winthrop Knowlton，現任者為 Edward L. Burlingame 與 Sallie Coolidge。

－Albert Rees－

Alfred P. Sloan 基金會主席

⚜ 譯者註 ⚜

這段話寫於 1985 年。現今（2012 年）科普寫作與閱讀已經普及多了，效果如何，尚待評估。譯者是持保留看法，因為眼見社會上仍然迷信遍佈，八卦漫天飛。

我們拿古希臘文明來作一個對照會更清楚。古希臘文明是西方文明的源頭，特別是數學與科學的理性文明。在西元前 6 世紀，數學、科學與哲學之祖泰利斯 (Thales, 624–546 B.C.) 就有幾件石破天驚的創舉：

1. 主張數學要有證明；

2. 要用自然的原因來解釋自然現象，不要用迷信、鬼神與神話來解釋自然現象；

3. 思索宇宙的基本組成要素，提出「萬有皆水」的追根究底；

4. 鼓勵批判性思考，面對任何學說或理論，都要持著存疑的態度。

比較觀照起來，我們的社會有進步嗎？

Rota 對 Kac 的追憶

Mark Kac (1914–1984) 是一位極有深度的美國人。他是一位難民，從烽火連天的東歐（波蘭）來到美國，他接納美國成為他的國家，就像父母擁抱自己的孩子一般。如同每個父母都知道的，只有堅固且穩定的家庭，才能提供孩子成長所需要的牢靠和自由。

Mark Kac 是機率論的創建者之一，但是他超越理論。機率論對他而言，是通往科學真理的一條新道路，他在這條道路上教學與研究，貫注所有生命力與熱情，就像古希臘人發現幾何學時那麼的狂喜。在他的一生當中，對於抽象化、技巧、公設化，都保持著審慎懷疑的態度。他啟發第一代的科學家，學會機率式的思考。他提醒他們說，公設可能會隨著時間改變，只有應用是永恆的。

他認為科學的研究工作，就是要用清晰的證據與論述，來光照大自然的神奇奧祕。在數學與物理學中，他所留下的遺產極具深度的洞察力，並且隱藏在美麗且簡潔的字句裡。在函數獨立性概念遍佈的機率論、統計學、數論、微分方程的機率模型以及隱藏在組合學根源的相變等領域，Kac 都有拓荒者的成就，並且是無與倫比。

Mark Kac 最卓越的成功是，他給他的學生與我們大家的鼓舞，人數多到無法列舉和記憶。作為一位教師，從學生無助的表情，他的眼睛就能夠穿透他們的臉部，直抵內心的疑惑和害怕，準確地抓住學生最內在的挫折，這就是他成功的祕訣。

Kac 偶爾丟下的一句話，一個點頭，一個了解的表情，都讓我們知道，他參與我們的疑惑。但是，在他溫文的施壓與有條件的縱容之下，都會帶領我們認識到，道路就在前方不遠處。在他的引導下，他的學生必然都會找到勇氣，追隨他精心與堅定所指出的道路。

　　現在他已經走了，我們失去我們的批評者，我們的導師，我們的暮鼓晨鐘。今後，他的出現將如搖曳的星光，在遠處向我們招手，繼續引導我們更進一步漫遊於物理學、機率論、組合學、統計學等諸領域，跟從前一樣，讓我們隨時準備好迎接可能性、發現新視野、自信心與希望。

Gian-Carlo Rota

在 Mark Kac 紀念會上的講詞

於南加州大學，洛杉磯

1985 年 1 月 11 日

譯者註

如今，Gian-Carlo Rota (1932–1999) 也已經作古。他出生於義大利，再移民到美國。他是一位傑出的組合學家，也是世界知名的數學家，一生大部分的時間都任教於麻省理工學院 (MIT)，擔任應用數學與哲學的教授、N. Wiener 的講座。他跟 Kac 是極為親近的好朋友。

(Photos provided by Jacobs Konrad)

Rota 做演講。

作者的序文

一位數學家寫的自傳,當然要談論一些數學。但是,要以通俗的方式,把我這一生工作所牽涉到的一些問題與概念呈現出來,卻又是一項不可能的任務。

我只好採取妥協的辦法,不過這跟大多數的妥協辦法一樣,結果並不稱心如意。數學專家會抱怨說,膚淺與不完備;而一般外行的讀者,可能也會理直氣壯地指控,內容艱澀難懂。

我對於非專家的讀者建議,當你看到本書談及公式的部分時,走馬看花地瀏覽過去就好了。這樣仍然可以一瞥作者做數學的興奮之情,尤其是看到他在年輕歲月跟一些概念搏鬥,然後逐漸明朗的過程。

數學專家將會看到許多內容,尤其在第 4 章,是那麼的熟悉與平凡。然而,今日的專家佔有 50 年來數學進展與教育之便宜,而我們在 30 年代(20 世紀)的人,完全是業餘的。作為業餘的人,沒有人可以追隨,只能靠自己的摸索,卻發展出一個有用且豐富的觀點。我相信數學專家會欣賞它,更希望一般的讀者也是如此。

本書的〈開場白〉原先是寫給 *Rehovot* 的,這是以色列 Weizmann 學院所發行的一本雜誌❶。另外,在〈卷末後記〉裡,有一部分是取自較早發表的一篇文章內容,刊登在波斯頓大學發行的雜誌上面❷。

我充滿著感恩的心情,要感謝所有促使本書得以實現的那些人。首先是洛克斐勒大學的 Joel Cohen,是他提議我寫這本書,並且耐心地一路追蹤,包括在洛克斐勒大學的走廊作錄音。Steve White 對本書

---

❶ "How I Became a Mathematician," *Rehovot*, vol. 9, no. 2 (1981/82).

❷ "Mathematics : Trends and Tensions." *Boston University Journal*, vol. xxiv, no. 1 (1976) pp. 59–65.

的付出，多到我無法舉出任何一件事情來感謝他。讓我這樣說吧，只要需要他，他就在那裡。還有，Sloan 基金叢書的編輯委員，總是給予適時而有用的鼓勵與指導。

Dan Kevles 花費許多時間，幫忙澄清本書的數學部分，特別是第 4 章的數學部分，這是本書最困難寫作的地方。Bob Merton 與 Paul Samuelson 提供了一些明確的寶貴建議。Theodore Porter 博士幫忙蒐集與追究歷史的事實，並且提出高明的意見。

我還要特別感謝我們的朋友 Judith Chodos，她慷慨地付出時間和專業，改善本書的文稿。

我也要感謝我的孩子們，Michael 與 Deborah，不吝以各種方式提出他們的想法與協助。

最後，我無法用言語來表達，我對妻子 Kitty 的感恩。在許多個月的寫作期間，她總是耐心地、不辭辛勞地幫忙我，日復一日、一頁一頁地跟我一起工作。她的貢獻，讓本書真正成為「我們」共同的書。

Mark Kac

1984 年 9 月

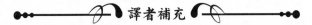 譯者補充

1. 本書在 1985 年出版。Kac 在封頁題獻給他的妻子 Kitty。

2. Mark Kac (1914–1984) 在 1984 年 10 月 26 日辭世，享年 70 歲。他看不到此書的出版。這本自傳可說是他此生最後的著作——永遠封筆之作，在西方稱為「天鵝之歌」(swan song)，表示天鵝在死亡之前所唱的歌。目前此書已絕版。但是，在 1987 年由加州大學出版部 (University of California Press) 再發行此書。

卷頭導言：閱讀三本自傳

人的所有行為，包括所有著作，不論是
創造或發明，都只是一種自傳式的表白。

—Boris Rybak，取自《方法導論》集的一般導言。—

譯者摘要

數學家（機率學家）Mark Kac 在寫這本自傳前，先談論別人寫的下面三本自傳：

1. Erwin Chargaff, *Heraclitean Fire*. 1978.

2. Stanislaw Ulam, *Adventures of a Mathematician*. 1976.

　　（黃燕寧譯：《一個數學家的回憶錄》。凡異出版社，新竹，2008。）

3. Freeman J. Dyson, Disturbing the Universe. 1981.

　　（邱顯正譯：《宇宙波瀾》。天下文化出版社，臺北，2001。）

分別是生物化學家、數學家與物理學家寫的。Kac 一方面是當作參考，另一方面是借鏡與警惕。每本書都各有特色和優缺點，這是人性本然。要寫出真實的自傳已經很困難；數學家寫自傳更困難，因為總是要談論到自己所從事的專業數學工作，而偏偏最讓一般讀者怯步的是數學本身！

　　數學家寫自傳：若不談論數學，則書是空的；若談數學，則又會讓讀者怯步。這真正是遇到了 "to be or not to be" 的兩難困境。我們來看 Kac 如何取得平衡點，克服這個兩難問題。

從事創造性工作的人都生活在兩個世界裡。第一個是**平凡的生活世界**，這是他們跟所有其他人共享的場所；第二個是**私密的世界**，所有的創造行為都在這裡發生，在此有激情、狂喜與絕望。如果他像愛因斯坦一樣偉大，那麼在這個世界裡，他甚至可以聽見「上帝呼喚的聲音」(the calling of God)。這兩個世界緊密地、錯綜複雜地糾纏在一起。例如，嫉妒、競爭以及渴望被承認的心理，都屬於第一個平凡的現實世界，但是它們也是驅策一個人進入第二個世界的動力之一。同理，在第二個世界中，高超的夢想與好勝心，也會潛伏到第一個世界來，變成想要求得回報的欲望。

　　對於一個人生活在這兩個異質但相互關連的世界，要寫出一個融貫且真實的生命圖像，幾乎是一項不可能的任務，這可由下列事實看出一點端倪：直到晚近，科學家仍然很少寫自傳。不過，近年來卻稍有起色，出現了幾部自傳，解說作者的生命在面對這兩個對偶與對立的世界時，都各具有特色。

　　有三本自傳特別引起了我的興趣。這些作者都是我私底下所認識，並且在我決定要寫自傳的多年前，我都讀過了。

　　他們都是受到命運之神特別眷顧的人。他們每個人都擁有最高等的知識，都受過最好的教育，並且擁有最難以捉摸的天才創造力。然而，他們呈現給我們的生命樣貌，在實質與風格上，卻是多樣的，以至於讓我們很難想像他們是來自跟我們同一類的人。

　　我為自己的自傳寫序，卻長篇在論述著別人的自傳，這是異乎尋常的事情。但是，我還是要冒險這麼做，希望讀者寬容我，並且能夠

像我這樣沉迷於這些著作，期望能夠對浩瀚與複雜的科學偉業有更深入的了解。

I. Chargaff 的《Heraclitus 之火》

在這三本自傳中，也許要以 Erwin Chargaff 所寫的《Heraclitus 之火》(*Heraclitean Fire*, 1978) 這一本最為有趣，並且也最為困惑人 (譯者註)。雖然他的母語是德語，但是他的英語散文卻好得令人目眩神迷，不過其完美的程度看起來有點做作。Chargaff 喜愛的美妙文體偏向於法文，而不是英文。英文給我的印象是太世俗與粗魯以至於無法承載高密度的「矯飾」。另一方面，他可以說是一位高超的文體家，我們從他在 1971 年所寫的一篇文章〈生物學的文法序言〉，取出一句話來證明：

That Pygmies cast giant shadows is proof

of how late in the day it has become.

侏儒投射的長影，證明天色已經變得多麼晚了。

—— ❧ 譯者註 ❧ ——

Erwin Chargaff (1905–2002) 是奧地利的生物化學家，在二次大戰納粹佔領奧地利時，移民美國，成為美國公民。透過精細的實驗，發現 DNA 的兩個規則，幫忙發現 DNA 的雙螺旋結構。他在哥倫比亞大學退休。

Heraclitus（約 535–475 B.C.）是古希臘哲學家，主張「萬有皆流變不居」與「萬有皆火」。他說，一個人的命運是其性格的反映，事物永遠處在對立的統合之中 (the unity of opposites)。他被稱為希臘的維根斯坦 (L. Wittgenstein)。

Chargaff 誕生於羅馬尼亞，在維也納接受教育。他受過很嚴格的古典教育，這導致他堅信一個人要成為任何行家，包括科學家，首先

必須是一個有教養的人。這意指一個人必須懂得希臘文與拉丁文，或至少要精通拉丁文 (譯者註)。顯然，希臘文是 Chargaff 的最愛，他完全沉浸在其中，以至於當他提到亞里斯多德 (Aristotle, 384–322 B. C.) 或 Heraclitus 時，會讓人覺得他們是他在哥倫比亞大學內科與外科醫學院的同事。他大量引用希臘文的原典，這對於不博學的我們來說，相當痛苦。無疑地，Chargaff 喜愛所有跟古希臘有關的東西，或者這麼說，他深信古典教育對於任何知識成就都是必備的。他的這個信仰，在現代科學的舞臺劇中，不斷地引起強烈的撼動。

────── ✿ 譯者註 ✿ ──────

隨著不同的人，不同的領域，不同的時代，對於有教養的意涵會有所不同。

古希臘哲學家柏拉圖 (Plato, 427–347 B.C.) 非常重視幾何學，他說：

　　(i) 不懂幾何學的人不得進入此門（刻寫在雅典學院的大門）。

　　(ii) 不知道正方形的邊與對角線是不可共度者，愧生為人。

　　（即不知道 $\sqrt{2}$ 不是有理數者，愧生為人。）

隨著文明的進展，到了近代，邏輯哲學家羅素 (B. Russell, 1872–1970) 說：

　　不懂牛頓如何從克卜勒 (Kepler, 1571–1630) 定律推導出萬有引力定律
　　的人是沒有受過教育的。

現代物理學家惠勒 (John Wheeler, 1911–2008) 改述為：

　　在過去，只有當一個人了解熵的概念後，才能說是受過科學教育。

　　在將來，如果一個人不懂碎形 (fractal)，則會被認為是科學文盲。

現在應該改成：

　　不會使用電腦來工作者，是沒有受過現代文明洗禮的人。

　　關於 DNA 的故事，曾被圈內的專家述說、再述說。但是，仍然有一些特點值得回憶。在 1944 年，當時洛克斐勒學院的醫學研究所有

Oswald Avery, Colin MacLeod 與 Maclyn McCarty 三人組發表他們經典的實驗結果，證明 DNA 是遺傳資訊的載體，雖然在當時還無法完全確認。不過，Chargaff 確實是少數之中的幾個生物化學家立刻接受洛克斐勒三人組的實驗結果。由於認識到他們的發現極具重要性，導致他的實驗室改變了研究的方向，轉變為徹底與精細地研究 DNA。結果發現了著名的「Chargaff 規則」：$A = T, C = G$，其中 A, C, G 與 T 分別代表腺嘌呤 (adenine)，胞嘧啶 (cytosine)，鳥糞嘌呤 (guanine)，以及胸腺嘧啶 (thymine)，它們都是鹼基，是組成 DNA 的基石。對於不同物種的 DNA，所含有的 A, C, G 與 T 之量不同，但是對於所有的物種，從變形蟲 (amoeba) 到人類，A 和 T 的分子數都差不多相等，C 與 G 亦然。這種驚人的規律性，是發現 DNA 結構的重要線索之一。揭開 DNA 雙螺旋結構的偉大工作，最終是在 1953 年由美國分子生物學家兼遺傳學家 James D. Watson (1928–) 與英國分子生物學家兼生物物理學家 Francis H. C. Crick (1916–2004) 搶先完成。

在《Heraclitus 之火》中，Chargaff 簡略敘述他跟 Watson 與 Crick 在 1952 年 5 月最後一天相遇的事情，這是唯一的一次相遇。在 26 年後的 1978 年，《Heraclitus 之火》出版，Chargaff 藐視 DNA 雙螺旋結構的發現，仍然是未曾稍減，其心情忿忿難以平復。當然，Watson 與 Crick 在 1962 年得到諾貝爾獎，對事情也沒有幫助，並且無疑地更是火上加油，使得在《Heraclitus 之火》中彌漫著痛恨之情。這是因為 Chargaff 不僅失去闡明 DNA 結構的競賽（雖然他必定會否認他曾參與競賽），而且是敗在「兩位暴發戶」的手上，在他看來這兩位只夠當科學界修理管線的工人。他們不僅是「不夠格的兩位」(ill-suited pair，引 Chargaff 的用語)，教養不足（亦即缺乏歐洲式的古典教育），而且他們對化學也無知，而化學是「最真實與精確的科學」。這就是 Chargaff 所述說「侏儒」與「長影」的隱喻。

　　讀過 Chargaff 對 Watson 與 Crick 的評論後，我再重讀 Watson 的《雙螺旋結構》(*The Double Helix,* 1968)。我記得這本書剛出版時，受到許多生物學家嚴厲的批評，甚至感到震驚。對他們來說，Watson 打破了部落的禁忌，踐踏了其他人的草坪。（跟物理學不一樣，在生物學中，一個人並不根據別人的資料來建立理論。）還有更糟糕的事情，他們出賣了研究科學動機的「秘密」，這並不總是如追求真理般的高尚，而是可以低賤得如粗俗的野心，或甚至更低下，只是一種欲望，想要打擊傑出資深的競爭者。在這裡指的是 Linus Pauling (1901–1994)，他兩度獲得諾貝爾獎，1954 年得到化學獎，1962 年則獲得和平獎。

　　Chargaff 沒有認識到，或者說是選擇性的忽略，在 1952 年與 1978 年顯然 Watson 都著迷在他的 DNA 結構問題。Watson 的獨特格調與他的活潑自在，不在乎的風格，許多都是屬於「平凡生活世界」的多樣變化，導致忽略掉偶爾提到他的 DNA 之夢，這是嚴格屬於「祕密世界」的東西。另外，如果一個人著迷於一個問題，他不會把問題擱置在旁邊，並且開始去學化學，或盡其所能從地基開始建立知識殿堂。*求知經常是，從做問題中學習！這既不是普遍適用也不是推薦的求知方法，但是在某些狀況下很管用。我知道，在我得到博士學位之後，我學習數學中的所有新東西，幾乎都是為了解決一個問題，才強迫著自己去學習相關的數學知識。*

　　絕大多數的科學大人物都有老師，這些老師也是前一輩的科學大人物，代表一種師徒的傳承，只有很少數是例外。Chargaff 就是例外之一。根據他自己的說法，他喜歡選擇一位年輕的、沒有什麼知名度的講師加以指導，寫博士論文，因為這樣比起選擇一位博士教授 (Herr Professor) 來，在購買儀器與化學實驗用品上的開銷會比較節省。不像多數的科學家那樣，Chargaff 的心中只有少數幾位科學英雄。Oswald Avery (1877–1955) 就是一位。不過，他的真正英雄老師根本

不是科學家，而是維也納一位著名的文學人物，叫做 Karl Kraus。

　　在美國，Karl Kraus (1874–1936) 幾乎是名不見經傳的人物，雖然幾年前美國出版有關他的一本書❶。我對他倒是知道一些，因為他也是我的老師 Hugo Steinhaus 心目中的英雄。我無法閱讀 Kraus 的原書，因為我的德文知識不足以擔負這個任務。即使是 Chargaff，當他在 1915 年或 1916 年第一次讀到《火炬》(*Die Fackel, The Torch*) 時，都發現是艱難的，這讓我感到震驚。不過，他當時只有 10 或 11 歲。而《火炬》是 Kraus 發行的雜誌，他是唯一的編輯，也是文章唯一的寫作者。在沒有廣告的情況下，他辦的雜誌只能靠訂戶的支持來維持。讀者在財務上的支持是可靠的，在戰前 Steinhaus 的財務算是不錯的，但是他告訴我，戰爭造成他最大的物質損失是整套的《火炬》被燒毀。我還記得，這是放在他研究室中的一套紅皮薄書。對他來說，裡面含有人類智慧的精華。

　　下面是 Chargaff 對 Kraus 的讚美之詞：

> Karl Kraus 是我們這個時代最偉大的諷刺與論述作家。他無懼地批評戰爭，以及導致戰爭的社會。在我的成長歲月，他影響我最深刻。他的倫理教導，對人類、語言、詩的觀點，永遠都沒離開過我的心靈。他讓我厭惡陳腔爛調的東西。他教我要如照顧小嬰兒般地照顧文字。要秤量我說話所產生的結果，如同我在誓言之下接受嚴格的檢驗。

在這些文字韻律中，我可以聽到舊約第 23 篇讚美詩的遙遠回聲。我也可以理解，在這樣崇敬的心情之下，沒有空間可以保留給其他的英雄。

---

❶ Frank Field, *The Last Days of Mankind : Karl Kraus and His Vienna* (Macmillan, 1967).

到底 Chargaff 如何成為一位科學家？懷著所有敬意來看，他都不像是我所認識或讀到的科學家。例如，你可以想像這樣一位生物學家嗎？他因為讀到一篇文章，讓他對遺傳的本性得到深刻的洞察，並且打開一片新視界，理解到生命的過程。但他卻不嘗試連絡作者以得到更多的資訊，這就是 Chargaff。他立刻理解並且欣賞這個發現的重大意義，但是他像一部出租汽車，駛離洛克斐勒大學的三人組，那時 Avery 可能已經退休並且遷移到田納西，而 McCarty 與 MacLeod 都隨時都可以找得到。然而，我在洛克斐勒大學的同事 George Uhlenbeck，他比我更清楚這件事，根據他的說法，Chargaff 在書中根本沒有嘗試要去找校長談。這簡直是不可思議！這是真的，Chargaff 的行事禮儀可能是，在沒有經過適當的引介就接近陌生人時，他寧可保持沉默無言。但是當賭注是破解一個大問題時，誰顧得了優雅的禮貌？然而，Jim Watson 確實就不會這樣，即使超越可以接受的絕對極限，他可能也不在乎。理論上說來，我們都有 Jim Watson 的成分，混雜著脆弱性、不耐煩、好奇心，以及更重要的競爭本性。Chargaff 有可能沒有這些特性嗎？或者是，他嘗試把這些都隱藏在詩的背後？我不認為這樣。詩太美麗且感性，不會只是如一棟建築物的正面。我猜測，他可能是超越我們所有人的腳步。

我能夠再多說什麼嗎？我們可以這樣想，作為少數被選擇來揭開大自然一個大祕密的人，即使他生活在這個不安寧的世界，內心也能達到一種平和與寧靜的境界。然而，事實並非如此。他的書仍然是文學上的精彩傑作，值得更廣大的讀者來閱讀，而不是如世俗所接受的那樣。它精彩的部分是非凡的；最糟的狀況，也只是掩蓋一些真相，如嘉德勳章 (Garter) 上所刻的一句話「心懷邪念者蒙羞」(Honi soit qui mal y pense) 而已。

II. Ulam 的《一位數學家的探險》

其次，我們來看數學家 Stanislaw Ulam (1909–1984) 的自傳：《一位數學家的回憶錄》(*Adventures of a Mathematician*, 1983)。這是非常不同類型的書。他寫逸聞與趣事，都是閒談式的，沒有矯飾說要談論高深的東西。Ulam 確實是有高超的幽默感。Chargaff 就缺乏幽默感，但是 Ulam 的幽默感，其特色是偏向於挖苦與諷刺的。Ulam 是一位單純與直接的人，他告訴女朋友 Françoise 說，他有無窮多種的缺點，但是由於害羞而無法把它們都列舉出來。後來 Françoise 就變成他的妻子。更佳的一則幽默是，在 Los Alamos 工作時，有一位同事問他，你是純數學家，在這個計畫中，你可以做什麼工作？Ulam 回答說：「我提供的是更需要 " 不知道要如何 " 的東西」(I supply the much-needed "don't know-how")（譯者註）。

❦ 譯者註 ❧

Los Alamos 是二次大戰期間美國製造原子彈的地方，費曼也參與這個計畫。平常人是講 "know-how"，Ulam 是講對偶不尋常的 "don't know-how"。這跟英國作家兼幽默大師蕭伯納所說的話具有異曲同工之妙： You see things and ask "why?" But I dream things that never were, and I say "why not?"

Ulam 跟 Chargaff 一樣，早年的教育是由奧匈帝國的文化形塑出來的。他誕生在 Lwów，因為在許多方面都類似於比它更著名的姊妹城市維也納，所以有「小維也納」之稱。即使在兩次世界大戰之間，Lwów 都屬於波蘭，但是維也納的精神在 Lwów 到處可見。Ulam 也接受古典的教育，但是沒有 Chargaff 那麼嚴格，所受的影響也沒那麼顯著。Chargaff 是全神貫注在虔誠問題的風格上面，Ulam 不像 Chargaff 那樣，他的本性是性急的，對於風格幾乎不在乎。Ulam 仍然欣賞風

格，是 Anatole France（1844–1924，在 1921 年獲得諾貝爾文學獎）的欣賞者，並且是他的作品之鑑賞家。

　　數學家通常都是傾向於單獨工作，但是 Ulam 特別不一樣，他幾乎都跟其他人合作。除了早年有關集合論 (set theory) 與測度問題 (the problem of measure) 的傑出論文之外，他所發表的所有東西，幾乎都是跟其他人合作的成果。Stan（Stanislaw 之暱稱）做數學的方式就是對話，這種工作風格可以追溯到他早年在 Lwów 的歲月，那時大部分時間都消磨在咖啡館（主要是在 Szkocka，意指「蘇格蘭咖啡館」），不停地討論問題、觀念與猜測。在這種非正統的做數學方式下，誕生了一些偉大的東西。Stan 對 Lwów 的思鄉病瀰漫在全書，在生命的後期，他一直想要再重溫早年那種充滿智性氣氛的生活。在某種程度上，他成功了。只要找到他，就看見他在討論數學，日子來又日子去，他快速地拋出觀念並且形成猜測。他有異常豐富的心靈與超凡的直覺，但我不認為他曾艱苦地工作過一整天。對他來說，事情很容易到手，只要順理操作，就會相當成功。Chargaff 的英雄 Avery 經常說：「**一個觀念無法起作用，除非你去實行它**」，這個規則幾乎普遍適用。但是 Stan 的觀念是例外，它們會起作用，只要他從旁快樂地注視著它們 (譯者註)。

◈ **譯者註** ◈

Ulam 的小女兒 Claire 看著別人家的小孩跟她們的父親在玩球時，有一位朋友問道：「妳的父親曾這樣陪妳玩嗎?」她堅定地回答說：「不! 不! 我父親所作的只是想，想，再想! 什麼都不作，只是思考!」

　　例如，現在大家都承認，雖然不總是優雅地承認：因為 Ulam 提供了關鍵的觀念，才導致氫彈 (H-bomb) 的誕生。當然，在觀念與實際製造出武器之間，有數以百計的苦工與數不清的大量計算。在那麼長

的時間與辛苦工作的過程，Ulam 只是不時地參予並且蜻蜓點水式的涉入而已。對他而言，這可能是恰到好處，因為他對冗長與瑣碎的任務不在行。

Stan 的興趣與成就，其寬廣度是驚人的。他在純數學締造出令人羨慕的紀錄。例如，他與 Karol Borsuk 共同合作發現拓樸學中最美麗的定理之一，這幾乎是每位數學家都知道的結果：

【Borsuk-Ulam 定理】

在三維歐氏空間中，若將一個球面的點連續地映射到一個平面上，則在球面上至少存在一對的對遮點 (antipodal points)，映射到平面上相同的點。

採用通俗的話來說就是：在任何時刻，在地球表面上，至少存在一對的對遮點，具有相同的溫度與氣壓。這個定理當然沒有氣象學上的應用（我並沒有存心說笑），但是這個結果令人感動，具有數學上的簡潔與漂亮性。

他除了在發展氫彈扮演過重要角色之外，還跟他在 Los Alamos 的同事 C. J. Everett 合作提議，利用原子爆炸所產生的動力來推進太空船。這個提議被通用原子公司 (General Atomics) 採用，並且誕生了所謂的 Orion 計畫。物理學家 Freeman Dyson (1923–)，我稱他是受到銀河的幽閉恐懼症所苦，他從 Ulam 的太空船看到了機會，可以利用它來探索太陽系，甚至可以逃離太陽系到達更遙遠的銀河系。於是，他馬上加入了通用原子公司參與這個計畫。Dyson 在他的書 (*Saturn*, 1970) 中有一章專門描述他的這個經驗。後來這個計畫必須放棄，理由是因為兩個主要強權（美蘇）協商後，最終達成簽約，禁止在大氣中舉行原子試爆。

　　Stan 的另一個感到興趣的領域是生物學。我們在先前已經提過，DNA 是遺傳資訊的載體，它含有四種鹼基 A, C, G 與 T。一條的 DNA 鏈（或說成半鏈，因為另外的半鏈跟前一半鏈是互補的）可以看作是，在語言中由四個字母組成的一個字。一個有趣的想法是，活著的生物在親屬上的相近程度，跟基因密碼的「相近性」有關。「相近性」表示一種距離的概念，從而我們需要定義兩個字之間的距離。這看起來似乎很怪，因為我們通常是定義，空間中兩點之間的距離。然而，長久以來，數學家已經把通常的距離概念，推廣到不需要對空間中的兩點來定義。波蘭的數學學派走得更深遠，可以定義任何兩個奇異事物之間的距離。Stan 是真正的波蘭學派之子，對於兩個字之間的距離是輕而易舉，當他聽到這個問題時，他馬上就提出一種距離概念，今日以他的名字來命名。一個可以接受的距離必須滿足一些性質，其中最關鍵的就是所謂的「三角不等式」：給三個「點」P, Q 與 R，則 P 與 Q 的距離小於等於 P 與 R 的距離加 Q 與 R 的距離之和。最重要的是，距離必須跟生物的相近性有關。

　　Stan 完成了距離的定義，然後再證明它是一個「好的」距離。在洛克斐勒大學的 Peter Sellers 聽了 Stan 演講他的距離觀念後，很快就設計了一個精巧的運算法則 (algorithm)，可以用電腦來計算 Ulam 距離。今日 Ulam 距離已經變成分子生物學的重要工具之一。

　　Ulam 的興趣非常多樣化，結合一種「打就跑」的方式，使得他趨近於一個問題時，會創造出愛好藝文的意象，讀他的書更能增強這個印象。但是，在嚴格的字典意味下，Stan 僅止於是一個藝文的愛好者，亦即「一個人只為娛樂而經營一種藝術或一門學問。」這並不意味著貶損他是膚淺的。當然，在某種意味上，他既不是「職業的」，也不是「業餘的」。因為一個業餘的人，不可能像 Stan 一樣擊中漂亮的 Borsuk-Ulam 定理或輕易地舞弄超限基數 (transfinite cardinal)。

　　Stan 的《一位數學家的探險》嚴格地只涉及平凡的生活世界。若要一窺他另一個私密的創造世界，以對這位奇人的工作情況有所了解，結果是白費功夫。我們這些了解他的朋友，都知道他有更多的東西可以在書中表露，但他沒有寫出來。

Ⅲ. Dyson 的《宇宙波瀾》

Freeman J. Dyson 的《宇宙波瀾》(*Disturbing the Universe*) 是一本壯麗宏偉的作品。Dyson 是以數學起家的物理學家。他在英國劍橋大學的大學部讀數學時，就顯露出非凡的才華。當他畢業時，對數學已經做出一些有意義的貢獻。因此他留在數學領域裡，享受輝煌的數學生涯是很自然的事情。然後他拿英國聯邦基金會的獎學金到美國的康乃爾大學深造，卻突然來個「量子跳躍」(quantum jump)，註冊成為物理研究所第一年的研究生。

　　對於 Dyson 的轉行，學界流傳著一個故事，也許是編造的。他宣稱，有一天在劍橋，他和 Harish-Chandra 以及 Nicholas Kemmer 走在一起（當時 Harish-Chandra 當 P. A. M. Dirac 的助理），在某個地點，Harish-Chandra 說：

> 我正要離開物理，轉行到數學，因為我發現
> 物理學是雜亂、不嚴謹與難懂的。

對此，Dyson 回答說：

> 我正要離開數學，轉行到物理，也是基於相同的理由。

因此，他們兩人都採取了行動，並且在普林斯頓的高等研究院當過同事，直到 1983 年 Harish-Chandra 過世為止。

　　我留意到，要嘗試解讀別人的心靈，是有危險的（據此，要解讀

自己的心靈甚至更危險），但是我想我了解 Dyson 轉行的背後理由。幾年前，我有一位很優秀的學生，主修數學，但是決定轉行到物理。我問他是什麼原因促成這個決定? 他大約這樣回答:

> 在數學中，當你發現某個結果時，你會感覺，那個結果本來就一直都在那裡。但是在物理中，你會感覺，你是得到真真實實的新發現。

這當然是很模糊的說法，但是其中卻含有至理。如果把做數學或科學看作是一種對局 (game)，那麼我們可以這樣說:

> 在數學中，你是跟自己或其他數學家作競爭;
> 在物理中，你的對手是大自然並且賭注更高。

　　Dyson 不但成為一位物理學家，而且幾乎是立刻就成名。那時量子電動力學（Quantum Electrodynamics，簡稱為 Q.E.D.）有兩種很不同的切入方法，其中一種是 Julian Schwinger 與 Shinichiro Tomonaga 的方法;另一種是費曼的方法。Dyson 的第一個成名傑作是證明: **這兩種方法是等價的**。結果在 20 世紀的 50 年代，物理學家學習新的量子電動力學，不從原創者著手，而是學習 Dyson 的東西。

　　Dyson 在物理中繼續做其它很多事情，也許都沒有第一次的傑作那麼偉大，但也都是具有高品質的成果。我對他的一些貢獻有所了解，因為它們正好跟我的一些興趣密切相關，因此我敢擔保，它們都是如珍珠一般。由於 Dyson 在物理學上的貢獻，使得他得到最高的讚美以及許多的獎項。但是，他對自己的評斷仍然是謙虛的:

> 我永遠只是一位解題者 (a problem solver)，而不是創造觀念者。我無法像波爾 (Bohr) 或費曼那樣，長年坐在那裡，整個

心靈與身體聚焦在一個深刻的問題上面。我感到有興趣的東
西太多了。

事實上，他在書中所談的，大多數無關物理學，而是其它的「許
多東西」：例如裁軍問題，核子工程，太空旅行，「銀河的綠化」
(greening of galaxies) 等。為《宇宙波瀾》寫書評的 Horace Freeland
Judson，形容 Dyson 為「科學界的某種紈袴子弟」。這意指，如果
Dyson 不浪費時間在那些無關緊要的事情，那麼他在物理上可能會創
造出奇妙的觀念。我擔心，Judson 先生可能並不了解科學家。不管是
基於什麼理由，沒有科學家會相信他已經擁有重要的觀念，或他已接
近到可以拋開他的工作而改做其它的事情。因為 Dyson 恰好也是不相
信他可以擁有足夠重要且深刻的觀念，而他承認自己只是個解題者，
所以他又尋找其它問題來解決。我們也要謹記在心，Dyson 品評一個
觀念的價值，格調是很高的。在他要把解題者拋在一旁去追求新觀念
之前，那個東西必須要「高高懸掛在那裡」。

在多年前，我在康乃爾大學認識一位研究生，原先他是很優秀的
鋼琴家。後來他放棄鋼琴，改行到應用科學追求他的生涯，並且相當
成功。有一次我問他，為何他決定放棄音樂？他回答說：

我知道鋼琴要如何做出美妙的聲音，但是我無法做得很好。

與其努力去達成自己認為不太可能的任務，他寧可選擇把生命奉獻在
不同領域。我認為，類似的情況也發生在 Dyson 的身上。我懷疑，當
他宣佈要從數學轉行到物理時，在他的心中憧憬的是要過著像表演藝
術的巨匠生活。在某種意味下，他也曾經面臨到這樣的境地：他知道
「如何做出美妙的聲音來」，但是他相信他「無法做得很好」。

再把我的猜想更往前推進，我願意冒險猜測，當 Dyson 仍處於一

個科學家的養成階段時，他密切地跟天才費曼接觸，在某種意味下，這導致他的翅膀折斷了。當然，他仍然可以飛得很高並且飛得很好，這歸功於他的天才與堅強的性格。但是我不十分相信，當他決定要成為一位物理學家時，若他留在英國的劍橋，他會成為已經準備好了的一位解題者。

讓我再費一些心思作說明。在科學或人類的其它知識領域，有兩類的天才：

> 一種是「普通的天才」，另一種是「魔術般的天才」。普通的天才是你我都能夠達到的，只要我們再好上幾倍。他們的心靈如何運作並沒有什麼神祕性。一經我們了解他們的工作，我們就會覺得自己確實也可以做得到。但是魔術般的天才不一樣，利用數學的術語來說，他們處在我們的直交補空間 (orthogonal complement) 裡，他們的工作心靈，其所有的意向與目的都無法理解。即使我們了解他們的工作之後，他們的思路過程仍然是處在完全的神祕黑暗之中。

魔術般的天才很難收到學生，因為學生無法跟得上，對於優秀的年輕心靈，要應付這種天才的工作方式，會造成可怕的挫折。費曼就是具有最高能力的魔術般心靈的人。Hans Bethe 是 Dyson 尊為老師的人，但他只是普通的天才；有時他甚至會被誤解為根本不是天才。但是，只有費曼是例外，他能激發年輕人的想像力。費曼只比 Dyson 年長一點。對於 Dyson 來說，要成為物理學家就應該像費曼那樣，然而，唉，不可能。因此，Dyson 只好後退到他所擁有的能力強項，就是發揮他精通的數學技巧，當個解題者。

雖然我處處偵測到微弱的渴望痕跡，感知 Dyson 的書是向上提升的拍音，它跟 Chargaff 的書恰好處在直徑的兩端。利用大家熟悉的話

來說，Dyson 點蠟燭照亮週遭，而 Chargaff 喜歡詛咒他所看到的黑暗。
Dyson 很少寫到物理，但是對於他成功地結合量子電動力學兩種不同
的切入方法，當然表達了他的神采飛揚。這種狂喜是創造性最大的回
報，但是在 Chargaff 與 Ulam 的書裡都缺少這種第五元素（最精華的
元素）。然而在 Watson 的書中就含有這種元素，他是以獨特的格調平
凡地掩飾著 (譯者註)。

☙ 譯者註 ❧

法國數學家 André Weil (1906–1998) 如此描述數學家創造的神采飛揚，他說：
「每位真正的數學家都曾有過一種澄澈的狂喜，陣陣的欣喜，一波接著一波，像
奇蹟般地產生。這種感覺可能延續幾小時，甚至幾天。一經體驗過這種神采飛揚
的純喜，你就會熱切期待再次得到它，但是這無法隨心所欲得到，你必須透過頑
強的、辛苦的工作才能得到。」

　　自從 1930 年的夏天，當我重新推導出卡丹公式，嚐到發現的喜悅
之後，除了數學我就不想做其它事情，更精確地說，我只想做數學及
其對物理學的應用。這輩子，我從未有想要從事行政的野心，我不耐
煩於行政工作。尤其是，當我專注於解決一個吸引我的問題時，學院
的義務性工作，例如教學和參與委員會之類的事情，都會干擾到我的
研究工作，讓我倍感挫折。我甚至後悔寫這本書，雖然我不得不承認
我開始享受它了。幸運的是，現在正是我「介於問題之間」的空檔時
候，但是如果我又被一個問題迷住，那麼我的「平凡世界」，包括寫這
本書，就會擱置下來，直到我又從另一個世界探險回來。下一個吸引
我的問題，並不是因為它可能會有重大的結果，而應當是因為我覺得
它很有趣，引起我再次的追尋，並且把專注鎖定在問題上。誰會知道
呢? 我也許會是一個勝利者。

我跟 Dyson 一樣，都是解題者，不同之處在於我有興趣的問題比他狹窄。雖然在數學之外，我對許多事情都有興趣，不過多半是被動的。例如，我對科學史有興趣，但是我不會想要花一年的時間來專門研究它。我一次只能處理一種熱情，所以當我讀到《Heraclitus 之火》這本書時，我很佩服 Chargaff 同時能夠處理兩種熱情。不過，我也得到一個結論：雖然科學是他的拿手，並且成就非凡，但是科學畢竟不是他的真正熱情所在。那麼科學是 Ulam 的熱情所在嗎？儘管在他的書裡並沒有明確的證據顯示，但答案是「殆確」(almost surely) 肯定的；雖然他和我的熱情在許多方面都不同，但是我們仍然有許多共通點。我深知他，我可以保證。

發明加速器 (cyclotron) 的 E. O. Lawrence，他的一位合作者 David Sloan 曾經這樣說：

當你發現一個新觀念時，你不知道它有什麼用處，
但是它總會帶來內心的狂喜。

在進行我的自傳寫作時，我懷抱著一個念頭，希望將一個科學家內在本然的狂喜、挫折與失望，傳達給讀者。對於一個科學家在養成過程中，所受到的周邊環境之影響，我也希望讓讀者有個「驚鴻一瞥」。這些周邊環境，包括他的家庭、他的老師與合作者，還有說不完、理不清的因素，例如：政治條件、當時的社會氣氛以及歷史的巨變事件等等。

最後，我要讚美威力無比，但卻反覆無常的機運女神──泰姬 (Tyche)。雖然我花費許多的數學生命，嘗試要證明她確實不存在，但是她仍然不吝惜地給我個人的生命帶來好運和幸福。

眼瞎的機運女神泰姬: 眼閉則靈開

露滴對湖水說:
你是蓮葉下面的大水滴,
我是蓮葉上面的小水滴。

你摘取花朵,
但採集不到花的美麗。

世界以痛苦吻我的靈魂,
卻要我回報以詩歌。

－泰戈爾 (Tagore, 1861–1941)－

1.

開場白：我如何成為一位數學家？

A great poem is a fountain forever overflowing
with the waters of wisdom and delight.

一首偉大的詩像一個泉源，永遠汨汨流出
智慧與欣喜的活水。

—雪萊 (Shelley, 1792–1822)—

數學家 Lipman Bers (1914–1993) 說：
「數學如詩。什麼是一首好詩？一首偉大的詩？
——用最少的字表達最多的感情和思想。
在這個意味下，數學公式，例如

$$e^{i\pi} + 1 = 0 \quad \text{或者} \quad \int e^x dx = e^x + C$$

都是好詩。」

譯者摘要

本章 Kac 描述他在高中二年級的暑假，遇到求解三次方程式的卡丹公式，其解法是，一上來就令 $x = u + v$，然後逐步推導出公式。對 Kac 來說，這好像魔術師突然從帽子中抓出小白兔，令他很不滿意，於是下定決心要自己探求答案。花了一個暑假茶飯不思的專注研究，最後終於找到自己的一條出路。他初嚐數學發現的喜悅，讓他決定要走上數學之路，這正好也救了他的一命。數學可以救命，真是太神奇了。

　　我們可以説「三次方程式的卡丹公式救 Kac 一命」。另外，微積分裡，泰勒定理也曾救人一命。機運實在是非常奇妙。有關卡丹公式，物理學家費曼有很精闢的見解與評論：

> 在 16 世紀初 Tartaglia 發現三次方程式的解法，這是歐洲數學最重要的進展。這個解法本身雖無大用處，卻證明了現代人可以做到古希臘人做不到的事情。在心理上的重大意義是，激發出信心，有助於文藝復興運動的興起，讓歐洲人不再一味模仿古人。

　　在此必須作個註解。事實上，卡丹公式是義大利數學家 Tartaglia (1499–1557) 在 1535 年發現的，在卡丹允諾保密之下，Tartaglia 才把解法告訴卡丹，但是卡丹不守信用，在 1545 年就將它發表，變成今日所謂的卡丹公式。因此，公平地説，三次方程式的解答公式應該叫做 Cardan–Tartaglia 公式。這驗證了一句話：數學公式或定理所掛的名字有時不是原創者。

這是 1930 年夏天, 在波蘭 Krzemieniec 所發生的事情。那年我 16 歲。高中的最後一年在 9 月就要開學, 我必須思考未來的前途作生涯規劃。因為數學與物理都是我拿手的, 所以選擇讀工程似乎是實際與合理的事情。「一個家庭一個哲學家就已足夠」, 這是我母親表述問題與建議解答的方式。「一個家庭一個哲學家」是指我的父親, 他在德國的萊比錫大學讀哲學並且得到博士學位, 其後又在莫斯科大學得到歷史與語言學結合的博士學位。儘管有這些優秀的學歷, 但是由於社會普遍反猶, 讓他無法找到任何教職, 除了在 Tarbut 學校當了兩年短暫的校長之外。我父親參與我外祖父經營的紡織事業, 多年後也宣告失敗而結束, 他只好靠著微薄的家教收入維生。他可能是歷史上懂得希伯來文、拉丁文、希臘文、甚至是斯拉夫舊教文的唯一商人。因為他的一些學生是當地希臘正教學院的學生, 所以他很方便就學得後者。

這樣的生活並不是我母親對她的兒子所期望的, 因此讀工程似乎是正確的方向。然而, 在 1930 年的夏天, 選擇大學的科系在我心目中並不是最重要的事情。因為一個經常折磨數學家與科學家間歇性發作的「疾病」, 突然發生在我的身上, 那就是: **對一個問題著迷**。發病的症狀都類似, 而且很容易辨認, 特別是患者的妻子更是心有戚戚焉, 因為患者表現出的反社會行為持續增強。最常見的是, 茶飯不思, 也不睡覺。我的症狀特別顯著, 因此家人開始為我擔心。

事實上, 我的問題並沒有什麼了不起, 甚至也不會產生重大的後續發展, 這就是三次方程式的求解問題。答案早在 1545 年就由義大利的數學家卡丹 (Cardano, 1501–1576) 所發表。我所不知道的只是, 他

是如何想到與推導出來的。

　　波蘭教育專家們為中學所設計的數學課程，在解完二次方程式之後就停止了。對於三次或更高次方程式好奇的學生，他們會回答說：「這對你們太高深了」，或者說：「不要急，當你以後讀到高等數學時，就會學到。」因此這個問題就如同一個禁地。但是我不理會它，決心要自己弄明白三次方程式的求解問題。

　　我拿起一本暑期數學讀物，打開三次方程式這一節，讀到第一行我就被打敗了。開頭這樣寫著：「令 $x=u+v.$」因為我知道答案是兩個立方根之和，所以令 $x=u+v$，顯然是預期這樣的解答形式，但是整體說來，我覺得這對學習者是不公平的。

　　在這個節骨眼上，我很接近於數學教學的一個奇妙的分水嶺：一邊是如何想出證明或推理的策略，這大部分是超越邏輯的範疇；另一邊是證明或推理的技巧，這是純演繹的工作，因此具有邏輯與形式的特性(譯者註)。換言之，這是在求知過程中，動機與實踐的區別。不幸地，絕大部分的數學書都只呈現後者，而忽略前者❶。

─────❀ 譯者註 ❀─────

這是發現與證明的分水嶺，先有發現，才有證明。

　　在不了解背後動機之下，我無法接受只是形式的推演。直接令 $x=u+v$，而不說明為什麼要這樣做，這對我是一種冒犯。我問父親，

───────

❶ 最近市面上出版了一本好書，即 Philip Davis 和 Reuben Hersh 所寫的 *The Mathematical Experience*, Birkhauser, 1980. 對於這個問題有機智與智慧的討論，請參見這本書的這一節：The Classic Classroom Crises of Understanding and Pedagogy（pp. 274–284）。其中描述一位學生幾近抓狂的情景，起因於一位老師無心所說的一句話：「現在讓我們考慮 $r(0)=p(0)-q(0)$。」

但是他太專注於他那瀕臨衰敗的事業，以至於對我沒有什麼幫助。因此我立定決心，要自己找尋一個滿意且不同的推導方法。我父親則抱持懷疑的態度，這從他願意出高價就看得出來。只要我做成功，他就給我 5 元波蘭幣的獎金（這在當時是一個不小的數目）。

我這一生中，有好多次因沉迷於問題而發狂的紀錄，有些問題在數學與科學上還產生過一些影響，但是在 1930 年後，我從未像這次那麼努力與狂熱的工作。我很早就起床，幾乎沒有時間吃早餐，我整天都在做計算，在一大堆白紙上寫滿公式，直到深夜累壞倒在床上。跟我講話是沒有用的，因為我只會回應無意義的單音節咕嚕聲。我停止與朋友會面，甚至放棄跟女朋友約會。由於缺少策略，我的工作漫無方向，經常重複走著沒有結果的老路，蹣跚於死胡同中。

直到有一天早晨，答案突然出現在眼前，卡丹公式就在眼前的紙頁上放光！我花一整天或更多的時間，從堆積如山的紙堆中拾取論證的線索。最後終於把整個推導過程精煉成三到四頁。我父親把我辛勞的成果瀏覽一遍後，就付給我獎金。

不久學校開學了，我把整理好的文章交給數學老師。他是一個親切的人，喜愛伏特加酒，他在聖彼得堡 (St. Petersburg) 大學受過良好的教育，但是當我認識他時，他已很少記得他所學的，並且也不在乎。不過，他還是很小心地研讀我的文章，並且代我投稿到華沙 (Warsaw) 的《少年數學家》(*Mlody Matematyk*) 這本雜誌。到此似乎就結束了，因為雜誌社一直沒有通知我文章已收到，又經過了幾個月也沒有從遙遠的華沙傳來任何訊息。

然後，在 1931 年 5 月初，距離期末考只有幾個禮拜的時間，好消息突然降臨。在上午的時段，宗教靈修的課程正要開始。因為只有信奉羅馬天主教的同學要接受教導，對於我們少數幾個非天主教徒的學生，這段是自由時間。現在上課鐘聲響了，朦朧微暗的走廊幾乎沒有

學生。我遲了一些離開教室，在匆忙之中差一點就撞上正要進入教室的牧師。就在這時，我看見校長朝我走來。我猜這必是衝著我而來，因為宗教課從未有外行的專家會來造訪，而且我的周遭沒有人，走廊也只是通到教室的死巷。

　　根據我的經驗，會見校長大概不會是什麼好事，於是我開始回想，到底我有沒有做錯什麼事情，才讓校長走出辦公室來找我（有別於通常的召人進入校長室），我擔心可能要被處罰。事實上，從他神祕的表情看來，他將要獎賞我！甚至在他開口之前，還特別調整一下自己以示莊重，這是一個學生在快要畢業的前夕所無法想像的事。他的第一句話就讓事情明朗。他說：「教育部的參事 Antoni Marian Rusiecki 閣下，正在本校訪問，下午兩點半在他的辦公室要接見你。」這時果戈里（Gogol, 俄國劇作家、小說家, 1809–1852）《巡按將軍》(*The Inspector General*) 的景象立刻在我腦海浮現，不過 Rusiecki 是「真實的」人物，這讓我有幾秒鐘的時間一直回味著「參事閣下」這句話。原來 Rusiecki 是 *Mlody Matematyk* 雜誌的主編。

　　在兩點半整，我以週末最佳的整裝打理好自己去會見 Rusiecki 先生。他個子高大，有點瘦，蓄小鬍子，戴著金邊眼鏡。他對我講話時，宛如我們的地位是平等的。

　　「我們已經收到你的論文，會拖這麼久是有理由的。在編輯會議的討論中，起先我們相信你的方法是已經知道的，因為在文獻上有許多不同的方法可以推導出卡丹公式，也許你只是重新發現其中之一而已。然而，經過我們搜尋文獻的結果，最後確信你的方法是新的，因此我們準備要刊登你的論文。」他們實現了承諾。在我畢業幾個月後，論文登出來了，我用 Katz 的名字發表，因為我覺得德文的拼字 Katz，比斯拉夫文的 Kac 還要優雅。

　　在我會見 Rusiecki 先生要結束前，他問我將來有什麼計畫。我告

訴他說，家人要我讀工程。他說：「不，你應該讀數學，顯然你對數學有天分。」我聽從他的勸告，走上數學之路，這救了我的性命。我的數學足夠好，也足夠幸運，我在 1938 年申請到博士後出國深造的研究獎學金。這是由波蘭富有的猶太家庭 Parnas 所捐贈，規定要有一個名額給猶太籍申請者，為期兩年期的獎學金。我在 1938 年 12 月抵達約翰·霍普金斯大學，二次世界大戰讓我滯留在美國，有家歸不得。如果我當初去讀工程，無疑地，我必然留在波蘭，跟我的家人和六百萬猶太同胞一樣，走上被希特勒屠殺的相同命運。

最後附言：在幾年前我有一位朋友，也是美國年輕的數學之星 Gian-Carlo Rota 在洛克斐勒大學演講，題目是 "Umbral Calculus"，探討用新方法來處理不變式理論 (invariant theory)。在演講中，Rota 順便討論 Sylvester 定理，這是關於兩變數齊次式的一個美妙結果。他說：「我現在展示給你們看，如何用 Sylvester 定理來求解三次方程式。」我只聽他講幾句話，立刻就感覺到電流傳佈全身。因為我認識到，那就是在 1930 年夏天我所發現的方法。

譯者補充

在數學史上，一個人在年少時由於自己解決某個數學問題，或受到某個數學問題吸引而喜愛上數學，因此走上數學之路的例子，除了 Kac 之外，譯者再舉 Kac 在本書中曾經提到過的三個人：

1. 高斯 (Gauss)：發現誤差的正規分布律。

在小學三年級時就會快速地巧算出 $1 + 2 + 3 + \cdots + 100 = 5050$。高中畢業前，正在為選擇未來道路而煩惱時，有一天早晨醒來，突然想出正 17 邊形的作圖（古希臘數學家辦不到），於是決定走上數學之路。終於成為有史以來三位最偉大的數學家之一，另兩位是阿基米德與牛頓。

2. Kolmogorov：俄國偉大數學家，建立機率論的公理化。

在西元前 5 世紀時，畢達哥拉斯在愛琴海邊玩耍，擺弄小石子，發現了奇數的和是平方數：

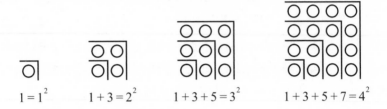

$$1 = 1^2 \qquad 1 + 3 = 2^2 \qquad 1 + 3 + 5 = 3^2 \qquad 1 + 3 + 5 + 7 = 4^2$$

從而發現了一個美麗的公式：

$$1 + 3 + 5 + \cdots + (2n - 1) = n^2$$

叫做**畢氏公式**。

兩千年後，此式幫忙 Galileo 發現自由落體定律 $S = \dfrac{1}{2}gt^2$。

兩千四百年後，俄國的 Kolmogorov 在 5 或 6 歲時又自己重新發現這個公式，經歷到「數學發現」的喜悅。從此喜愛上數學。

3. Erdös：他跟 Kac 合作開創出機率式的數論。

在小時候 Erdös 就自己發現負數，讀到「質數為無窮」的證明，就被數學之美迷住，從此以整個身體與靈魂愛上數學，一生獨身迷戀數學，無怨無悔。

早年的歲月
1914–1930，Kac 從 1 歲到 16 歲

To a Butterfly

Stay near me—do not take thy flight!
A little longer stay in sight!
Much converse do I find in thee,
Historian of my infancy!
Float near me;do not yet depart!
Dead times revive in thee.

致一隻蝴蝶

請停留在我的身邊，不要飛走！
讓我多看你一會兒！
你應該有不少話想對我訴說，
那曾為我留下的童年記憶！
在我的身邊飛舞吧，不要離開！
逝去的童年歲月又在你身上復活。

—華茲華斯〈致一隻蝴蝶〉的片段—

譯者摘要

本章敘述 Kac 從誕生到 16 歲中學畢業 (1914–1930) 這段青澀的少年時期。他誕生時，正逢第一次世界大戰爆發，戰火延續四年 (1914–1918)，其間 1917 年又發生列寧推翻沙皇的革命，目睹了革命所造成的人間悲慘。

Kac 出生在 Krzemieniec 的猶太家庭，當時的 Krzemieniec 是屬於俄國的領土，1919 年才歸屬波蘭。這個地方的種族非常複雜，加上戰亂，讓 Kac 從小就經歷了許多的苦難。

他的父親在德國萊比錫大學攻讀哲學，得到哲學博士學位；又到莫斯科大學攻讀歷史與語言學，也得到博士學位。但是，由於社會普遍反猶，所以他一生的工作非常不順利，基本上是靠當家教維生。

Kac 的母親也受過良好的教育。因此，Kac 在 11 歲之前，幾乎是在家裡由父母教導。5 歲已會流暢地閱讀俄文書籍，父母也請家教來家裡教他法文。當他父親當家教有學生到家裡來上課時，小 Kac 也坐在旁邊旁聽，不論聽得懂或聽不懂都無妨。但是，他對歐氏幾何學特別感興趣，從小就顯露出喜愛數學的性向。

11 歲時，Kac 考入 Lycée 中學，到 16 歲畢業，文憑上證明他的「成熟度足以追求更高等的學習」。15 歲時，Kac 最重大的事件是重新推導出三次方程式的卡丹公式，從此他決定走上數學之路，影響著他一生的命運。

Kac 回憶他學九九乘法表的困難，以及學平面幾何的快樂經驗。在養成教育的歲月，遇到一位好老師可以點燃思想，打開眼界。

實在說起來，我出生在 1914 年 8 月 16 日的恐怖槍聲中（指第一次世界大戰的爆發）。但是我的出生證明，記載的日期卻是 8 月 3 日，因為儒略 (Julian) 曆制經過幾世紀的使用之後，比公 (Gregorian) 曆制慢了13 天。沙皇為了彌補，命令廣大且落後的帝國改採用公曆制。而我出生地的名字也像我的生日一樣，具有不確定性。在 1914 年，Kremenetz 位在烏克蘭的西邊，它是從古代斯拉夫語音譯過來的，就跟現在一樣。直到 18 世紀結束，以及 1919 到 1939 年，它都屬於波蘭，但是名字稱為 Krzemieniec。兩個名字都意指「燧石（打火石）的城市」，因為在城市的邊緣蘊藏著大量的燧石，這是可以用來做粉筆的材料。這個城市的名稱在語言上的混淆，導致在美國的名人錄裡，Isaac Stern 把它拼成 Kreminiecz，但我還是堅持正確的波蘭拼法Krzemieniec。

　　每一個波蘭人都知道波蘭最偉大的兩位浪漫詩人，一位是抒情的Juliusz Slowacki，他就誕生在這個城市。相較另一位 Mickiewicz 則是採用敘述的方式，然而後者的作品透過翻譯比較廣為人所知。Slowacki 是優雅的詩人，但是難以翻譯。因此，除了少數的學者，在波蘭之外很少有人知道他。

　　在我出生的時候，所有波蘭文化的痕跡都是沙皇建立的。在城市裡猶太人佔了大多數，而鄉村與周邊幾乎都圍繞著烏克蘭人。俄國人是少數的統治階級，但是他們控制著政治、法律、學校、郵局與銀行。他們極端的腐敗，貪污事件既粗魯又廣佈。

　　只要有錢並且肯花錢，不論是多麼嚴重的險境，幾乎都可以化險

為夷。我回憶我的外祖父曾經告訴我一件事情，在他的紡織廠裡，有一位年輕的職員，在 1905 年的日俄戰爭被俄國徵召到軍隊去。經過一段時間的訓練，他將坐上橫越西伯利亞的鐵路快車，被運送到前線去打仗。那時整個旅程要費時兩個星期，這位遲鈍的年輕人在旅程途中突然決定不再當一位戰鬥的軍人。於是在某個停車站，他就離開了火車，然後藏匿與等待了一個禮拜（只有一條軌道可供西伯利亞的鐵路快車使用），再搭上回程的火車。過了一些日子，讓我的家庭震驚的事情發生了。他現身在我外祖父的家門口，身穿軍服，又背著來福槍。在戰爭時期，逃兵當然是要槍斃的，但是我的外祖父賄賂了一位辦理徵兵的官員，燒毀這位逃兵的所有資料。從此這位年輕人在法律上就不存在，並且也無法證明他曾經存在過！更怪異的是，沒有人詢問過他的事情，直到我年幼時，他仍然在為我的外祖父工作。當波蘭在 1921 年復國後，我也無法得知他是如何「重獲新生」。

我是在 Krzemieniec 兩個猶太家庭的結合之下誕生的，母親這一方富有，父親這一方顯赫。我母親的家庭是個販賣商，從 18 世紀早期就生活在 Krzemieniec。他們主要是商人，雖然我的外曾祖父在村莊附近擁有一家製紙廠，但外祖父經營的是紡織事業。而我父親的家庭，只能追溯到 19 世紀的前半葉，他的祖父來自於 Galicia。當波蘭在 18 世紀末被瓜分時，Galicia 被波蘭割讓給奧地利。我曾祖父 Mordecai 的職業並不名譽，他放高利貸，極會賺錢，並累積了龐大的財產。在本世紀初（即 20 世紀）初死亡時，他留給 80 位孫子的錢財，可以讓每個人都不必工作而生活。除了我父親之外，其餘的人都選擇了遊手好閒的生活，直到第一次世界大戰，他們把家產皆散盡了。

我父親利用分得的家產，拿一部分去接受教育，得到德國萊比錫大學與莫斯科大學的博士學位。他是 Krzemieniec 第一位得到高等學位的人，但是他的工作路途卻遍佈著極多的障礙。在他父親的幫助、

同情與鼓勵之下，他終於堅持了下來，並獲得相當的成功。

　　我的名字取自於我的祖父 Meshilem。在我父親尚未完成學業以及結婚擁有家庭之前，他就已經死亡，因此我從未見過我的祖父。但就我所聽聞，甚至將我父親幾乎有偏見的說法考慮進去，也可以判斷他是一位了不起的人。

　　他出生於猶太人的家庭，在嚴格與正統的猶太觀點之下，他設法對外面廣大的知識世界捕捉驚鴻一瞥的感動。他取得他父親原本要燒掉的一些書籍，無疑地他是早期解放猶太主義運動的領袖之一，並且也是烏克蘭最早追隨猶太復國主義的人。他參與過一、兩次在瑞士 Basel 召開的早期猶太復國主義會議，也可能活躍於這個年輕的運動。如果他知道我的兒子是我們家庭中第三代取得博士學位的人，他必然會很高興。如果他又知道，三位博士所在的城市都是以 L 為開頭：Leipzig、Lwów 與 Los Angeles，也許他會覺得很有趣。

　　在沙皇的統治下，法律限制了猶太人許多的公民權利。（雖然它們依然是如此，但是現在已是違反了法律。）他們被限定所居住的範圍，換句話說，他們需要特殊的許可才能住在大城市，例如莫斯科、聖彼得堡或基輔 (Kiev)。申請就學者，只有少數的名額准許進入中學，而進入大學的名額更少。若無中學的畢業文憑（即成熟度的證明文件），就無法進入大學。即使有文憑，大學入學考試的競爭也非常激烈，並且是設計來歧視猶太人與其他「不受歡迎的人」。即使是外國的大學，具有更自由的氣氛，但它們的入學許可政策也預設了要有成熟度的證明文件。

　　當然，總是有賄賂這條路可以走，並且我父親的家庭可輕易的付起任何大小的賄賂。但是，我父親選擇更艱難的解決方案。法律規定可以不需經由學校的管道取得中學文憑，只要在家裡自修，再通過考試。選擇這一條路的人叫做「額外生」，他們需要面對充滿敵意與嚴

酷，甚至是虐待狂的考試官員。考不上的比率高的驚人，因此只有少數幾個人敢申請。我父親就是走這條路，直到他 20 歲時，才終於成功通過考試。

在 1907 或 1908 年，他 26 歲時，才註冊進入德國的萊比錫大學研究哲學。當時哲學系的大人物是 Wilhelm Wundt (1832–1920)，有一些人視他為現代心理學之父。然而，我父親的博士論文想要寫的對象，是一位比較不知名但具有猶太血統的哲學家 Solomon Maimon。在 18 世紀末，Maimon 從波蘭的一個小城市隻身來到德國，把妻子與家庭留在波蘭。起先他的朋友康德 (Kant) 很照顧他，後來又將他踢開。Maimon 享受了短暫的崛起和出名，直到 1800 年 48 歲死亡，逐漸被大家所遺忘。他短暫的人生，全都奉獻在「追求真理」，不過卻充滿著悲劇性。他寫的自傳，曾經感動過歌德 (Goethe) 與席勒 (Schiller)，歌德甚至還邀請他到威瑪 (Weimar)。

我不知道我父親選擇 Maimon 作為他寫博士論文主題的原因和時間點。他的指導教授 Volkert 確實不鼓勵我父親這個選擇。Volkert 希望我父親寫黑格爾 (Hegel) 或費希特 (Fichte) 或其他著名的德國哲學家。他經常對我父親說：「Kac 先生，你為什麼要寫一位名不見經傳的人物呢?」經過我父親的堅持，終究是勝利了。

我想，當我父親讀到 Maimon 的自傳時，必定是被 Maimon 英勇的奮鬥震撼到，這跟我父親自己小規模式的奮鬥經驗具有類似性。Maimon 寫道：「為了追求真理，我離開我的人民、我的國家以及我的家庭。因此，我絕不會為任何比這些還微小的動機而放棄真理。」我想，正是因為 Maimon 的一生，讓我的父親感動，所以才決定要研究關於他的哲學。

在我父親得到學位並結婚後，發現俄羅斯官方不承認萊比錫大學的文憑，他必須要再通過一個「認證」的過程。用平常的話來說，若

萊比錫大學的文憑要被承認，那麼必須在俄羅斯找到一所大學等價於萊比錫大學，由這所大學再發給文憑。這證明是不可能的事情，並且是基於官方的理由。因為俄羅斯的大學並不頒發哲學這個領域的博士學位。後來經過相當官僚的討價還價，官方的裁決是，我父親必須到歷史學與語言學學院修習一個濃縮的課程，然後才能發給一個歷史與語言學的博士學位。因此，我父親 32 歲這一年在莫斯科大學登記成為研究生，並已結婚還有一個孩子。

同時，約在 1915 年，為了躲避戰火，我的外祖父把整個家族，包括我的父母和我，都打包起來遷移到更東邊的 Berdichev。這個小城鎮除了知名作家 Joseph Conrad 出生在附近的郊區之外，沒有其它特色。Conrad 的家園約在 1780 年曾是著名的 Zadik Rabbi 與 Levi-Isaac 的家。

我父親大部分的時間都遠在莫斯科學習，除此之外，我們的生活還算進行得相當正常。然後，就在 1917 年俄羅斯發生了十月革命。這個極為重大的事件經過一段時間才傳到 Berdichev，從此開始了一段無法描述的恐怖時期，延續幾乎有四年之久。首先是官僚統治的權威體系完全崩解，整個城鎮處於無政府的狀態。當沙皇的帝國一垮，他的官僚人員逃的逃，自殺的自殺，Berdichev 及其周邊也都成了戰場。沙皇的白軍有一段日子還團結在一起，對抗新組成的紅軍。一位名字叫做 Petlura 的土匪也組成一支烏克蘭軍隊，同時對抗紅軍與白軍，並且兼做搶奪與屠殺猶太人的事情。同時也出現許多人打著旗號，專做燒殺擄掠的事情。再經過一些時間，新誕生的波蘭也捲入了蘇聯的戰爭，加入另一個維度的混亂局面。在四種騎兵不間斷的踐踏中，留下了悲慘的死亡與破壞後的殘跡。數百萬人死於飢餓、霍亂、黑死病、斑疹傷寒以及其它疾病。

在隆隆的槍聲之夜，沒有人知道第二天早晨起來會是誰在統治這個城鎮。我最早的記憶之一是，只要在夜間聽到爆炸的第一聲，我們

就得趕快把東西捆起來藏到地窖。我們不知道要如何存活下去，我很鮮明地記得，我第一次遇到真實的恐怖情景。有一天，當我在街上玩的時候，也許是違反了秩序，我注意到隔了兩條或三條的街道遠處，有一個人正趨向我，他擺動著手臂，以迅速的步伐前進。當他快靠近我時，突然發出了尖銳的爆裂聲，使他跌倒在街上，躺著不動，手與腳都變得扭曲。過程快速又乾淨俐落，一點都沒流血。我不了解所發生的事情，但是我嗅到了暴力和悲劇的發生，尖叫著奔向我的母親。

在這樣的環境之下，對我現在產生了不可置信的影響。我學會在不了解的情況之下，就去讀並且先聽幾何定理的敘述。

我採用字母的積木塊，幾乎靠自己學習閱讀（當然是俄語文）。我也需要母親的一些幫忙，她跟同代的多數婦女比起來，算是受過相當多教育的人。她喜愛閱讀，也知道相當多的音樂，對許多事情都感到興趣。她會說俄語、猶太語以及一點兒德語。猶太語是她用來私下跟我父親交談的，俄語是平常家中使用的語言。無論如何，在我5歲或更早一點，我的閱讀已相當流暢甚至過量。即使在我學會閱讀以前，每到寂靜的夜晚，母親便會讀許多書給我聽。最早的一本是馬克吐溫(Mark Twain) 的《王子與窮人》，當然是俄文的譯本。我有非凡的記憶力，可以背誦俄國詩人的長詩，主要是普希金(Pushkin) 的作品。除了擁有不尋常的記憶力之外，從各方面來看，我都不屬於早熟型的孩子。過些時日，讓我父親感到懊惱的是我學習九九乘法表時，竟然緩慢到失控的地步。

我父親那時已從莫斯科得到博士學位回來，卻只能當家教維生，他教數學、拉丁文、希臘文與歷史。因為沒有任何種類的貨幣流通，家教的學費就以吃的東西、衣服、奇異的金塊或銀塊以及其它東西來交付。當時我們生存的世界，以物易物是經濟系統的唯一基礎（這是最原始的經濟系統）。

　　學生來到我們住的公寓接受教導，我經常坐在一旁聽課，其中多少懂一點，但也有許多不懂的地方。基於某些原因，像下面的句子：

> 過直線外一點，存在唯一的一條直線，平行於原直線。　　(1)

或者

> 凡是直角都相等。　　(2)

讓我印象非常深刻，因此我開始麻煩父親解釋給我聽 (譯者註)。

————⚓ 譯者註 ⚓————

上面(1)與(2)兩個敘述，是歐幾里德《幾何原本》裡的兩條幾何公設 (axioms)。前者是鼎鼎有名的「平行公設」，意味著空間的平直性 (flatness)；後者代表空間的齊性 (homogeneity)，幾何圖形在平移、旋轉、鏡射之下具有不變性。角度也不隨著圖形的放大或縮小而改變。

　　這時候在我們周邊的動亂仍然持續著。列寧取得革命後的新政權 (譯者註)，在得到細部的掌控之後，波蘭東部邊境開始捲入了全面性的戰爭。最後在 1921 年 3 月 18 日，蘇聯與波蘭在 Riga 簽訂和平條約，其中的兩個條款，對我們的生活產生決定性的影響。第一個條款是 Krzemieniec 歸還波蘭。第二個條款，是准許在波蘭新邊界地區出生的人回到出生地。我父親立即去申請遣返，於是在 1921 年年末，我們回到老家。回到家我立即生了一場大病，診斷的結果是寄生蟲引起的斑疹傷寒。這在當時我們居住的地區，是猖狂的一種流行性傳染病，甚至到 1924 年都還是當地的風土病。我母親在 1923 年生了我弟弟後，也得到此病而且非常嚴重，經過好幾星期才好起來。

譯者註

經過 73 年之後，到了 1990 年，蘇聯崩解，列寧的銅像也被扳倒了。有一位詩人留下一句詩：

> 列寧的夢消失了，
>
> 而普希金的秋天留下來。

驗證了「政治短暫，詩永恆」。這是愛因斯坦「政治短暫，方程永恆」這一句話的翻版。參見詩人李敏勇的書《溫柔些，再溫柔些》。聯合文學，2005, p. 134。

由簡單的算術就知道，我的弟弟小我 9 歲，這樣的年齡差距，在早年有難以克服的障礙。當我離家去讀大學時，他才 8 歲。當我離開波蘭時，他 15 歲。因此，我幾乎不了解他，並且對他的記憶是模糊的。他從 Krzemieniec 的 Lycée 中學畢業，起先功課沒有很好，並經常被拿來跟哥哥作比較，這是他的夢魘。然而，他是一位優秀的運動員，並且是第一流的滑雪好手。在接近學業的終點時，他對知性的事物開始產生興趣，並且成為一位非常優秀的學生。他永遠無法表現他所擁有的真實才華，因為他在 19 歲時遭到德國人的屠殺。我為我們之間沒有機會發展出兄弟的情誼經常感到很悲傷。

現在我們是波蘭這個國家的人民，但是我們幾乎不知道它的存在，波蘭的語言對我們來說是外國語，它在被征服一個半世紀之後，重返新成立國家的大家庭，這只是初步的恢復信心。第一位民主選舉的總統是相對自由派的 Gabriel Narutowicz，他在就職典禮上被右翼的狂熱分子所暗殺。繼任者 Stanislaw Wojciechowski 是個無用之人，完全屈服於新選出的多數反動派國會議員。根據憲法（由國際凡爾賽合約強加給波蘭的），雖然反猶太主義是非法的，但是仍然在蔓延，甚至比前朝的沙皇時代更棘手。至少猶太人在東歐的部分越是動亂則越停留在

同樣的狀態。不過，槍聲仍然未響，我們享受合理的繁榮。

當我們抵達 Krzemieniec 時，學校的系統並未完全運作，因此我的父母決定把我留在家裡自己教導。首先他們請到一位法國女家庭教師，每天來個半天教我法文。她出生在法國，嫁給一位白俄軍官，但在戰爭期間陣亡。她相當嚴格和堅決，並限定我們上課的期間不准說俄語。她最注重不規則動詞的變化，我們花了一些看似雜亂的時間複習假設語氣的動詞，像 recevoir（接受）與 moudre（磨）。我雖然痛恨她，但現在我所知道的法文都應該歸功於她，而不是後來在學校六年那些被歸類為平凡的法文教師（只有一位是例外，那位教師名叫 Edmond Sémile，非常優秀。經過這麼多年，我總是回憶起他讀拉辛 (Racine) 的作品 Athalie 給我們聽，其中高級牧師的獨白）。我的父母也扮演教師，教我藝術與鋼琴，但是我明顯表現出沒有這方面的天分，所以這個計畫就放棄了。我也學打鼓，最後仍然是以慘淡告終。後來，我變成一位還算及格的吹笛者，參與學校管絃樂團或樂隊的演出。

大約在這個時候，我透過閱讀 Arabella Buckley 的《科學簡史》以及法拉第 (Faraday, 1791–1867) 的《蠟燭的化學史講義》(譯者註) 這兩本書，第一次被引導進入科學的領域，它們當然都是俄文的翻譯本。

———————— 譯者註 ————————

費曼也曾提到法拉第這本絕佳的科普書《法拉第的蠟燭科學》，倪簡白譯，臺灣商務印書館，2012)。這是法拉第在聖誕節對兒童所作的六篇演講講義。演講的要旨是：無論你從什麼東西開始著手，只要你觀察得夠仔細，最後你都在觀察整個宇宙。

法拉第是自學成功的典範，亦是一位偉大的科學家。愛因斯坦的書房就掛著法拉第的畫像。法拉第對科學研究所說的一句名言，非常精彩，值得銘記在心：

Let imagination go, guiding it by judgment and principle,

but holding it in and directing it by experiment.

讓想像力奔馳，用判斷力與原理來駕馭，並且用實驗來掌握它與指導它。

　　我繼續麻煩我父親教我有關平面幾何的問題。考慮到我以前學九九乘法表的困難，我父親覺得教我幾何學必定是白費力氣。我無意間偷聽到他對我母親說：

　　這個孩子會是有光明前途的年輕人，我確定他會成就於某些
　　事物，但是我不認為他會成為一位數學家。

　　這是我父親的水晶球第二次嚴重起了雲霧 (看走眼)。第一次是在1917年革命後不久，他跑去找一位多年前在萊比錫大學的同學，他已當到列寧第一個革命政府的高級官員。我父親馬上被他任命為教育部長的助理或類似的職位，但是當下我父親拒絕了。後來，我父親對我辯解說：「我不認為這些愛開玩笑者的話，其效力會延續超過兩個或三個禮拜(譯者註)。」

---------- ❦ 譯者註 ❦ ----------

世界上看走眼的例子太多了，準確預測很難。有時是「小時了了，大未必佳」，被高估了；有時是「小時不佳，大而大成」，所以被低估了。偉大物理學家愛因斯坦與數學家 V. I. Arnold，小時候都曾被老師誤判為數學能力不足。因為老師通常是用世俗的考試成績，來衡量學生的好壞，而學校考試的成績又算什麼呢!?只有天才，方能認識天才。

　　不顧他的疑慮，我父親終於屈服並且開始教我非正式的幾何學。我很快的掌握住這門課，而且也會解決十分困難的問題。我學習幾何

跟我同時期的人一樣，是採取半直觀的方式。課程強調幾何公理化的結構，但是在邏輯上並不完備。書中完全沒有提到順序公設 (axioms of order)，極可能是因為作者也沒有意識到它們。公設系統是採用嚴格的歐幾里德，例如從等腰三角形的頂點 C，向底邊 AB 作垂直線，通常都會說，垂線會交於 A 與 B 之間的一點 D，把這件事視為顯然。在新數學中，你必須利用順序公設來保證這件事成立。現代的幾何教科書，因為強調這種邏輯上的精微處，所以變成煩瑣且無趣。我最享受的是挑戰難題。在我父親的那些書當中，有些是問題集，其中有的題目是收集自沙皇的俄國時代以來工科大學的入學考試題，這些是特別難的問題。啊，破解成功一個難題是多麼地快樂！

　　在 1923 年的 9 月，我父親成為新創立 Tarbut 學校的校長。對照起來，chedarim 或 yeshivoth 這兩種猶太學校主要是講援猶太法典，而 Tarbut 是普通學校，但非宗教課程都用希伯來語講授。它們都缺乏國家的奧援，只靠地方的社區支持，無法普及到波蘭全國。作為校長的兒子，我當然進入這個學校就讀。我的就讀時間就跟學校存在的時間相等，我相信有兩年的時間。我對這段日子的記憶很少，只有記得希伯來語，並說得很流利。不幸的是，我全都忘光了，那是我自己的錯失。我也學習一些波蘭文，因為根據法律的規定，這是必修課程。

　　在 1925 年的春天，已經很清楚 Tarbut 學校無法存在了。我的學業延續變成迫切的問題。在 Krzemieniec 地區唯一公立的學校是 Lycée 中學。在波蘭還沒成為一個獨立國家之前（被鄰居強國瓜分或佔領），這個學校就很著名。新的波蘭國決定，不只是要保留學校的名聲，而且還要使其成為波蘭文化在這個地區的根基，因為長久以來這個地區跟波蘭毫無關係。根據 Riga 條約之後，波蘭接收東邊的領土，這表示這個地區要由一個外國的且並不是非常友善的勢力來拓殖，Lycée 正好是拓殖的前哨站。特別地，雖然波蘭人在這個地區是少數，但是

Lycée 招收了超過 90% 的波蘭學生，許多是官員的孩子。雖然憲法保障每個人的權利平等，可是烏克蘭人與猶太人的機會顯然少得多，官方的表面藉口是他們的波蘭語言不足。

在那年的晚春，我參加 Lycée 中學的入學考試，結果我錄取了，讓家人高興又放心。到了秋天，我 11 歲進入「第三級的班」（third class，約相當於美國的第七年級）。從此，我的教育熱切的開始。

我的第一年是不快樂的。我的同學至少都比我大一歲，他們粗壯、不守規矩且殘暴。在他們製造的各種擾亂中，相對地我被突顯出來。他們指控我在他們的考試作弊系統中不合作，跟釘死在十字架上的耶穌是同黨。

好幾年前，我接到一位當年的惡棍寫來的一封信。我已經忘記他的名字，也難以確定他在事件中的角色，畢竟已經是超過 50 年以上的時間了。他道歉對我的不當行為，那時他沒有認識到我的「價值觀更正確」於他。他邀請我，若有機會回波蘭時，要我去看他，以當面表達真心的懺悔。考慮當時所犯的罪行之大小，我發現這種內心愧疚的吶喊，來自我幾乎已不記得的小時候歲月，讓我感到既古怪又感動。

學校的訓練很嚴格，教師都是天主教徒，大多數都非常嚴肅。在政治上，佔優勢的多數是國家民主黨員或同情於該黨的人。在當時，國家民主黨在國會是最大黨，屬於右翼。天主教的核心是公開反猶。反猶太主義是該黨黨章的一部分，這導致違憲。最後，國家民主黨廢除反猶條款，保障少數種族與宗教的權利平等。我在學校仍然被公平對待，在少數情況下，甚至感受到親切與友善。

教學的品質從平凡到特優都有，教我自然科學的老師是第一流的。他在地質學中做過原創性的研究，並且是波蘭地質調查學會的會員，他教我們生物學，並充滿著精彩與啟發。他屬於教員中少數的自由派。他是一位高尚、慈悲、親切、具有容忍心的人。然而，在 1941 年 6 月

德國佔領 Krzemieniec 沒過幾天，他和一些同事就被德國人殺掉。他的名字叫做 Zdislaw Opolski，我受惠於他非常的多。他教我演化論，細胞如何分裂，如何闡明地球的歷史，以及燧石如何沉澱在粉筆之中。

在 Lycée 第一年快結束時，即 1926 年的 5 月中，Pilsudski 發動軍事政變，推翻政府。解散國會，逼退總統。有一些政府官員，其中許多是左翼人士，被關入監牢。等到秋天時，事情底定，波蘭在本質上是施行獨裁統治，由軍團掌權。這個軍團是 Pilsudski 早先跟蘇聯作戰時組織起來的，成員都是他的武裝同志。民主的詭計依然不變：採用兩階段的選舉方法，以便選出一個「正確的」國會多數；再及時選出一個總統，並且由軍團組成政府，原則上是對國會負責。Pilsudski 拒絕所有的職位，但他是保有波蘭軍隊的唯一陸軍元帥。在戰後，Pilsudski 是波蘭唯一的國家英雄。透過歌曲與傳奇故事的大量傳播，他的軍團經由造神運動把他變成不朽的神，說他在 1920 年把蘇聯的紅軍趕出華沙的大門；還有他的豐功偉業被歌頌為「維斯杜拉河（Vistula，波蘭的一條河）的奇蹟」。但是，他的毀謗者及其他許多人，都把這一次的「奇蹟」歸功於由法國派來幫助波蘭的 Weygand 將軍。然而，只要想到 Weygand 在 1940 年那種令人遺憾的與可笑的表現，我現在就更能了解波蘭官方的說法。

軍團是一群無名小卒組成的，只有少數是例外，從多年來的透視觀察，我震驚於這個國家可以正常的運作，特別是在 1935 年 Pilsudski 死後。我們可能很難相信，下面的小插曲突然引起了政府的危機。當 Pilsudski 死亡，被埋葬在 Wawel，這個地方曾是古代皇家的宮殿，後來變成墓園，波蘭的國王、偉大詩人、著名人物都埋葬在這裡。按照傳統的規定，Wawel 的管理員應由 Cracow 的大主教擔任，而當時的主教是 Sapieha，他是一位粗暴並且是第一反動的樞機主教。為了某種我那時永遠無法明白，現在更不明白的理由，樞機主教決定

將 Pilsudski 的遺體從原墓穴移到另一個墓穴。這個行動傳出後，首相與他的全體內閣全都要下臺! 這件事發生在希特勒入侵波蘭的前兩年或三年。這似乎表示，只要發生如樞機主教姿意行為般的重大事情，侮辱到一個偉大的領導者，就會撼動政府。

拉回 Lycée，政變產生了驚人的影響，開始產生自由化的潮流，持續到我畢業，甚至是更往後。Lycée 是由三所學校所整合的，它被提升成為一個獨立學區。學區的龍頭學校直接對教育部負責。其它兩個學校: 一個是師範學校，專門培養小學教師; 另一個是農業學校，專門訓練農業技術人才。三個學校合稱為 Krzemieniec 的 Lycée，這可能稍會引起誤導。農業學校在城市郊外的幾哩處，並且只有 Lycée 才會頒發給學生成熟度的證明 (畢業證書)，以作為進入大學或更高等職業學校的憑證。所謂高等職業學校是指，例如工程學、獸醫學與採礦學。

Lycée 不像波蘭其他學校，它有廣大的校園，除了學校的建築物之外，還有一個天主教堂、學生宿舍、教員的住宅、辦公室、一個大的演奏廳、一間很好的圖書館、兩個操場、一個真正珍品的大花園和一個網球場。整個校務的運作，是由中央政府提供富足的基金。

為了管理這個學校，波蘭新政府派 Juliusz Poniatowski 來。他來自一個古老貴族家庭的後代 (波蘭最後的皇帝叫做 Stanislaw August，就是 Poniatowski 家族的人)，也是一個擁有偉大文化與魅力的人。他的到來，跟我們預期華沙派來的密使，原初的殖民者，具有顯著的對比。他向絕大多數的烏克蘭人提出伙伴關係的概念，而不是壓制。伙伴關係也許不是最佳的措辭，但確實是伙伴關係。不論是從本領或願景來看，他是一位農業經濟專家並且是教育家，面對廣大不識字、鬱鬱不樂、天生敵對的人民，他對 Lycée 這個學校的期許是，利用提升經濟與教育水準的方法，幫忙他們創造出一種更高水準的生活。當然，時間太短了，以至於他無法實現雄心壯志。很快地，野蠻的德國人來了，

他們發現這個地區的烏克蘭人可以成為狂熱的伙伴，於是聯合起來屠殺與搶劫猶太人與波蘭人。

　　我幾乎可以立即感受到學校的變化。教師調動了，新來的接替者通常比較年輕、訓練更好，更重要的是有自由的思想。紀律仍然很嚴格，而天主教的力量依然存在，但是已無過去的高壓氣氛了。雖然學校原本是男女合校，但是男生與女生是完全分開的，甚至使用的花園也是男女隔離。這些無意義的措施逐漸消失。實際上，在教室中男女可以相鄰而坐，不會被恐嚇將遭受地獄之火的災難。學生被承認可以享有某些權利，男女融洽相處。還有，可以在學校集會演講。高年級生組織新聞社團，傳播世界上發生的重要訊息，讓學生能知天下事。我擔任科學新聞的播報者，在我的新聞生涯中，我做過最得意的事情之一，是發生在 1930 年 5 月，我發布了發現冥王星 (Pluto) 的消息❶。

　　我最好的一年是在最後一年。造成這種差異的原因是新來了一位老師，他教我們波蘭文學。他非常年輕，剛踏出大學校門（事實上，當他來的時候，還沒有得到大學的學位），他充滿著熱情，渴望跟任何想要聽或讀的人分享書寫文字之美。他讓了解文學這件事，變成是一種樂趣與天啟。如果我有任何人文的氣息，主要應歸功於他。他的名字叫作 Kazimierz Groszynski，並且還健朗地活著。雖然我們已生活在不同的兩個世界，但是當我有機會回到波蘭時，我就會去找他。我們的友誼發生在我 16 歲並且他 22 歲的時候，但是情誼持續至今。

---

❶　這個故事還有一個小後續。在 1964 年的 12 月底，我在 Las Cruces 的新墨西哥州立大學，有一位朋友問我，你有沒有興趣見 Clyde Tombaugh 這個人。這個名字對我沒有特別的感覺，直到我被告知，他是發現冥王星的人。波蘭的拼字法有其一致性，但是若從英語的眼光來看，會覺得整套規則有點怪異。例如，Shakespeare（莎士比亞）拼成 Szekspir，Chopin（蕭邦）拼成 Szopen。我將留給讀者想像的空間，在波蘭化的過程中，多麼簡單的名字 Tombaugh，變成多麼大的改變。從 Krzemieniec 到新墨西哥的 Las Cruces 是多麼遙遠的一條路！

　　我已經受過良好的教育了嗎? 如果教育定義為: 一個人忘掉學校所學大多數的東西，剩下來的就是教育的成果 (譯者註1)，那麼我猜答案是肯定的，我但願能夠學習拉丁文。我希望天主教有關罪罰的觀點，不要妨礙我進入詩集《惡之華》(譯者註2)，以避開令我厭煩的 *Atala*（法文短篇小說，1801）。我期望學校的數學課，更具有挑戰性。學校要不然就是沒有數學課，要不然就是教學無法引起我的興趣。數學是我最拿手的，但是只有等到最後一年，在 Rusiecki 老師的引導下，我才專注在數學，並且把數學當作一個可能的生涯規劃。我也但願，當時在偉大的物理老師 Jadwiga Falkowska 女士的教導下，對物理學能夠理解得更多並且更好。這個最後的願望，一直都沒有離開過我，雖然後來我曾經在荷蘭的 Leiden 與 Utrecht 大學當過物理學的訪問教授。

　　官方的文件證明，說我的「成熟度足以追求高等的學習」，上面還附著我在 16 歲時的一張照片。當我的妻子 Kitty 第一次看見這個文件時，她說:「啊，這是在你聽到魔鬼說話之前的往事。」不盡然! 在那些往日，社會充滿著仇恨、虛偽與偏見，很難不聽到魔鬼的說話。但是，在學校的最後幾年，魔鬼倒是還沒有發出猖狂的聲音。為此，我永遠感激。

❦ 譯者註 ❦

1. 這是愛因斯坦對教育的評論（1936 年），所說過的一句名言。原文如下:

　　　Education is that which remains, if one has forgotten

　　　　everything he learned in school.

　　　教育就是，當一個忘掉他在學校所學的任何事物，所留下來的東西。

2. 法國詩人波德萊爾 (Charles Baudelaire, 1821–1867) 的詩集《惡之華》(*Les Fleurs du Mal*) 是一部經典名著，被公認為人類文學史上的傑作。臺大出版中心有詩人杜國清的漢譯本，2011。

在 **Lwów** 大學的日子
1931.9–1937.5

如果你毀掉一個發電廠，立刻就黑暗下來；
可是如果你毀掉一所大學，就要黑暗 50 年。

—Stanislaw Kulczynski—

The Ordinary Man can see a thing an inch in front of his
nose;a few can see things 2 inches dis tan ce;if anyone
can see it at 3 inches, he is a man of genius.
平凡的人只能看見鼻子前一吋遠的東西；只有少數人
可以看見兩吋遠的東西；任何可以看見三吋遠的人，
他必是一位天才。

—達爾文 (Charles Darwin, 1809–1882)—

譯者摘要

本章 Kac 敘述他在 Lwów 大學的求學過程。他在 1931 年 9 月進入大學就讀，此時 17 歲。1935 年 3 月先取得哲學 Magister 學位，1937 年 5 月底再獲得數學博士學位。1938 年 11 月底拿獎學金遠赴美國留學，此時 24 歲。

　　Kac 介紹一點波蘭的歷史、地理，以及數學與科學在波蘭的發展情形，特別是波蘭學派在拓樸學（完備可裂分的賦距空間叫做「波蘭空間」）、邏輯學、集合論、泛函分析的傑出成就。他還詳細描述 Lwów 大學及其學制，還有一些良師益友對他的啟發與幫助，他所研讀的課程以及外在擾攘的時代環境。另外，Kac 也談到他論及婚嫁的戀愛事件。

　　他對恩師 Hugo Steinhaus (1887–1972) 教授的回憶更是生動，充滿著智慧與智性幽默。Steinhaus 把數學當作藝術與詩來經營的精神躍然紙上。在適當的時間，遇到對的人，做對的事情，這是 Kac 一生的幸運與福氣。

3

Lwów 大學是波蘭第二古老的大學❶。這是為了要紀念國王 John Casimir (Jan Kazimierz, 1648–1668) 而在 1661 年創立的。Lwów 大學所在的城市位於 Krzemieniec 正西方 100 哩之處，坐火車要花 5 個多小時。雖然是處在拜占廷世界非常邊緣的地帶，但是它的外觀與內在精神都是徹底西方式的。由於受到許多次外來的入侵，當然也留下一些東方式的遺跡。它不但優雅而且迷人，又有可愛的公園，以及三線道的街道。在歐洲算是相當獨特的一個城市，它是天主教三個主要分支的原鄉：羅馬天主教、希臘天主教與亞美尼亞天主教。人口中大部分是波蘭人，以及具有一定規模與在政治上動盪不安的少數烏克蘭人，還有相當大的猶太人社群。

　　Lwów 位在 Galicia（波蘭南部的一省），在 1795 年經過第三次與最後一次的分割，整個 Galicia 變成奧地利的一省。所幸，奧地利的統治者以慈悲為懷的態度對待少數民族的宗教與倫理問題，並且允許波蘭人在文化上擁有完全的自主權。因此，Lwów 從未失去波蘭城市的原貌，比較起來，Krzemieniec 就相差很多，幾乎必須重新強力注入「波蘭的特性」(Polishness)。今日的 Lwów 已經屬於烏克蘭的領土，我經常懷疑它還保有多少西方的特色。Lwów 大學也由當地不太出名的一位詩人 Ivan Franko 重新加以命名。

---

❶　Cracow 大學是波蘭最古老的大學，創立於 1364 年，也是天文學家哥白尼的母校（譯者註）。

◆━━━ 譯者註 ◆━━

哥白尼 (Copernicus, 1473–1543) 將「地球中心說」（地靜說）改變成「太陽中心說」（地動說），啟動了天翻地覆的「哥白尼革命」。阿基米德 (287–212 B.C.) 說：「給我一個支點，我就可以移動地球。」事實上，我們可以說，哥白尼純用思想觀念就移動了地球。

　　我必須慚愧地承認，我對於 Lwów 大學在 20 世紀前的歷史幾乎一無所知，也許真的是沒有什麼事情值得知道。在數學與科學方面，甚至沒有記載任何稍微傑出的事件。然後，在 1905 到 1913 年之間，歐洲的 Lwów 大學突然變成理論物理學的主要研究中心。從沒沒無聞到成為主流這樣的跳躍，應該只歸功於一個人，那就是 Marian Smoluchowski (1872–1917)。

　　Smoluchowski 在維也納出生與受教育，在 1899 年來到 Lwów 大學當講師，那時他已是一位建立地位的物理學家。然而，他最偉大的工作仍然橫在他的眼前，大多數都是他待在 Lwów 完成的，即在 1913 年轉換到 Cracow 之前做成的。他到 Cracow 大學去當實驗物理學的教授。他待在 Lwów 這麼短的期間內，穩固地建立原子與分子的真實性理論，詳細的分析與推論都非常具有戲劇性。

　　今日看來似乎有點奇怪，但是在 20 世紀初，物質的原子論距離被普遍接受還差得很遠。科學界一些主流的巨頭，例如 Wilhelm Ostwald (1853–1932) 與 Ernst Mach (1838–1916)，都持著強烈的反對意見。事實上，Mach 終生都從未接受原子的存在性 (譯者註)。要達成驗明原子與分子的「實在性」，必須明智地分析一個幾乎已被遺忘的運動現象，那就是在 1827 年愛爾蘭的植物學家布朗 (Robert Brown, 1773–1858) 所發現的一個奇妙運動現象，叫做布朗運動 (Brown motion)。

❧ 譯者註 ❧

波茲曼 (Boltzmann, 1844–1906) 任教於維也納大學，主張用原子論來建立熱力學，發展出統計熱力學。有一次演講，他根據原子論推演氣體動力論。聽眾中的 Wilhelm Ostwald（1909 年得到諾貝爾化學獎）舉手發問說：

「波茲曼先生你不曾看過原子，怎麼可以這麼做呢?」

他的同事 Mach 提倡「邏輯實證論」(logical positivism)，也極力反對原子論。在生命最後幾年波茲曼得到憂鬱症，終於在 1906 年自殺。死後埋葬在維也納的中央公墓，墓碑上刻著統計力學中他創立的一個公式 $S = k \log W$。（參見 p. 178）今日看來，波茲曼是對的，當時的科學主流是錯的。科學不實證不成，完全實證也會有礙。

Ludwig Boltzmann (1844–1906)

布朗透過顯微鏡，觀察微小粒子懸浮在溶液中，看到它們表現出怪異且不規則的隨機運動，叫做布朗運動。因為他起先用植物的花粉微粒當作微小粒子,所以它們永不止息的運動似乎顯現出一種生命力。然而，不久也發現無生命的粒子，也表現出同樣的布朗運動，使得神祕性加深。布朗的發現幾乎完全被遺忘，直到 1905 年出現兩篇了不起

的理論性論文，它們觀念的出發點是當微小粒子受到周遭隨機運動的分子從四面八方碰撞，才產生布朗運動。這個觀念並不是亂槍打鳥，也不是幸運的猜測，而是早先就有人提出過好多次，只是都不被重視，因為經過計算所得到的（可能是假設的）分子運動，都無法符合布朗運動少數已知的實驗事實。但是這兩篇論文不僅是滿意地解決這些難題，而且還推導出新的理論預測，被實驗證實。當 Jean Perrin 用巧妙的實驗證實這些預測時，原子就誕生並且存在了 (譯者註)。

---------◈ 譯者註 ◈---------

Nobert Wiener 曾說，他讀到 Jean Perrin 的書《原子》提到「粒子的運動方向變化不息」，這給他帶來靈感，在 1923 年建構出布朗運動的機率模型 $(W(t))$，它具有連續而到處不可微分的樣本路徑，今日叫做 Wiener 過程。現代的隨機微積分就起源於 Wiener 過程 $(W(t))$，以及 $dW(t)$ 的噴出。Jean Perrin 的書《原子》在臺灣商務印書館有漢譯本。直觀地說，連續地丟一個公正銅板的累加就是 $(W(t))$，而 $dW(t)$ 是在 t 那一瞬的一次丟銅板。這就像在微積分裡，x 是連續變動的一個量，dx 是其無窮小的變化量。這些都是偉大而美妙的想法。

　　兩篇歷史性的論文，其中一篇是 Marian Smoluchowski 寫的。另一篇是愛因斯坦寫的，出現得稍早，並且採用完全不同的取向。整體看起來 Smoluchowski 的運氣不好，他必須與非常出名的愛因斯坦分享他第一個偉大的發現，以及後來的一些發現，包括解釋天空為什麼是藍色的。世上有所謂的「馬修效應」(Matthew Effect)，其中也許沒有比 Smoluchowski 的個案更為極端了。馬修效應這個美妙的術語是 Robert Merton 發明的，用來描述一種普遍存在的現象：當一個科學的發現是由幾個人共同獲得，或由名氣不相等的兩個人獨立得到，那麼一個不變的原則是，功勞都會歸於比較有名氣的人❷：

For whosoever hath, to him shall be given, and he shall have more abundance : but whosoever hath not, from him shall betaken away even that he hath.

因為凡是有的，還要加給他，叫他有餘。沒有的，連他所有的，也要奪過來 (譯者註)。（見《新約聖經》Matthew 13 : 12。）

☜ 譯者註 ☞

在臺灣所見的《新約聖經》是 "Matthew 25 : 29"，而不是 "Matthew 13 : 12"。讀者可查閱。

馬修效應在數學領域也常發生，舉一個例子：高斯平面與高斯分布都不是高斯最先發現的，但是都掛著高斯的名字。世上雪中送碳的少，錦上添花的多。馬修效應有錦上添花的意味，讓富者愈富，貧者愈貧，好的越好，壞的越壞，多的越多，少的越少。

Smoluchowski 在他的有生之年，不曾受到馬修效應的影響。他被公認為他那個時代理論物理學家的領導者之一，並且得到許多光榮的獎項，實至名歸。但是隨著時間的推移，馬修效應產生了。今日已經很少有人知道，在賦予原子生命的過程中，Marian Smoluchowski 扮演了多麼重要的角色。甚至更少人知道，這件事情發生在 Lwów 大學。

許多年之後，我被牽扯進一個有點尷尬且可笑的插曲，這是因為 Smoluchowski 是馬修效應的犧牲者，而由此所產生的間接結果。事情是這樣的，最近波蘭的科學院在首都華沙舉辦一系列的演講，用來紀念波蘭著名的男女科學家，其中有一個子系列就是紀念 Marian

❷ Robert Merton, "The Matthew Effect in Science." *Science*, vol. 159 (January 5, 1968), pp. 56–63.

Smoluchowski 的。在 1980 年的冬天，我很榮幸地被邀請當第一位紀念 Smoluchowski 的演講者。這個邀請有一個提示: 雖然英語可以被接受，但是由於聽眾複雜多樣，請力求通俗，如果能用波蘭語演講，那是最受歡迎。我接受了邀請，並沒有感到焦慮就爽快答應要以波蘭語演講。

　　我已經離開波蘭那麼長久，對於講波蘭語完全不自在。更糟糕的是，我將要離開紐約到荷蘭的 Utrecht 大學。在正常的情況下，我根本沒有機會練習講波蘭語。結果奇妙的事情發生了，在 Utrecht 大學的理論物理學院，我遇到了一位訪問教授，他是波蘭年輕的理論物理學家，剛從 Cracow 大學來，我正好可以跟他用波蘭語交談，並且練習到相當流利。

　　許多年來，我總是習慣用英語思考，把我要講的東西在腦海中計畫、組織著。在我要前往華沙之前不久，我終於遇到轉譯的問題。在我的腦海中，要把英語文章轉譯成說得過去的波蘭語。這時我才體驗到驚恐，因為我想要跟我的波蘭聽眾分享馬修效應，但是我卻不知道 "Matthew 13：12" 的內容怎麼用波蘭語來說。我的年輕波蘭朋友無法幫助我，他是屬於二戰後無神論的一代，聖經在天主教的經驗中，已經不是至關緊要了。當然，在 Utrecht 根本沒有希望找到波蘭文的聖經。我也確定不會去嘗試從公認的聖經版本，轉譯成靠不住的波蘭文。

　　時間越來越緊迫，我只好趕快寫一封信給 Groszynski，他是從前我在 Lycée 中學時，教我波蘭文學的老師，我請他把波蘭文聖經的這一段影印寄給我。我擔心這封信是否能及時送達他的手上，果然我要前往華沙之前，"Matthew 13：12" 的翻譯問題還未解決。

　　我在演講的前一天抵達華沙，在機場遇到前來接機的波蘭官員。經過握手與寒暄後，我正面提出我的問題，要求是否可送一本波蘭文的聖經到我住的旅館來。即使是很輕微的小事，我也不想要竊取我要

的那一小片段，我沒有給東道主說明理由，對他們來說這必然是一個怪異的請求，因為從他們臉部顯現出的困惑表情就可察覺出來。在一小時內，我得到一本聖經，這是 Dudziak 神父在 19 世紀翻譯的標準本。結果證明這是不必要的，因為我的老師 Groszynski 已接到我的信，他也送來一本，所以現在我就有了兩本。

我的演講進行得很順利，講到馬修效應時，得到聽眾熱烈的接受與歡迎。從我的東道主開朗的臉上可得知，他們終於了解我在前一天提出怪異請求的理由。演講的高潮點來得很突然，但是跟 Smoluchowski 與聖馬修一點關係都沒有。在演講過程中，我使用的粉筆很容易折斷，當我畫一個簡圖時，一根粉筆在幾秒內斷掉五次，我以稍微抱怨的口氣說：「我希望有從 Krzemieniec 來的粉筆。」這樣臨機應變所說的一句話，激起了很長的掌聲。波蘭失去 Krzemieniec 這塊領土被蘇聯佔領這件事，聽眾非常敏銳地感受到，並且產生共鳴。

Lwów 大學的第二個榮景期，正好是在第一次世界大戰 (1914–1918) 結束，波蘭獨立後緊接著的 20 年。綜觀整個波蘭的歷史，波蘭人夢想著要回復偉大的獨立強國。波蘭夾在德國與俄國之間，但是人民偏愛選擇的領導者，多半是具有自殺式的浪漫或平庸的無能者，因此想要偉大榮光，卻經常導致悲慘與愚蠢的結局。波蘭要在地理政治意味上成為強國的雄心，都注定了失敗的命運。但是，在完全不同的領域，卻不可預期的成功了。波蘭在數學上變成世界的強國！

為了要了解奇蹟如何發生，我們必須先知道，在波蘭的歷史上，幾乎沒有數學或科學的傳統。自從哥白尼之後，Smoluchowski 成為波蘭第一位主要的理論科學家，在他們兩人之間，幾乎有五百年之久不毛的空白。居禮夫人是一位偉大的女科學家，她雖然出生在波蘭，但是她對於波蘭只是情感上的牽連而已，她所受的科學教育與所從事的工作都是在法國。另外，我還想到少數幾個人，例如著名的 Zygmunt

Wróblewski 與 Karol Olszewski。他們廣為人所知的貢獻是在 1883 年最早將氧氣、氮氣、空氣以及一氧化碳液化的人。也許我們必須提及 Jozef Hoene-Wronski (1776–1853)，因為他引入一個簡單而有用的建構，叫做 Wronskian，至今仍然存活在所有微分方程的書裡。當我在 Lycée 時，就得知 Wronski 是一位浪漫的黑格爾主義者。黑格爾的作品在 19 世紀波蘭通俗的教條中普及，波蘭是一個基督教國，並且被瓜分就像耶穌被釘死在十字架上。這種奇特的理論圖像幫忙保有希望復活的生命力，代表波蘭必然會重新成為一個獨立自由的國家。當我在大學的微分方程中第一次遇到 Wronskians 時，我並沒有將它們連結到陰暗且幾乎不可理喻的哲學家黑格爾（希特勒利用黑格爾的思想作惡）。

　　在這個背景之下，並且在這麼短的期間，波蘭還專注在獨立運動上而充滿著動盪不安。如何在最古老，並且是所有學問中最為抽象的領域，開出波蘭學派的數學之花，並且留下永恆的標記？

　　我們很容易說明它是如何開始的，因為有記錄可查。波蘭的數學學派有兩個分支：一個在華沙，一個在 Lwów。華沙的發展較早些，是由三位優秀的年輕數學家帶動而促成這個獨特故事的發生，實現了 1919 年精心構思的一個計畫。這三個人是，精神領袖的 Zygmunt Janiszewski，還有 Waclaw Sierpinski 以及 Stanislaw Mazurkiewicz。他們思考如何讓波蘭的數學躍上世界舞臺，於是決定採取最可行的策略，就是專注於當時還處在邊緣地帶，並且在世界各主要的數學研究中心尚未成為熱門的數學領域。這三位年輕人在**集合論** (set theory) 與**拓樸學** (topology) 的某些方面具有相當的貢獻，而這兩個領域幾乎都沒有競爭對手，於是決定把精力都集中在這兩個領域上。他們也發行一個數學期刊，叫做 *Fundamenta Mathematicae*，作為所選擇領域發表研究成果的園地❸。相當幸運的，拓樸學與集合論幾乎立刻就普及起來，

❸　Janiszewski 來不及看到第一期的刊物出版，就在 1920 年受到西班牙流行性感冒的傳染而死亡，才活了 32 歲。

新出版的期刊馬上變成世界知名的數學刊物。不久又擴大，加進**數理邏輯**，然後逐漸擴展到其他數學領域。即使是現在，它仍然保有許多原初的特性，但是我們並不奇怪它已失去獨特性的氣息。

Lwów 的數學學派之出現應屬於意外中的幸運。1916 年 Hugo Steinhaus 來到 Lwów 大學任教，他在 1911 年在德國哥廷根大學得到博士學位（指導教授是希爾伯特）。他到 Lwów 大學時，正是如旭日東升的一位數學家。

> 有一天，他正經過在 Cracow 的一個公園時，無意間聽到兩個年輕人在小聲交談，居然出現「Lebesgue 測度」的語詞。他感到非常驚訝與好奇，這簡直是不可能的事情! 於是他走向前作自我介紹，跟兩位年輕人認識，一位是 Stefan Banach，另一位是 Otton Nikodym（譯者註）。

從此他們就定期聚會，討論數學，並且決定建立一個數學學會（1919年成立）。今日的實際情況是，數學研究所一年級的學生必修的一門課程，叫做實變分析 (Real Analysis)，在這門課裡面才會討論到 Lebesgue 測度積分論。在當時（1916 年），Lebesgue 測度積分論在法國之外幾乎沒有人知道，甚至全世界都很少有人熟悉這個概念。

------ 🏵 譯者註 🏵 ------

今日 Banach 空間就是完備的線性賦範空間，在泛函分析中佔有核心的地位，它是希爾伯特空間的推廣，而希爾伯特空間又是量子力學的數學基礎。另外，在實變分析中的 Radon-Nikodym 定理，相當於微積分學根本定理 (the fundamental theorem of calculus)。Steinhaus 曾經謙虛地說：「我對數學沒有什麼貢獻，只有發現 Banach 與 Nikodym (1887–1974) 這兩位數學家是我最大的貢獻。」

Steinhaus 在 Lwów 大學安頓下來之後，他幫忙 Banach 在工學院找到一個助教的職位，並且指導這位年輕人度過早年的學術生涯。Banach 的博士論文（1920 年）代表著現代泛函分析 (Functional Analysis) 的誕生，但是 Banach 並非循著正常管道提出論文，因為他沒有大學數學的資格。即使指導教授不是掛在 Steinhaus 名下，也是在他的愛護與教導之下所產生的數學家(譯者註)。泛函分析也成了 Lwów 最豐收的一支波蘭數學學派的標誌。Lwów 的數學學派在 1929 年創立了自己的數學期刊，叫做 *Studia Mathematica*。如同較年長的 *Fundamenta*，兩者都變成國際稱讚的刊物，並且存活至今。

譯者註

在 1923 年 Banach 創立今日所謂的 Banach 空間。Banach 說過一句非常深刻的名言：「好的數學家看出定理或理論之間的類推，只有最好的數學家才看出類推之間的類推。」(Good mathematician see analogies between theorems or theories; the very best ones see analogies between analogies.)

無疑地，Banach 是波蘭數學的超級巨星，只要有數學教學的地方，都會提到他的名字。在他短短 53 年的生命中（他死於 1945 年），他成功地結合了排山倒海而來的美妙概念與高尚的生活風格，這是很少有人能夠做到的事情。Steinhaus 比 Banach 多活了 27 年。在 Banach 的訃聞裡，Steinhaus 寫道：

他結合著天才的火花與內在的強制力，使得詩人的話語不停地提醒著他：「只有來自職業上的光榮感與熱愛才是最重要。」（引自 Verlaine 之語）數學家深知，他們的行業與詩人共享著相同的神祕(譯者註)。

────────── ✑ 譯者註 ✑ ──────────

Verlaine (1844–1896) 是法國象徵派詩人。臺灣詩人李敏勇曾告訴譯者說:「詩之於文學就像數學之於科學。」詩揭開隱藏在大自然底層的神祕與美,數學與科學亦然。

　　當我選擇 Lwów 大學時,我並不知道這些事情。我之所以選擇它,純粹是因為它靠近住家,這可以提供各種方便,至少時間與經濟都比較節省。況且我家的經濟狀況並不穩固,所以每一分錢都要精打細算。我父親的存款,只夠支撐我在大學第一年的省吃節用,但是往後就必須靠我自己自力更生。

　　我在 1931 年 9 月底進入 Lwów 大學,正好是我 17 歲生日後的幾個禮拜。波蘭的大學只有研究學院與職業學院。完全無法跟美國的大學部相對應與類比。17 歲的我就進入研究學院就讀,似乎是太年輕了。然而,並不是我特別早熟,我只比大多數的同學年輕一歲而已。

　　大學的結構可以追溯到中世紀時代。大學是由神學院、法律學院、醫學院與哲學院組成的。後來哲學院又分成科學院與人文學院。只有醫學院畢業時授予醫學博士,其它的學院一律授予一個中間學位,叫做 Magister 學位。在我的學院是授予哲學 Magister 學位。再進一步是哲學博士學位,這是要進入學術生涯必經的第一步。理論上,每位擁有哲學 Magister 學位的人,都可以提出一篇具有原創性的論文申請博士學位。然而,實際上至少要有一位教授認識申請者的工作成就,願意閱讀申請者的博士論文並且加以推薦(即今日所稱的指導教授)。這表示哲學博士學位的申請者(至少在數學領域),必須已發表一些論文。換言之,他(她)必須受邀撰寫博士論文,這經常是從他(她)已經發表的論文當作題材。這可幫忙我們了解,為什麼從 1919 到

1939 年之間，Lwów 大學是世界上的數學研究中心之一，因為在這期間頒發了將近 20 位的博士學位，當中只有一兩位除外，其餘的都變成世界知名的數學家。

為了當上大學的教師，擁有博士學位是不夠的，還必須通過更上一層樓的學術階梯，叫做「講學資格」(veniam legendi)。這種折磨人的制度發源於中世紀，在學生團與教師團之間，爭論到底該由誰來決定一位教授的去留。因為學生是金錢（學費）的提供者，所以他們認為必須有完全的決定權，而教師團堅持只有他們才有權決定自己的同事人員。最後得到一個折衷的妥協方案：學生有權利選擇教授，但是只能從教師團認可的候選名單（有資格講學的人）中挑選。這樣的制度延續到今日，但是學生團已經改為政府，因為政府是金錢的提供者。因此，政府可以解聘一位講座教授，而且經常是基於經濟或政治的理由。但是，政府不可以奪走被解聘者的講學權利。他仍然可以就他所選擇的論題發表演講，但必須適時在大學的佈告欄中公佈出來。政府不必付給他薪水。

要得到大學的教師資格，就是要得到講學資格。這個過程的進行，第一關是由全體教師審查申請者的「個人資格」。如果投票通過，第二關是申請者要呈送比博士論文更進一步的論文，再由該領域的專家組成委員會加以審查。如果審查通過，還有第三關，教師團要就申請者所提出的一些論題中，選擇一個論題舉行公開的演講，再由全體教師作最後的投票，決定錄用或不錄用。最關鍵的是第一關。我確知，我在波蘭當學生的時代，有一個由科學家組成的委員會宣稱，要對送審論文作專業的判斷，必須不受送審者的出身與信仰所影響，例如送審者是猶太人、社會主義者、互助會的成員，或其他等等❹。在波蘭存

---

❹ 在這個層次，知識界的腐敗在今日的蘇聯（已改制）依然存在。例如曾有優秀的數學論文經常被審查委員會拒絕掉，只因為作者是猶太人。（Kac 寫這本書是在 1984 年代）

在有類似的科學審查委員，在公開場合宣稱不會受到偏見的影響，但是在審查「個人資格」時，就會使用曖昧的字眼，施展偏見的手段。例如他們會這樣寫：

> 以科學的觀點來看，這位申請者看起來很優秀，他或許可以提出論文而成為一位「誠實」的科學家，這讓我無法拒絕他（她）。但他（她）是一位猶太人，我甚至不希望他（她）成為我們的同事。恰好有一位 X 教授告訴我們，這位申請者的個人資格有問題，因此我現在要投下反對票。

詭異的是，總會適時地出現 X 教授，挖到申請者過去的某些資訊，造成決定性的影響。更詭異的是，如果申請者改信天主教，那麼所有的疑雲立即煙消雲散。波蘭之反猶情結最主要是宗教信仰的問題。種族因素反倒是輕微，雖然曾經出現過，但是只有等到希特勒在德國掌權之後，種族因素才變為顯著。

　　通過教師資格後，就得到令人垂涎的「講師」(docent) 身分，起先是允許作無薪的教學演講（然後才有薪），並且列入候選者的名單中，等到有一位教授退休或死亡時，才能有一位候選者接替成為教授。那時每一位教授都會寫一封信，表明他支持哪一位候選者來接替他的職位。因此，必須先要有空缺，最後是由教育部長選擇一位補上。在德國，本質上也是這一套制度在運作。這導致年輕的講師形成一個慣例，為了取得教授的職位，而娶有威望的教授之女為妻。由此產生了一個流行的雋語：學術的才華是從父親傳遞給女婿 (譯者註)。

🎔 譯者註 🎔

Kac 所講的是歐洲的大學制度，跟美國的大學制度不同。臺灣的大學制度是仿照美國。歐洲與美國的制度，優劣難說。

　　即使是一位科學上知名的講師，在合理長度的時間內，要當上教授的機會也是非常微小。對於猶太人的講師，他們的機會是零（我立即想到一個人，Juliusz Schauder，他是國際上知名的數學家，但是一生都是 Lwów 大學的講師）。為此，Steinhaus 曾經開玩笑說，美國是比波蘭還窮的國家，因為波蘭教育出許多優秀的數學家，然後沒有重用他們，但是美國無法承擔這種浪費 (譯者註)。

✿ 譯者註 ✿

在英國劍橋大學，著名的機率學家 D. G. Kendall 教授在 David Williams 高中時就發現他的數學才華，一路栽培他。最後 Kendall 教授在 1985 年退休就由 David Williams 來接任。歐洲的制度是每一個領域都只有一位教授，其餘皆為講師。

　　當一個人在 17 歲時，是相當的年輕。此時他活在現在，即將面臨的未來，甚至不久的未來，都被罩上不真實的面紗。然而，很快我就感覺到歲月快速的增長，不出幾年，未來就變成我最關切的事情。但是，在那個有陽光照耀且寒冷的 10 月早晨，我走進大學的那棟「老建築」，要聽第一堂的「高等數學」課，我所能想到的就是：「這門課將會像什麼？」

　　這是非常美妙的時光，像大多數的新鮮人一樣，我選了如下的課：理論算術、代數的討論課、分析學 I（即微積分）、實驗物理學附加強制的實驗課。

　　上課並沒有強制性，即使沒有聽過一門課，也有可能得到哲學的 Magister 學位。要得到這個學位，唯一的要求是通過八門課的考試，其中包括一門自選課，但是有很嚴格的指定課程內容，然後再通過一門特殊領域的最終考試。學位論文沒有要求原創的東西，但必須參加兩年專門領域的研討課。課程和課程綱要只是些微的關連，只有少數

是例外。在八門指定的考試科目中，只有四門是數學（如果一個人自選理論力學，那麼就是五門。如果又選擇邏輯學，那麼就是六門）。實驗物理學與哲學也是必修課。我詳細述說這些細節，就是要強調歐洲的教育系統跟此地的（美國）是多麼的不同。

我聽的第一堂課是理論算術。課程的設計是以嚴格與公理化的方式介紹數系。由 Giuseppe Peano (1858–1932) 著名的五條自然數系公設開始，結束於無理數（即實數系的建構）。這是我第一次接觸到的抽象數學，我把它形容為鴨子第一次下水。事實上，我精於此道，因此講授此課的 Eustachy Zylinski 教授，要我幫忙他準備講義，然後印成書本，我相信這是出售的。我很高興能夠被教授單獨選中，但卻沒有注意到這是費時又無酬的工作。然而，在標題頁上出現了我的名字，雖然跟教授比起來只是暫時的，可是教授幾乎沒有做什麼工作。同時我也上了代數的討論課與數論。這些課程跟理論算術有些關聯，因此都是由 Zylinski 掛名，而實際上課是由數學學院新來不久的助教 Marceli Stark 負責。除了 Steinhaus 之外，在我的學生時代，影響我最大的是 Stark。他在一年或兩年前才剛得到哲學的 Magister 學位，還很年輕，思想特別敏捷與快速。他的數學知識超凡，並且是真正有天分的教師。他的代數討論課打開了我的眼界，讓我有機會檢驗我自己廣泛的興趣，以及面對挑戰性的問題。

Marceli Stark 是個完美主義者，他對每一件事情都要求完美。因此，除了優秀的高等教科書之外，他幾乎沒有出版過任何作品。在二戰後，他負責波蘭所有高等數學的出版工作。這些高水準的書在世界上廣受好評，功勞應歸於他。在戰爭期間，他被關在集中營為德國的航空工業解決問題，並發現了一個有效破壞德國戰爭的方法，同時也保住了自己的生命。

因為我在 Marceli 的討論課中表現優異，所以他對我特別感興趣，

並且給我多方面的幫助。例如，他擁有很好的英文能力，我第一篇嚴肅的數學論文〈論一個三角級數〉，就是他幫忙我翻譯成英文的，同時發表在英國倫敦數學學會的刊物上面❺。他嚴格地強制我學習 Lebesgue 的測度與積分論。我必須說，Lebesgue 的理論是數學分析的基石，並且是 Lwów 學派的麵包與奶油。我已經提過，它對於 Steinhaus 會發現 Banach，曾經扮演過重要的角色。

　　Marceli 也曾在我早年生涯的危機中幫助過我。當討論課進行了好幾個星期之後，Eustachy Zylinski 教授宣佈他要開始上微分與積分的分析學導論❻。因為我曾經多次嘗試自學微積分都沒有成功，所以我對這門課特別期待，我迫切想要學習微積分。Zylinski 教授開頭的第一句話就讓我震撼：「各位先生」，他不理會有女士在場，「我要假設你們都熟悉 Dedekind 切割 (Dedekind cuts)。」然後他就開始定義，實數數列精微的上極限 (limit superior) 與下極限 (limit inferior) 的概念。我對 Dedekind (1831–1916) 很熟悉，因為在我父親的藏書中，就有 Dedekind 的兩本經典名著：《連續性與無理數》 (*Stetigkeit und Irrazionalzählen*)，其中介紹並解釋了切割 (cuts) 的概念。還有一本更通俗的書，《什麼是數並且它們應該是什麼?》(*Was sind und was sollen die zählen*)。我曾經打開這兩本書來看，但是發現完全讀不懂，現在我終於有機會可以弄懂它們。我來自波蘭最好的高中之一，學校強調數學與科學。但是，我所學到最高等的數學只有解析幾何。對了，我還學到畫法幾何學 (Descriptive Geometry)，用 17 種方法求解三角形以及解二次方程式的任何問題。然而，這些都完全派不上用場。在我受中學教育的那個時代，有可能聽到 Dedekind 的切割嗎? 這也是目前美國

---

❺　*Journal of the London Mathematical Society*, vol. IX (1934).

❻　通常教授開始上課的日期多少是隨機的，只有 Steinhaus 例外，他的準確性是著名的，他尊重學校的學年制，開學就開始授課。

的問題。在戰前的波蘭，沒有人提出教育過程的連貫性問題，也不知道要有先修課程的概念。

　　無論如何，沒有學生會被要求第一年修微積分，只有當他有把握通過考試時，才會去修微積分。課程包括 Dedekind 切割以及指定閱讀的書籍，以便準備考試（譯者註）。但是我現在就想要修微積分，我沒有完全了解整個系統的運作狀況。在受挫與苦惱之餘，我去找 Marceli。他表現出有點驚異的同情，也對我的處境很了解。我請求他，並且說：「我從未聽過 Dedekind 切割，請你務必要幫忙我讀懂它。」他表達出唯一願意做的事情，就是推薦一本書給我讀。因此，我把書帶回家努力研讀。當我讀了之後，被其中的觀念之美迷住了，力量是如此的強大，以至於讓我有幸福的感覺。幾天之後，我熱情地把 Dedekind 切割講給 Marceli 聽。事實上，我是以如同自己發現的方式來講述。他給我的唯一評語是：「也許你終究會成為一位數學家。」

🕮 譯者註 🕮

在 Kac 讀大學的時代，微積分是一門高深的數學。今日已變成大一學生的必修課程。當然，Dedekind 切割仍然無法在大一的初等微積分講述，在數學系這個論題要到大二的高等微積分才有可能學到，這主要是在建構實數系並證明其完備性 (completeness)。

　　當我度過 Dedekind 切割的危機後，一切開始進行得相當順利，很快就能完全掌握住課程。在大學第一年我就通過 " 分析學 I " 的考試，這是相當不尋常的事情。考試在每三個學期結束時舉行（一學年有三學期），那些選修課除外。選修課的考試得視學生與教授的方便而定。考試的關鍵部分在於口試，只有少數的科目與期末考才會採用比較不重要的筆試。一共有四位教授評審學生的口試表現，每個學生從中隨

機抽一位，以保證考試費可以平均分配，這是教授賺外快的來源。

　　考分析學時，我抽到 Steinhaus 教授，他是出了名的嚴厲。不過，他只問我兩個特別簡單的問題，然後就給我評分為 A 等 (譯者註)。在他叫我離去前，我徵求他的同意，讓我參加他在下學年開授的討論課 (seminar)。徵求同意是必要的，因為這是兩年課程的第二年。他立即簽下一張同意的紙條，如此這般。另外，奇妙的是在五次口試中，我有四次抽到 Zylinski 教授。這個事件發生的機率略小於 1.5%，足夠的小，但發生了，實在是令人驚奇。他對我有著不尋常的溫和，當我走進他的辦公室，接受他的口試時，他從工作中抬起頭來，說道：「啊，是你喔，我給你 A 等。」當我說：「你不至少問我一個問題嗎?」他說：「很好，什麼是 Schrödinger 方程式?」我回答說：「我不知道。」然後他說：「很好，我還是給你 A 等。」Schrödinger 方程式是（非相對論）量子力學的基本方程式，並不是本課程的內容。我十分確定 Zylinski 教授也不懂 Schrödinger 方程式。

※ 譯者註 ※

希爾伯特是 Steinhaus 的指導教授，所以應該知道希爾伯特與 Max Born 的故事。物理學家 Born 在哥廷根大學唸書時，必須通過希爾伯特的數學口試。在考前，他去找老師請教如何準備考試。老師問：「你最弱的是哪一門課?」答：「代數學的理想數理論。」老師不再說什麼，並且 Born 也以為考試時不會考這個領域的問題了。孰料，口試當天，希爾伯特所問的問題，全都集中在「理想數」的理論。事後希爾伯特向 Born 解釋說：「是啊，我只不過是想要探索你自認為毫無所知這件事到底是怎麼一回事。」

　　在 Lwów 大學第一學年結束之後，我雖然很少接觸 Ruziewicz 教授，但是他在我的生命中扮演著非常重要的角色。他幫助我取得政府

的獎學金，讓我得以繼續我的學業。我認識 Ruziewicz 教授是這樣的，因為他帶領每週一次的演習課，這是跟「分析學 I」連結的習題課。通常習題課都是助教的工作，但是基於某種原因，在我的第一年，分析學 I 的習題課是例外，由教授來帶領。

　　Ruziewicz 教授非常害羞，他很少直視學生，這可以解釋他為什麼連班上的女學生都沒有注意到。他一進教室，幾乎不說一句話，就在黑板上寫下一個問題，然後坐下來，等待有人自願上來黑板，嘗試給出答案。起先，問題很簡單，自願上來黑板的人很多，足以把事情推向前行。但是當問題變得越來越困難時，上來黑板的人就越來越少。過不久，就只剩下我一個人還有勇氣上來黑板。

　　當第一個學年度要結束時，我開始擔心第二年經濟來源的問題。政府的獎學金名額很有限，但我決定要申請（當時是免學費的）。我申請到的機會不大，因為競爭非常激烈，加上波蘭的反猶氣氛。若要增加機會的話，我必要有強力的推薦信。Stark 的推薦信不夠分量，因為他資歷尚淺，我又信不過 Zylinski 教授。唯一剩下的人就是 Ruziewicz 教授，但我有點不情願去找他。我不情願的理由是，有傳聞說他是國家民主黨 (National Democratic Party) 的人，因此特別反猶。但是我別無選擇。我去找他，他很客氣地接待我，並且沒有經過什麼猶疑，就幫我寫好介紹信，沒有裝在信封密封起來，而是把信件直接交給了我。當我離開他的辦公室不久，我的好奇心超越應有的禮貌，我讀了他寫的介紹信。這是戰戰兢兢的一刻，他寫道：「我在習題課上的表現是高水準的，超乎他歷年所見，並且在數學上是 "一塊好材料"。」我走起路來，飄飄然兼然然飄，走到學校的辦公室，遞出獎學金的申請書，附上 Ruziewicz 教授的推薦信。經過一些時日，我接到通知說我得到「半額」的獎學金。多數的獎學金都是半額的，只有很稀有的特殊情形才可以得到全額。半額的獎學金每個月可以得到 60 zlotys（當時的

匯率相當於 12 美元）。我以這麼微薄的金額就可以安排過日子，全賴三個月的暑假我都待在家裡，並且再靠當家教賺一點零用錢。在當時的波蘭，生活費是很便宜的。

讓我再說一些有關 Ruziewicz 教授的事情。他是一位堅實、優秀的數學家，在數學中也曾做出一些具有價值的貢獻。當然，他不是像 Steinhaus 與 Banach 這樣高級的數學家，在當時這種等級的人很少。因為不可理解的理由，在 1935 或 1936 年，他的教授職位被教育部撤銷，但他仍保有講學資格，他還繼續開課，偶爾講授集合論。後來，他轉到當地的商業學校去當教授。他在 1941 年 6 月底被德國人處死，包括一百多位波蘭的知識分子，其中有許多優秀的作家與學者。例如特別值得被提出來的這兩位：一位是 Kazimierz Bartel 教授，他是知名的畫法幾何學與投影幾何理論的專家，在三十來歲時，就曾當過幾次首相；另一位是 Tadeusz Zelenski，他將 Molière 翻譯成波蘭文，並且採用筆名 Boy 寫出很精彩且機智的短詩。

再回溯一下，在我的第一學年（三個學期）開始不久，我遇上了由波蘭國家主義者的學生組成的一個反猶暴動。那時我正在數學研究院的閱覽室讀書，突然間有一群男女學生叫囂著反猶的口號，很快的衝進來，在我還來不及弄清楚狀況時，我就已經被擊倒在地上。這些小流氓消失得如他們進來時一樣快，但是對我來說已足夠久，我可以清楚的看到這些充滿恨意的臉龐。雖然我沒有受傷，但是我的夾克需要清洗。這是一個奇異又不愉快的經驗，令我難以忘懷。因為大學是自治的（中世紀的另一個遺跡），享有治外法權的特權，這表示**警察不能進入校園，除非是接到校長的請求**。這並不表示警察會有幫助，警察通常都惡名昭彰地站在犯罪者那一方。我在 Lwów 大學的期間，校長（一年選一次）處理暴動的方式是關閉大學，而暴動的頻率與強度是遞增的。我估計在 1931 年 10 月到 1938 年我離開波蘭的這段期間，

大學約有三分之一的時間是關閉的。

　　我相信在我沒有涉入其中的第二波反猶暴動期間，波蘭國家主義者的學生攻擊了猶太自衛團體，導致一位攻擊者被飛石擊中而死亡。幾天後舉行了葬禮，並讓人們相信有一位偉大的國家英雄為上帝與國家犧牲。而堂皇的大學校長也來參加葬禮，那年正好是一位神學教授兼牧師的人當校長。

　　在我第一年的學院生活中，看著綠色絲帶的來臨，它們被學生綁在鈕孔上，表示他們擁護與效忠於反猶主義。這使得一些少數高尚的同事拒絕帶著它們。

　　1931 年秋天的反猶只是一個開端。反猶運動在大學校園的裡外增溫，力道逐漸加強。在 1935 年 Pilsudski 死亡後，這時波蘭政府才不很積極的嘗試，要求將逐漸壯大的反猶學生運動納入法制化，開始尋求調解之方。最可恥的投降行為發生在 1937 年的秋天，那時是由一位物理化學教授當教育部長，他命令在每一間教室，猶太的學生都要坐在左邊。由於大學是自治的，這個命令創造出所謂的「猶太人聚集的長板凳」(ghetto benches)，沒有大學校長簽署當然是無法運作的。總共只有一位校長簽署。其它的例外之中，值得一提的是在我讀大學時，有一年是 Stanislaw Kulczynski 當校長。他是一位著名的植物科學家，在政治上保守，他拒絕簽署並且以辭職來抗議。他送給教育部長一個信息，其中有一段名言這樣說：

　　　　如果你毀掉一個發電廠，立刻就黑暗下來；
　　　　可是如果你毀掉一所大學，就要黑暗 50 年。

然而，黑暗的降臨比預期來的早，它所帶來的恐怖，使得「猶太人聚集的長板凳」看起來就顯得蒼白與不重要了。但是，Kulczynski 校長勇敢的行為與動人的話語，值得記住並且傳頌。

上述有點偏離了我自己的故事。在 1935 年的 3 月，我通過了哲學 Magister 學位的最終考試。我的學位論文標題是〈關於三角級數與 Rademacher 系統的一些原始觀察〉(*Some Original Observations Concerning Trigonometric Series and Rademacher System*)。如果我的記憶沒有錯誤的話，這是由我已出版的兩篇論文組成的，其中有幾頁是手寫的，是我對 Rademacher 函數所作的註解。

我在大學的第二、第三與第四年可以談的並不多。我非常享受 Steinhaus 的討論課，並且學了大量的數學。我和 Banach 幾乎沒有接觸，反倒是參加了 Schauder 所講授的雙曲型偏微分方程，這是一年三學期的課程。這門課在那時對我來說是太難了，Schauder 也不是一位清晰的演講者。我自己讀了很多書，主要是有關直交級數的理論，這跟 Banach 的招牌課「泛函分析」關係密切，還有一本 Steinhaus 與 Stefan Kaczmarz 講師合寫的專論書。我也開始讀 A. A. Markov 的書《機率的演算》(*Wahrscheinlichkeitsrechnung, Calculus of Probability*)。

我被選為（雖非全體一致通過）波蘭數學會地方分會的會員（這不是重要的榮譽），於是開始參加活動，聚會總是在星期六下午 8 點舉行。會後幾乎所有的人員，都到著名的 Szkocka 咖啡館喝咖啡或啤酒。因為在財務上的允許，我也參與了這個團體，而 Steinhaus 不常參加。

也許值得提一下我所受大學教育的一個面向。它跟我對物理學產生興趣很有關係。1917 年 Smoluchowski 死亡，波蘭的理論物理學走入衰弱之境。當我還是一個學生時，波蘭只有兩位理論物理學家，但名聲早已超越了波蘭的國界。一位是 Wojciech Rubinowicz，另一位是 Leopold Infeld。Rubinowicz 是 Lwów 工程學院的教授，他是德國慕尼黑著名物理學家 Arnold Sommerfeld 的學生。他有幾項貢獻，名聲傳到國際。Infeld 則是比較年輕的人，大約在我進入 Lwów 大學時，他才當上講師。他不久就得到令人義慕的洛克菲勒基金所提供的旅行獎

學金，到英國的劍橋大學跟物理學家 Max Born 合作研究。

　　Infeld 是一位相當有才華與原創性的人，但是從未發揮到他職業的頂峰。在他寫的優秀自傳《追尋》裡[7]，表達出有志不得伸的怨氣。他抱怨他的失敗是因為生活貧困，在年輕的歲月就必須為生計忙碌，到一家私立的猶太中學教書，因而沒有時間學習與研究物理。他也詳細描述波蘭社會反猶的陰謀。一方面是讓他無法得到教授職位，另一方面卻因禍得福，保住了他的性命。在 1936 年，愛因斯坦邀請他到普林斯頓高等研究院 (譯者註)，後來成為加拿大多倫多 (Toronto) 大學的教授。他在 1950 年離開加拿大返回波蘭，理由是因為加拿大政府卑鄙的行為[8]。回到波蘭，他幾乎隻手創立了一個非常優秀的理論物理學研究所。在 Lwów 我們有過短暫的交會，我參加他主持的量子力學研討會，我發現這個論題相當困難。我也忙於要解決幾個數學問題，這對我來說，是比量子力學更為優先的事情。

-------●-------　🦢 譯者註 🦢　-------●-------

愛因斯坦為了幫助 Infeld，同意 Infeld 寫的《物理學的演進》(*The Evolution of Physics*) 掛上自己的名字與 Infeld 共同出版 (1938 年)。這本書的漢譯本，目前在臺灣的商務印書館可以買得到。至今仍然是一本優秀的物理學入門書。

　　當我還是學生的時候，理論物理學的職位是空缺著，Szczepan Szczeniowski 只是暫代的執行教授[9]。Szczeniowski 是 Smoluchowski 在

----

[7]　*Quest.* Doubleday, Doran, 1941.

[8]　Leopold Infeld, *Why I Left Canada?* McGill-Queens Press, Montreal, 1978

[9]　正當我完成學業時，由 Rubinowicz 補上這個職位。這是為了要排除 Infeld 的競爭所作的一系列操作，但是 Rubinowicz 完全是無辜的，他並未參與這個污穢的事件。

Cracow 的學生，從性向到訓練，他都是一位實驗物理學家。他會改變成理論物理學，純粹是為了保住這個職位，直到覓得永久的人選。他的表現是勝任且能幹的。

在 1934 年的某個時候，我跑去找他，因為我想要選擇熱力學當作我的選修課。那時我開始對機率論產生興趣，而熱力學包括一點兒的氣體動力論，會涉及機率的概念。我被告知要全力研讀 Max Planck 的經典名著《熱力學》以及 Clemens Schaefer 所寫的教科書《理論物理學導論》裡面幾章的氣體動力論。在當時 Schaefer 的教科書是標準讀本。我從圖書館借出這兩本書回去趕快研讀，因為再兩個月後就要口試。

在沒有上課的幫助以及沒有任何人可以詢問之下，要自學理論物理學不是一件簡單的事情。這確實是非我所能勝任，我第一次感到失去控制。在那個時候，學生與教授（或代理的執行教授）之間存在著距離，使得我要去找 Szczeniowski 幫忙是難以想像的。我可怕的口試很快就來到，我可以把考試日期延後，但這只是把災難往後延而已。我甚至想要把選修課改為邏輯或天文學，因為這兩個科目我確定可以在合理的時間內讀熟。在沒有把握之下，我產生了某種神祕想自殺的念頭，讓我確實感受到，我的學術夢想就要在指定的時間破滅。然而惡夢並沒有發生。反而產生了相反的結果，口試時，我粗略地推導出波茲曼方程，並且在心虛之下，討論了熱力學第二定律的不同定式，我居然得到了 A 等的成績。（有趣的是，在多年後，我寫了許多篇有關波茲曼方程的論文。）Szczeniowski 甚至稱讚我的表現優異。我在心裡這樣想：「天啊，這怎麼可能！我真的完全不懂這些鬼東西，但是卻被稱讚為表現優異。」在許多年前，由於我的工作關係，我才真正得到實至名歸的 A 等。在 1972 年，當 Szczeniowski 參加我在波蘭舉行的演講會，論題跟熱力學直接相關，我問他記不記得當年這門課他給我評為 A 等的往事。當他以肯定的語氣回答時，我對他說：「現在我才

值得那個 A 等了。」

　　我無法記得清楚，我得到哲學 Magister 學位的前後，這段期間所發生事情的確切時間，但我確實記得更重要的事情，就是在這段期間我跟 Steinhaus 接觸頻繁，並且進入更私人化的深交階段。我參加他的討論會，當然，也坐進了他兩個課程的教室。其中有一個是他給的一系列可愛的演講，用高等觀點來看初等數學，在某種程度上，這當然是類似於哥廷根大學著名數學家 Felix Klein 的模式(譯者註)。我要提起這個特殊課程的理由是因為這樣我才有機會講一些有趣的故事，以表現 Steinhaus 多方面的幽默感。這個課程的聽眾不多，有一次只有我和另一位學生出席。Steinhaus 照樣上課，沒有多看空曠的聽眾席，直到最後我問他：「你的課最少要有幾個聽眾，你才會迫切想要演講呢?」他回答說 "Tres facit collegium"（大意是「三個人組成一個學院」）。下一次的演講，聽眾只剩下我一個人，當教授開始演講，我打斷他問道：什麼是 "Tres facit collegium?" 他回答說：「上帝永遠一同出席。」然後他繼續演講。值得順便一提，Steinhaus 公開宣稱過他是一位無神論者。

◆ 譯者註 ◆

Felix Klein 出版的三本書的標題正好是《用高等觀點來看初等數學》，臺灣現在都可以買到漢譯本，九章出版社印行。它們仍然值得閱讀。Felix Klein 對數學最重要的貢獻是在 1872 年提出 Erlangen Program，以變換群的對稱性觀點來統合幾何學。在 1830 年代非歐幾何學出現後，把兩千餘年來定於一尊的歐氏幾何學，從寶座上拉下來，出現眾多的幾何學，於是需要用一個高觀點把各種幾何學統合起來，這是 Felix Klein 完成的偉大貢獻。

　　然後在 1935 年春天的某一天，他叫我到他的辦公室，並且對我說：「我想到了一個念頭，我對一些函數定義隨機獨立的概念。」接著

他在一張紙上寫下這個定義。「你何不想想看，有什麼結果會出現?」我不知道定義背後的動機。坦白說，它看起來是那麼的怪異，但是因為我很尊敬 Steinhaus，所以我開始研究這個怪異的問題。

粗略地說，數學的創造性有兩種。一種類似登山攻頂，面對一個長久留傳下來未解決的問題，引起許多數學家的注意，而你解決了 (攻頂成功)。另一種是，探索一個新的領域，開疆闢土。Steinhaus 要我做的問題屬於第二種情形。事實上，我在那個春天與夏天要進入的數學領域，並不是未開發的疆土，只是我和 Steinhaus 都不知道已經有人探索過。在夏天的期間，我得到了一些結果，這令我既驚奇又高興。我也開始接觸 Markov 在書中寫的某些部分。它在我完全不懂的情況下，我就有過短暫時間的接觸。Steinhaus 的「隨機獨立函數」(stochastically independent functions) 果然就是 Markov 令人驚奇的具體模型，神祕的「獨立隨機變量」(independent random quantities)。至少據我所知，這是 Markov 沒有加以定義的概念。現在似乎清楚了，「機率論」可以成為「實變函數論」，特別是直交函數系統的一般理論之一部分 (而後者是我的哲學 Magister 學位的專業)，實變函數論正是 Lwów 學派關注的重心。我並沒有認識到，我所發現的結果是已知的東西，只是以不同的面貌來呈現而已。然而知道的人並不多，也絕對不是當時的數學主流。

當我把我發現的結果跟 Steinhaus 討論時，他非常興奮，並且立刻漂亮地應用我的一個結果。當我在 1935 年秋天回到 Lwów 時，我們開始合作研究，直到我離開波蘭那一天為止，我們已是不可分割了。

在 1935 年暑假後，我回到 Lwów 大學，已經不再是一位學生了。現在我擁有哲學 Magister 的學位，在未來合理的時間之內，我有很好的機會得到博士學位。Steinhaus 認為我理所當然沒有困難，就可以提出一篇可以接受的博士論文。他支持我繼續申請獎學金，而且確實得

到了。但是獎學金遲了三個月發放，使得我在這段期間已接近飢餓的邊緣。當最後發放時，連帶以往的，加起來是不小的數目，總共是 180 zlotys（即 36 美元）。我和另一位得到獎學金的人一起到飯店，每個人都點了三份晚餐，想要大吃一頓。但是我們的胃無法承受，這些超出了肚子平常能忍受的容量，從幾乎飢餓的邊緣，突然跳躍到暴食。因此，我們第一次的晚餐，吃到差不多一半就放棄了。這真是可怕的浪費，但是心情爽快，覺得很值得。

　　大約在那個時候（1935 年底或 1936 年初），Steinhaus 指定我成為他的私人助理。實際上他不需要一位助理，因為他是一位很能幹、有效率，擅長條理組織的人。他只是要在經濟上資助我，但是他很細心，不願意只給我錢，而傷害到我的自尊心。然而，經過一段時間之後，我卻成了礙事多於幫助的人。我必須證明我在某些方面是有用的，最重要的一件事情是，他計畫寫一本幾乎完全插圖的數學書，結果相當的成功! 書名叫做《數學的快照》(*Mathematical Snapshots*)。在 1938 年出了第一版，經過 45 年之後出了數十版，而且被翻譯成 10 多種的語言，最近還以平裝本出版。正如 Steinhaus 在導言中所說的，這本書的讀者對象是「科學家的小時候以及小時候的科學家」，在這一點上，這本書是輝煌的成功。我很希望能夠幫助他很多，但是我不能宣稱，整個計畫的概念或執行，我有扮演過任何角色。Steinhaus 自然跟我討論過書中的各個論題，我也提議過一個例子，但是書只是他一個人的。我作為他的助理，任務是監督書中的照片圖，這導致了我在波蘭唯一認真的一個羅曼蒂克的糾纏。

　　Steinhaus 想要利用傾斜的玻璃杯，裝水來呈現出一個橢圓，他還建議，讓一位女子的手拿著玻璃杯來拍照片。有一個傍晚，正當我躺在攝影室的地板上，安排拍照的事情時，攝影室的門打開了，有一位苗條的年輕女子，戴著寬邊的黑帽走進來。當她對女攝影師揮手致意

時，我從地板上的角度，注意到這位新進來女子的手特別優雅。我立刻意識到，這是拍攝橢圓照片的良機，我在互相介紹前，立刻抓住這個機會。我對她說：「如果妳願意借給我妳的右手幾分鐘，我就可以承諾讓妳不朽。」我遵守了諾言，因為買過或贏得過這本書的眾多讀者散佈在世界各地，他們都稱讚 Meri Dubinski 優雅的手，這是我留給後人的禮物。讀本書的讀者，將會知道我計畫跟擁有這隻手的人結婚。

　　所有事情都發生在我下定決心要找一條路離開波蘭的時候。由於 Cato（羅馬的政治家）在他的演講結尾總是堅持高呼口號說：「迦太基必滅亡」（Delenda est Carthago），於是我對自己重複說，「我必須離開波蘭」。我知道我必須使盡所有的力氣，才有機會達到科學最低水準的能見度。我還年輕，甚至沒有博士學位，只有發表過兩三篇的小論文。而從希特勒的德國逃出來的「競爭者」，許多都已具有世界級的知名度。最後我嚮往有一個「羅曼蒂克的糾葛」，而當機會出現時我仍然可以做出選擇，結果我選擇投入。

　　Meri 定期會來參加攝影課程。在一個午後，攝影課程結束後，我陪她走到街車的停車站。當我們在等待正確路線的電車時，她對我說：「你想要跟我一起回家吃晚餐並且會見我母親嗎?」我本來可以很容易找到藉口拒絕，理智的聲音告訴我應該說：「真抱歉，因為…」，可是我卻聽到我自己說：「我很願意!」

　　她是一位稍高的女孩，有波浪型的棕色頭髮，輪廓分明，笑起來很甜美。當我遇見她時，她正從一段不愉快的愛情中療傷回復過來，起先她自然不情願再陷入另一個可能帶來失望的愛情裡。她知道我正嘗試要離開波蘭，並且我以工作為第一優先。當我們的愛情越走越靠近時，一直如父母般關照我的 Steinhaus 怕我陷入婚姻而失去要逃離波蘭所最需要的自由。我懷疑他已把他對我的關懷告訴我的父母，雖然我還沒有證據顯示會成為大才。當我帶 Meri 回 Krzemieniec 去看我的

父母時，他們對她的態度很容易就通過文明行為的測試。雖然沒有很溫暖，但是也沒有敵意。他們對 Meri 很難產生敵意，因為她是那麼的美好，相處起來又和樂融融。

我的父母不需要煩惱。我和 Meri 都相當務實，知道在這種情形之下，結婚是毫無問題的，我們都同意如下的計畫：如果我抵達美國，我必會連絡她的舅舅，他在紐約是個成功的電機承包商。我必會去說服他，請他給 Meri 依親的證明書與經濟支持，若無這些條件根本無法申請到美國的護照。當她來到美國，我們就立即結婚，這些是我們在天真無知下的夢想。根本沒有想到要來的重大戰爭席捲了整個世界，破壞了我們想像中未來在一起的美夢。

儘管波蘭的政治情勢逐漸惡化，有德國希特勒主義的崛起，以及蘇聯野蠻整肅異己的新聞預兆，這些都處於方興未艾，但是日子照樣過，並沒有全壞。Steinhaus 付給我的助理費加上獎學金，我可以付得起偶爾的奢華，帶著 Meri 到高級的夜總會吃晚餐與跳舞，星期六晚上數學學會開會完畢後，我更頻繁地到 Szkocka 咖啡館去享受。我的工作進行得很順利。在 1936 年底我有了足夠的材料，寫出一篇博士論文，雖不是那麼的傑出，但還是可圈可點。

在這段期間，我認識了 Wladyslaw (Wladek) Hetper，他變成我最親近且最要好的朋友。Wladek 是從 Cracow 來的，他在數學的領域得到的是哲學 Magister 學位。當他還是學生時，受到 Leon Chwistek 的影響。Chwistek 是一位哲學家與邏輯家，他約在 1930 年從 Cracow 大學來到 Lwów 大學，成為在科學領域中，第一位擁有新創立哲學職位的人。Wladek 追隨他，但這是相當後來的事情。

Chwistek 是一位特別有趣的人，他確實是無黨無派，是英國邏輯家與哲學家羅素的追隨者。傳聞中說，除了作者之外，他是唯一讀完三巨冊《數學原理》(*Principia Mathematica*) 的人。他最引人注意的是

改良了類型理論 (the theory of types)，這是懷海德 (Whitehead) 與羅素引進來的，用來解決邏輯上自我指涉 (self-reference) 的矛盾。在 20 年代，他對邏輯做出其它可觀的貢獻，並且在 30 年代早期，他開始設計邏輯系統，可以容納所有的數學，而不會受到詭論 (paradoxes) 這種幽靈的威脅。

作為一位哲學家，Chwistek 與維也納學派 (Vienna Circle) 交往密切。維也納學派是在維也納誕生的一個著名的哲學團體，它的會員包括閃閃發光的 Rudolph Carnap, Kurt Gödel 以及 Moritz Schlick。我記得 Chwistek 有一天在做哲學演講時，突然傳來消息說，Schlick 在維也納被一位瘋狂的學生暗殺。Chwistek 很勇敢地頌讚了他的朋友後，大哭且整個人幾乎崩潰。

Chwistek 曾經公開表示，他是一位非黑格爾的馬克思主義者 (non-Hegelian Marxist)，對某些人來說，光看名稱就會覺得矛盾。其實不然，他對黑格爾是如此的輕蔑（他告訴我的）以至於他寧可選擇異端，也不願意接受黑格爾寫出的任何東西，更不接受從他無望的（根據 Chwistek 用的字眼）且混亂不堪的頭腦中所流出的任何話語。Chwistek 是共產主義的同情者，黑格爾或非黑格爾都令他厭惡，這促使他選擇加入 1941 年撤退的蘇聯軍隊，並且最終抵達莫斯科。他在參加克里姆林宮 (Kremlin) 的宴會時，死於中風。這次的宴會史達林 (Stalin) 也來了。

Chwistek 自己是一位有才華的畫家，也是波蘭一個抽象畫團體的領導者。他的一些畫作懸掛在華沙國家博物館的現代廳裡。他也留下哲學信條的一本書，叫做《科學的極限》(Limits of Science，有英文譯本)。這本書可能是曾經出版過的書裡，最沒有系統卻最具有特質的一本書。但是，它也是一本非常有趣的書，甚至在一些地方會令人激動。它包含了一個中間版本叫做「系統」(The System)（我不相信最後版本

會有完成的一天)。以我的判斷，在他寫「系統」期間，維也納的 Gödel (1906–1978) 也提出其不朽的發現 (譯者註)，但是 Chwistek 並沒有完全面對這件事情。Chwistek 娶 Steinhaus 的妹妹為妻，但是這兩位連襟，至少從科學的角度來看，相處得並不很好。當我陪伴 Chwistek 在 Lwów 公園作每天中午的例行散步與談話時，我通過了指定的哲學考試 (散步與談話就是在考試；在波蘭的教育系統，要得到哲學 Magister 學位，必須很嚴肅地看待哲學這門課)。我對於哲學的知識與理解是相當微薄的，但是 Chwistek 是個親切的人，他沒有用自己的知識標準當掉我。相反地，他給我 A 等的成績。他也是我的博士論文口試委員之一，另外兩位是 Steinhaus 與 Banach。

------- ☞ 譯者註 ☜ -------

Gödel 在 1931 年發表著名的「不完備性定理」，把希爾伯特對數學的夢想整個摧毀了。不論是正面或負面皆有深刻的意涵。

Chwistek 在當 Cracow 大學的講師時，就開始發展他的「系統」，他有兩位非常優秀的學生 Jan Herzberg 與 Wladek Hetper 幫忙他。我只遇過 Herzberg 一次，他是如聖人般的共產主義者。他具有無限的慈悲與優雅，他不能忍受世界上的人為痛苦與不公義。他以某種方式得到一個結論：共產主義是解毒劑。為此結論，他在波蘭的監獄坐過好幾年的牢獄。在波蘭，共產主義者是非法的，參與其活動所受到的懲罰非常嚴厲。

Wladek Hetper 與 Jan 具有完全一樣的道德情操，但是他從宗教裡找到了答案。透過他，我重新反省我對天主教與基督教的態度。猶太人的歷史從第二聖殿 (the Second Temple) 垮掉後，其後散居在世界各地期間，就是不斷地被以基督教之名行宗教迫害，諷刺的是基督教是

一個鼓吹愛與寬恕的宗教。如果我們深思山上訓戒的不和諧與宗教審判，我想我們也許可以用寬恕之心來看待基督教的偏見。我自己的經驗是，我幾乎無法驅散來自祖先的疑慮與偏見。但是 Wladek 改變了這一切。例如，他讓下面的事情變成自明。內在精神的高尚，可以透過深信上帝得到強化與維持，並且跟表達此信仰的儀式無關。

我已不記得，我們是如何與何時相遇的，我只知道我們很快就共同住在一個房間裡，分享一切，直到我離開為止。Wladek 也拿有政府的全額獎學金，他正在為他的博士學位奮鬥。他大我四或五歲，在我們相遇的當時，他正努力要從悲傷中走出。他唯一的哥哥是一位有才華的詩人，溺斃在波羅的海 (Baltic Sea)。在一次不快樂的愛情結束後，他有了自殺的徵兆，我自然不會去探問詳細狀況。

Wladek 是一位高大的人，棕色頭髮與藍色眼睛。他是超級運動員，為了表達我們特殊的友誼，他時常帶我跨越國界去滑雪。像我這樣的一位滑雪低手，發生各種狀況時必然是找他，而他經常以幽默制止我與解救我。我有一個特殊的毛病，就是陷入不能動且解不開冰鞋的困境。還有 Wladek 的棋藝也是一流的。只有在很少數的情況下，我才有機會打敗他，那是我處在相當好的狀況時。

有一年我們同住一個房間，由於太冷，我們用煤爐來產生熱氣，因為擔心一氧化碳中毒，所以我們必須在夜間休息之前，把煤火熄滅。波蘭的冬天酷寒，我們經常半夜必須醒來再升溫。我們採取逐日輪流的方式，從床上跳起來，點火，再跳回床上。大約要經過 45 分鐘，室溫才會達到舒服的程度。我們就利用這段時間玩雙人閉目棋 (double blindford chess)。因為 Wladek 熟記《伊里亞德》(*Iliad*) 與《奧德賽》(*Odyssey*) (譯者註)，以及 Ovid 與 Horace 的大部分作品，所以在「升溫」的期間，Wladek 就從這些不朽的作品中，隨機選取片段來教導我。到現在我仍然能夠背誦出《伊里亞德》的開頭七行或八行。

———————— ❧ 譯者註 ❧ ————————

《伊里亞德》與《奧德賽》是盲詩人荷馬 (Homer) 的著名史詩，它們是西方文學的源頭。西方三位最偉大的詩人為荷馬、莎士比亞與歌德。

　　在 1937 年的 5 月底，Wladek 和我都通過博士學位的考試，為此我們安排了一個共同慶祝會。按照傳統習俗的要求，校長與院長是當然的邀請人選，還有兩位「促成者」（指導教授）Steinhaus 與 Chwistek 也必須參加，並且穿著華麗的學位服裝。當穿著道袍的司儀，用棒子在地板上敲三聲後，校長就說出一句古代的誓言，並且博士候選者必須回答：「Spondeo ac policeor」（意思是「我答應並且我發誓」）。所有的事情都進行得很順利，只有一個小差錯，儘管 Steinhaus 一再地教我 "Spondeo" 的發音，重音要放在第一音節，但是我還是把它讀成重音放在第二音節。Steinhaus 與我的父親都皺了一下眉頭。我的父親從 Krzemieniec 來，Wladek 的母親從 Cracow 來參加我們的慶祝會。因此，在 1937 年 6 月 5 日 Wladek Hetper 與我一起得到哲學博士的學位。

　　幾天之後，我接到通知說，我申請 Parnas 基金會的留學外國獎學金沒有通過。這對我是一個很大的打擊，特別是 Steinhaus 是代表大學在這個基金會的委員。他事先告訴我，我有很好的機會得到這個獎學金。突然之間，我變成失業的博士，立即感覺前途茫茫。雖然我很確定，可以在次年得到獎學金，但是現在我能做什麼呢？然而機運又再次以不可預期的方式帶來好消息。有一家 Feniks 保險公司倒閉了，其母公司在維也納，波蘭的國會提出法案，用來處理波蘭這個分支的監管工作。管理者在清理之前要重算資產，這需要做大量的精算工作，於是我得到一個工作。我似乎是從數千個受害的保戶中獲利。我對這

個沒有美好未來的工作感到厭煩，但收入卻可觀，並且最重要的是我可以留在 Lwów 繼續跟 Steinhaus 做數學。況且也很靠近 Meri，不用說，這是一個極大的吸引力。

在預期的時間內，我被告知得到 Parnas 基金會的獎學金，於是我開始準備到美國留學。在 1938 年的 11 月底，我搭上 M/S Pilsudski 號的輪船，航向一個收養我的國家。那時我正好 24 歲。在我去 Gdynia 搭船之前，我向 Meri 道別，因為我相信我們不久就會在美國相聚，所以離別的悲傷減輕許多。我的朋友們給我辦了一個惜別宴會。我坐了五小時的火車回到 Krzemieniec 老家，向父母親、弟弟以及家族成員道別，事後證明這是最後一次的會面。此時是慕尼黑事件後再過兩個月 (譯者註)，政治情勢是嚴峻的，但是我們無法想像前景會是什麼。我充滿著希望，我可以在美國永久定居，然後再接我父母與弟弟來美國。他們都分享著這個希望，並且很高興地期盼著，我們終究都會在一個較健全的世界重聚。

--------◈ 譯者註 ◈--------

慕尼黑事件是指 1938 年 9 月 29 日德國、義大利、英國與法國在慕尼黑簽訂慕尼黑協定。差不多隔一年，1939 年 9 月 1 日德國軍隊就閃電入侵波蘭，這是第二次世界大戰的開始，到 1945 年戰爭才結束。

在不到一年的時間，第二次世界大戰就爆發，我所擁有的大部分東西都被火焰吞噬掉了。幾百萬人，包括我的父母與弟弟，都被德國謀殺，還有許多人在廣大的蘇聯大地消失無蹤。Wladek Hetper 也是其中之一。在 1939 年，世界大戰爆發之前，他剛得到大學的「講學資格」(veniam legendi)。當仇恨開始啟動時，作為一個保守的教員，他被調到東部的前線作戰。我失去他的消息，直到戰後多年，在倫敦基

地的一個波蘭文學刊物刊出 Feliks Lachman 的日記摘錄，提到在 1940
年他與 Wladek 一起被關在蘇聯的戰俘營。他描寫了他們之間的友誼，
簡短而動人。當 Lachman 被判刑且遣送到西伯利亞後，他們的友誼才
中斷。根據他的描述，Wladek 的健康很差，我只要想到他的身體曾是
如此的健壯，就讓我猜測他是因為營養不良導致的。有一次當我到倫
敦時，我聯絡到 Lachman，經過一段時間後（在 1974 年 4 月），他寄
給我他的日記摘錄：

> 1940 年 12 月，於 Starobielsk　　　　　　　第四維
> 我和數學家 Wladek 認識不到五個星期。在北歐的英勇故事
> 中，我們好像是無家可歸的燕子，他從黑暗中飛入我的生命，
> 又離開我飛入黑暗中。我從未再遇見他，現在我根本不知道
> 他埋骨在何處。我遇到他時，他是 31 歲，雖然他是一個具有
> 深刻宗教感的人，但卻是一個悲觀主義者。他是下棋高手，
> 也可以在他的記憶中解決很困難的數學問題。我們消磨過許
> 多漫長且驚心動魄的夜晚，討論羅素與拓樸學的原理，並且
> 以思考物理學與數學的謎題、以及智力測驗問題當作娛樂。
> 我們成功地重建三次方程式解答的卡丹公式。然後，一頭栽
> 進高維空間的世界。

這是我對我的朋友 Wladek 的最後一瞥，在一個殘酷與扭曲的鏡
影中，映照出我們在 Lwów 共同度過的時光。那時候，我們當然也談
論到羅素與拓樸學，並且沉迷在各種數學謎題之中，還有三次方程式！
這是否為我過去的另一個陰影？我將永遠無法得知。

追尋獨立性的意義
1935–1938

所有的人都相信「誤差率」，因為數學家
相信這是一個觀測事實，而觀測家相信
這是一個數學定理。

—Henri Poincaré (1854–1912)，《熱力學》之導言—

希爾伯特就像穿著鮮麗衣服的吹笛者，
他那甜蜜的笛聲誘惑了眾多的老鼠，
跟著他跳進了數學的深河。

—Hermann Weyl (1885–1955) 對希爾伯特的描寫—

譯者摘要

本章 Kac 敘述他與 Steinhaus 在數學研究上的一段合作經驗。從獨立性的概念切入機率論，得到的結果是，只要有獨立性的地方就有正規分布律（誤差率、高斯分布律）的存在。正規分布律普遍存在於各種現象、各種領域，並且變成 Kac 的數學初戀情人。

Kac 更精細地描述 Steinhaus 的生平、數學才情與智性幽默，還有他的數學工作，以及他對數學獨到的看法。

在分析學、數論、統計學與機率論中，獨立性的概念與正規分布律的關係密切，只要是由無窮多個獨立的微小隨機變量加在一起就具有正規分布律。這叫做中央極限定理 (Central Limit Theorem)，在機運世界中佔有核心的地位。

在隨機說不準的機運世界，居然有法則 (laws) 可循，這是一大奇妙。探索與馴服它們，更是令人樂在其中。

獨立性是機率論與統計學的核心概念，不容易直觀掌握。基本上說來，它是從排列組合學的乘法原理、機率論的 Laplace 機會均等這些概念，逐漸結晶出「機率的乘法就是獨立性的定義。」在 Kac 的年輕時代，這是要靠一段時間辛苦的摸索才能掌握住的概念。

擁有一個美好的概念，並且加以經營，使其開花結果，這是作為一個數學家最深刻的樂趣。

4

我的數學生命是從我跟 Hugo Steinhaus 合作開始的。時間是從 1935 年春天到 1938 年 11 月為止。今日看起來，這三年的期間雖然很短，但是對於我發展成為一位數學家，確實是一個決定性的因素。即使到今天，昔日的美好回聲仍然持續盪漾著。

在波蘭一個追憶 Steinhaus 的數學期刊上，提到有關他在 Lwów 大學教學與研究的日子，Marceli Stark 評論說，當他讀到〈你可以聽到鼓皮的形狀嗎?〉(Can One Hear The Shape of A Drum?) 這篇文章時❶，他可以察覺到 Steinhaus 對其中有深遠的影響。Stark 是敏銳且了解 Steinhaus 的人。雖然 Steinhaus 不會以這種方式來表達，因為當年我們合作的主題是，追尋獨立性的意義。在機率論中，獨立性是一個核心的概念，現在已經很少有人會相信，了解它的意義曾經是一個難題。對於大多數的數學家，一個概念一經下定義後，自動就會被了解。但是這種超級形式主義的觀點，對 Steinhaus 來說是一種災難，他的感覺跟我一樣，甚至更廣泛，他認為不理解而接受它是某種偷竊的行為。我們的工作開始於機率論被忽略近一個世紀之後，逐漸浮現出來並且漸漸地得到接納，成為一門可敬的純數學。這個關鍵的轉折，是由偉大的俄國數學家 A. N. Kolmogorov (1903–1987) 促成的，他在 1933 年出版了一本經典名著《機率論的基礎》(*Foundations of Probability Theory*)，首度成功地給出**機率論的公理化**。對當時的我們來說，這是一本抽象得可怕的書。即使是我們比較可接受的工作，例如 Stan Ulam 與 Zbigniew Lomnicki 所寫的書，首度將獨立性與乘積測度連結起來，

❶　此文的刊登出處：*American Mathematical Monthly*, vol. 73 (1966), pp. 1–23.

但也不完全是我們要追尋的東西。

那麼我們要追尋的是什麼呢? 為了要探求答案, 先對 Steinhaus 這個人與這位數學家有所認識, 會有很大的幫助。

Hugo Dyonizy (這個名字他不喜歡並且很少使用) Steinhaus 於 1887 年 1 月 14 日出生在 Galicia 西方的一個城鎮 Jaslo。他來自一個傑出、完全同化於猶太的家庭, 跟奧地利的建國與波蘭的愛國運動關係密切。他有一位叔叔, 叫做 Ignacy Steinhaus, 是奧地利的國會議員。還有一位堂兄弟, 叫做 Wladyslaw, 是 Ignacy 的兒子, 在 18 歲時參與 Pilsudski 軍團作戰時被殺死。Steinhaus 也曾短期服役於這個軍團。

Steinhaus 在 Jaslo 的中學受過嚴格的古典教育訓練, 他的每一個科目都非常優秀, 特別是波蘭語最佳, 這是他喜愛並且精通到完美的語言。他花一年的時間在 Lwów 大學研讀哲學與數學, 然後轉學到德國的哥廷根大學, 在當時這裡是世界上第一流的數學研究中心 (譯者註1) 他在希爾伯特的指導下, 於 1911 年得到博士學位。希爾伯特是本世紀 (指 20 世紀) 最偉大的數學家。

值得一提的是, 作為一個有趣的歷史註腳, 當 Steinhaus 在哥廷根大學當學生的時候, 測量光速的著名 Michelson-Morley 實驗 (譯者註2) 其中的 A. A. Michelson (1852–1931) 到哥廷根大學訪問, 他對 Steinhaus 的印象極佳, 所以給 Steinhaus 一個工作, 當他的數學助手。

❧ 譯者註 ❧

1. 當時在數學界流傳一句話:「如果你要學數學, 那就打起背包到哥廷根!」

2. 愛因斯坦在 1905 年提出狹義相對論, 建立在兩個基本公設上面, 其中一個是:「在慣性坐標系中, 光速恆定。」這是根據 Michelson-Morley 實驗 (1887 年) 所得到的公設。

在 Steinhaus 得到博士學位之後，有幾年時間他的職位就是德國人所說的 "Privatgelehrte"，這個字很難翻譯，意思是無薪的講師（試用講師）。在 1917 年，他在 Lwów 大學取得教師資格 (habilitation) 時，已有一些重要的貢獻，包括一篇拓荒論文，是有關 Fourier 級數的求和方法 (summability method)，這是現代泛函分析的先鋒結果。他也解決了 Sierpinski 所提出的一個問題，以及蘇聯著名數學家 Nicolas Lusin 有關三角級數的問題。我第一篇嚴格的數學作品就是 1934 年的論文，我在第 3 章裡提過，這是根據 Steinhaus 的論文再進一步擴展寫出來的。他擁有兩個短期的半行政 (semi-administrative) 職位，在 1920 年被任命為傑出的副教授，又在 1923 年升為正教授，兩個職位都是在 Lwów 大學❷。他一直都待在 Lwów 大學，直到 1941 年的夏天，因德國屠殺猶太人的關係，他跑去躲起來。在二次大戰期間，大多數的時間他都躲在一個距離 Cracow 不遠的小城鎮，他化名為 Grzegorz Krochmalny。這原本是一位死去的森林守護人的名字，其身分資料由一位朋友取代，這位朋友當波蘭的地下工作人員。在多次關鍵情況，這位地下工作人員都救了他的生命。當他藏匿時，他在地下的祕密學校教書，他開始大量撰寫回憶錄（只有一小部分出版），在沒有書籍與期刊可供參考之下，多數是憑著記憶來重建他所知道的數學。

在 1945 年（二次大戰結束），他告訴我，這是他一生中最快樂的日子：在德國人已經離開，蘇聯人要進來但還未進來時，這有 24 小時的政治空窗期。「這是多麼奇妙且美好的時刻！」他在 1946 年第一次訪問美國時就是這麼說的。「他們已經離開，另外的他們還沒有進來」，在某種意味來說，這感覺起來更好。不久，Lwów 大學的一位校長，

---

❷　據我所知，在波蘭 Steinhaus 是唯一具有猶太血統的教授，並且沒有改信天主教。他的國際聲望以及他的家庭跟波蘭愛國運動緊密相連，可能使他得以打破反猶的藩籬。如果再延遲一些年，他也許就沒有這種運氣。

在 1937 年因為反對隔離猶太人而辭職，現在奉波蘭政府的命令要在 Wroclaw（先前叫做 Breslau）新建一所波蘭大學，他邀請 Steinhaus 幫忙他做這件工作。幾個世紀以來，Lwów 是波蘭的精華城市，現在變成蘇聯的烏克蘭與 Breslau 的一部分；而 Breslau 有更長的一段時間完全被德國化，現在變成新波蘭的一部分。因此，Steinhaus 以 59 歲的高齡，在身體與心靈都不是很好的情況下，開始第二個大學的生涯。當他在 1972 年死亡時，Wroclaw 已經成為一個欣欣向榮的數學研究中心，這是他生命中幫忙創立的第二所大學。

　　純傳記的事實就說到這裡為止。在這些事實的背後，藏著的是一個多重面目的人，他一直不斷地追尋，也有一顆不止息的心靈、幾乎是無限的才智和一貫的不屈靈魂，並且謹守著最高的道德原則。從所有方面來看，他都是一位西方心靈的人。他能夠完全掌握德文與法文，他的英文程度比完美還差一點。他喜愛拉丁文，他無法想像一個受過教育的人而不懂拉丁文。然而，牽涉到希臘文時，他比 Chargaff 更具有容忍的胸懷。他的機智在波蘭是眾所周知的。最著名的例子是，他收到波蘭科學院寄來的文件，責備他沒有參加一個委員會的開會，而又不為自己作辯護（他是委員之一）。他直接回信給科學院的院長，他寫道：「只要存在有委員沒有為他們的出席作辯護，我就不需要為我自己的缺席作辯護。」

　　他死後，以波蘭文、法文與拉丁文出版了一些格言的小冊子，可惜它們都不易翻譯成英文。唯有一句話，我願意冒險翻譯一下，就是《新約聖經》〈約翰福音〉(St. John) 開頭的第一句話：「太初有言（太初有道）」(In the beginning was the bon mot)。

　　作為一位數學家，Steinhaus 主要的強項是他的智能，以及在選擇問題時的精準直覺與高級品味。在這方面，他讓我想起一位他非常喜歡並稱讚的數學家 John von Neumann (1903–1957)。

　　他傾向於做具體的問題，細讀他的作品文獻，就知道他只有一篇論文具有真正的抽象內涵。但這是一篇著名的論文，是他與 Banach 在 1927 年合寫的，屬於泛函分析的基本定理，只要研讀這門課程的學生都知道的 Banach-Steinhaus 定理。在晚年，約 60 來歲時，他冒險投入邏輯學的研究（他曾宣稱他不喜歡這個領域）。結果他和他的學生 Jan Mycielski 合作提出集合論的一個公設，叫做定命公設 (axiom of determinancy)，即使在今日還是常被拿出來討論。他做問題的典型特色是，首先將公設連結到具體的問題，思考是否有某種兩人的無窮對局 (games)，允許其中一個人有必勝的策略。對於有限步驟就停止的對局，這個公設是對的❸，但是對於無窮的對局，問題就變得很詭譎。

　　Steinhaus 對於對局問題總是興趣盎然。他是第一位從數學的觀點，討論對局的策略以及相關概念的人。他在 1925 年把他的想法，以波蘭文發表了兩頁小文，標題叫做「在對局論與遊戲中所需要的定義」，在學生刊物出版，一般人完全難以看到。然而幸運的是，它從陰暗處被救出來，重新以英文發表在 *Naval Logistics Quarterly*, vol. 7 (1960)，其中附有 Harold W. Kuhn 的導讀，以及 Steinhaus 寫給出版 *Quarterly* 的老闆 Harris P. Jones 的一封信。Steinhaus 是對局論的先行者，三年後（1928 年），John von Neumann 提出完整的對局論，變成很活躍的一個領域，對於經濟學也有很重要的應用 (譯者註)。

✍ 譯者註 ✍

John Nash (1928–) 是一個傑出的代表，他把對局論應用到經濟學，因而在 1994 年得到諾貝爾經濟獎。他的生平還被拍成一部電影，叫做「美麗境界」(A Beautiful Mind)。

---

❸　例如，若棋局增加一條規則：如果白棋在，譬如，50 步以內沒有贏，黑棋就可以宣佈勝利，那麼白棋或黑棋就有致勝的策略。

Steinhaus 可以在他的周遭處處看見數學。在 1974 年，我寫一篇文章來回憶與追悼他，我這樣寫著❹：

> 對於他來說，數學與詩都是現實世界和生命的一面鏡子，他
> 玩著數字、集合以及曲線，就像詩人玩著文字、詞句與聲韻。

這是「數學如詩」的見證。他很熱情地跟醫生、生物學家、地質學家、經濟學家、工程師，甚至是律師合作。例如，當一個女人在面對她孩子的認父訴訟時，他提出一個簡單的方法，用來估計錯認孩子父親的機率。這個方法今日已經變成法律文獻的一部分（今日則採用更準確的 DNA 檢驗）。

對於 Steinhaus 的敏銳才智，我喜歡舉的一個例子是，在二次大戰期間，他相當準確地估算德軍的死亡人數。要知道，當時他是以化名躲藏在一個小城鎮，跟外界唯一能夠接觸的管道是被嚴格控管的一張地方小報紙，主要是作為德軍宣傳之用。軍方允許每週刊登一次在東部戰線死亡德軍的訃聞。訃聞都是標準化的規格，例如像下面所述：「Klaus，他是 Heinrich 與 Elvira Schmidt 的兒子，為領袖與祖國犧牲。」隨著時間流逝，在 1942 年末與整個 1943 年，一些訃聞開始出現這樣的字句：「Gerhardt，他是某某的第二個兒子⋯⋯」。這個訊息就足夠他用來估算德軍死亡的人數。我把這個故事告訴一位朋友，他跟一位前中央情報局 (CIA) 的高級官員共進午餐時，有機會又轉述了一遍。對此，這位官員的印象非常深刻，並且說他似乎也會這麼做。

Steinhaus 喜歡利用統計來做論證，即使在開玩笑時也不例外。我特別記得下面的情況。每個禮拜我都要讀英國的著名雜誌《*Nature*》，希望看到有徵求工作的廣告，並且不要求應徵者具有英國公民的身分。

---

❹　"Hugo Steinhaus : A Reminiscence and a Tribute," *American Mathematical Monthly*, vol. 81, no. 6, pp. 572–581, 1974.

在某個星期機會來了，倫敦帝國學院 (Imperial College) 的理工部門刊登了一則廣告，要找一位數學助理講師，年薪是 150 英鎊，並且不需要具有英國公民的身分。換算起來，年薪約等於 750 美元，這似乎是太少了，我無法想像任何一位體面的英國公民會應徵這個工作。我去找 Steinhaus 商量，問他我是否應該去應徵。當時我連一句英語都不會說，但是我願意謊稱我的英文還說得過去。Steinhaus 說：「讓我們來計算一下，我估計你得到這個工作的機率為 $\frac{1}{1000}$，乘以 150 英鎊，所以你可以得到 3 先令 (shilling)。這比你寄一封信的郵費還多，因此你必須去應徵。」我真的去應徵，結果這個工作給了極需要的英國公民。

因為在 30 年代，我的數學才開始生長，那時數學經歷了很深刻的變化，並不是所有變化都是好的，但是 Steinhaus 的看法直到他死亡為止，都是穩固不變的。我在回憶與追悼他的文章中，嘗試作總結如下：

> 他對數學的取向大部分是直觀與視覺性的，只有很少數是抽象的。他喜歡具體的東西與事實，對大多數的推廣與延拓，他都持著懷疑的態度。多年前，他告訴過我：「一個關於曲線的敘述是無趣的，除非它在圓的情況就已經很有趣。」這句話用來總結他對數學的基本信仰非常恰當：真實的洞察是來自於沉思最簡單與最基礎的事物。他悲痛於數學日漸發展成為職業化以及越來越專技化。從健壯的實在世界飛到雲霧模糊而不可控的抽象世界。他花了相當多的科學生涯跟非數學家合作，例如醫生、工程師、探油礦者，他根本沒有想到他所參予的，可能是不同種類的活動，而無法導致像他與 Banach 合作所得到的奇異點的累聚原理 (the Principle of the condensation of singularities)。

　　數學對他而言就是數學，他輕蔑對數學加標籤為「純粹」、「應用」、「具體」、「有用」等等。他喜歡清晰、尖銳的要點，而不耐煩於冗長的論辯，他喜歡直指核心地問：「要點在哪裡？」(Wo ist der Witz?) 雖然不一定都能撥開雲霧 (譯者註)。

──────── 🕉 譯者註 🕉 ────────

在這裡，我們聞到了 Steinhaus 的老師希爾伯特的風味。希爾伯特強調，特例與具體問題的重要性，請看下面希爾伯特所說的三句名言：

1. 做數學的藝術在於找到那個特例，它具有可以推展成為一般理論的所有胚芽。
   (The art of doing mathematics consists in finding that special cases which contain all the germs of generality.)

2. 一個追求方法論的人，若沒有一個具體問題放在心中，那麼他的追求多數是白費心力。(He who seeks for the methods without having a definite problem in mind seeks for the most part in vain.)

3. 在研究一個數學問題時，我相信特殊化比一般化扮演更重要的任務。(In the occupation with mathematical problem, a more important role than generalization is played—I believe—by specialization.)

　　我在前面已經寫過，我們在 1935 年的春天就開始合作，他給我「隨機獨立函數」的定義，要我研究看看會有什麼結果。在很後來我才知道，這是 Marceli Stark 建議 Steinhaus 照顧我的。這可能是很好的建議，因為 Steinhaus 滿腦子都是點子，他拋出一個給我，也沒有深思會導致什麼結果。這真是一個幸運的巧合，因為那時我正在跟 Markov 的書搏鬥，所以一拍即合，否則我可能會毫無結果。隨機獨立函數的概念不僅補足我對 Markov (譯者註) 的理解，而且也把當時還處在神祕與被忽略階段的機率論帶到數學的懷抱。要是我們能夠提早十年就開始

工作，那麼成就必然是輝煌的。如今我們的情況，只是重新發現別人已經做出的許多結果。但是可以這麼說，我們的觀點是不同的並且是新的，使得可以將機率論的概念、方法與技巧變成數學的一部分，這些在先前是跟數學無關的。

───── ✿ 譯者註 ✿ ─────

A. A. Markov (1856–1922) 是俄國的機率名家，創立 Markov 性質 (Markov property)，引出內容精彩且豐富的 Markov 過程。Markov 性質是牛頓定命性原理在機率世界的類推。

　　我的《論文選集》的編輯 K. Baclawski 與 M. D. Donsker 在導論中說：「把機率論的洞察、直觀與技巧應用到其它領域」是我工作的「背後主調」。確實說得沒錯，這個主調是當年我在 Lwów 跟 Steinhaus 合作期間，就可以聽得到的聲音。

　　第一個主調變奏也是在這個期間譜曲成功，它的音樂就是一條美麗的曲線，其方程式為：

$$y = \frac{1}{\sigma\sqrt{2\pi}} e^{\frac{-(x-\mu)^2}{2\sigma^2}}$$

叫做誤差率或正規分布 $N(\mu, \sigma^2)$，它可能是一條無所不在的曲線，各領域的人，例如物理學、生物學、社會科學，都宣稱這是他們的曲線。此式包含數學中兩個最重要的常數：

　　自然對數的底數 $e = 2.71828 \cdots$ 與圓周率 $\pi = 3.14159 \cdots$

後者是每位小學生從圓的面積公式 $A = \pi r^2$ 都知道的，其中 r 為圓的

半徑。Steinhaus 有隱喻的偏好，他常引用波蘭的一句諺語：

運氣繞著圓圈運轉 (Luck runs in circles)

以解釋：跟圓關係密切的 π，為何在機率論與統計學中會大量出現的道理。（費曼是每遇到一個含 π 的公式就問：「圓在哪裡?」）

　　在 Markov 的書中，到處都有正規分布律的形影。它具有吸引我的魔力，對此我永遠沒有從著迷中復原過來。考量這個魔力，給我產生的印象是正規分布律有如一把鑰匙，可以揭開神祕與難懂的機運世界之謎。正規分布律的神話，就是正規分布律的出現無疑是機運顯現的徵狀，我擔心這個神話仍然被廣為散佈。我認為，油腔滑調地談論隨機與運氣，正是讓許多數學家遠離機率論的原因。

　　正規分布律 (the normal law) 在 1718 年，首度出現在 Abraham de Moivre (1667–1754) 傑出的論文中。因為它比時代早了約一百年，所以幾乎被遺忘。直到 1812 年，Laplace (1749–1827) 出版經典名著《機率的解析理論》(*Théorie Analytique des Probabilités*) 才重新被挖掘出來（他們兩位都是法國人）。

　　在 1809 年，Laplace 的書出現之稍前，德國偉大數學家高斯 (Carl Friedrich Gauss, 1777–1855) 得到度量的「誤差率」(law of errors)，今日以高斯來命名。「誤差率」是指誤差的隨機變數具有正規分布律或高斯分布。

　　高斯投入大量的時間與精力來研究天文學，特別是計算行星運動的軌道。這些軌道差不多是橢圓，於是整個問題就變成要找一個「最佳」的橢圓來「適配」(fits) 在不同時間觀測到的行星位置的一組數據。這個問題的困難在於觀測與度量不免會有誤差。為了克服這個困難，高斯發展了一套理論，它的延拓與改良的形式一直存活到今天。

　　誤差的產生通常分成三種：粗心大意、系統性與隨機性。前兩種

可以透過足夠的小心謹慎加以排除，剩下來的是無法排除的隨機誤差。高斯的理論就是要處理後者。

　　為了闡明他的理論，讓我們想像用直尺來度量桌子的長度。我們假設桌子的長度有個「真值 μ」，因為隨機性誤差常在，所以每次度量的結果雖然都集中在 μ 附近，但卻都不同。高斯問自己：「某次度量的值 x，落在區間 $[a, b]$ 中的機率是多少。」在適當的假設下，他證明答案就是誤差率的曲線在 $[a, b]$ 上所圍的面積。

　　我們用圖 1 來說明這個敘述。

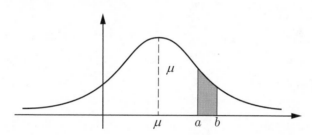

圖 1: 這是曲線 $y = (\dfrac{1}{\sigma\sqrt{2\pi}}) \{\dfrac{-(x-\mu)^2}{\exp[2\sigma^2]}\}$ 的圖形，陰影領域的面積就是某次度量的值 x，落在區間 $[a, b]$ 中的機率。

　　符號 σ 叫做標準偏差 (standard deviation)，它反應著度量儀器的準確度，越小表示儀器越準確。

　　高斯把誤差率建構成為最小平方法 (method of least square) 的基礎，從此就被所有要處理經驗數據的人所使用或誤用。

　　一直等到 19 世紀中葉，誤差率的曲線從完全不同的角度進入科學領域。它差不多成為度量變異特性的普遍描述。

　　例如，考慮某年齡的男孩體重。我們從加拿大的 9 歲男孩中，抽出 4451 個樣本，體重從 40 磅到 119 磅。在下表中，我們以 5 磅的間

距加以分階，從 39.5 磅開始，我們也列出所佔百分比的數據。例如，在 79.5 磅到 84.5 磅這一階，含有 103 位男孩，佔百分之 2.31。

體重（磅）	各階的男孩數	男孩數所佔的百分比
39.5–44.5	20	0.45
44.5–49.5	146	3.28
49.5–54.5	553	12.42
54.5–59.5	979	22.01
59.5–64.5	1084	24.35
64.5–69.5	807	18.13
69.5–74.5	468	10.52
74.5–79.5	180	4.04
79.5–84.5	103	2.31
84.5–89.5	41	0.92
89.5–94.5	25	0.56
94.5–99.5	21	0.47
99.5–104.5	11	0.25
104.5–109.5	5	0.11
109.5–114.5	5	0.11
114.5–119.5	3	0.07
	總共 4451	總共 100%

要圖解這個數據表，最方便的辦法是：在水平的「重量軸」上，以 5 磅的間距標記重量，從 39.5 磅開始，到 119.5 磅結束。然後在每一階上作一個長條圖，高度為該階的百分比。例如，在 79.5–84.5 磅這一階，其長條的高度為 2.31。這樣所得到的「階梯圖」（如下面圖 2）叫做**長條圖**（histogram，又叫做**直方圖**）。它很近似於正規分布，

取適當的平均值 μ 與標準偏差 σ ❺。

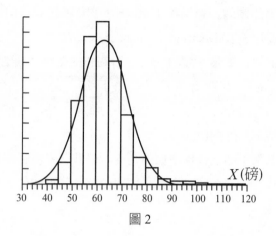

圖 2

　　有關 9 歲男孩的體重數據，只是成千上萬的例子之一。正規曲線的長條圖也適配於 (fits) 男人與女人的身高、頭殼的大小、豆子的重量、各種昆蟲展翅的寬度等等。我相信比利時的天文學家與統計學家 Adolphe Quetelet (1796–1874)，是第一位認識且欣賞到正規曲線具有普遍適用性的人。他把正規曲線應用在從各角落與各領域收集來的大量數據上。他還發現，正規曲線可以應用到現在我們稱之為社會科學的領域，嘗試把它變成這門新興學問的基礎，並且提議命名為社會物理學 (physique sociale)。

　　當高斯在計算星球的軌道，Quetelet 與其他人在將正規曲線應用到更多的長條圖時，發展出另一個領域，展現出正規曲線的特有風味。它起源於底層的賭局問題，賭徒自然關心賭局而去估算他輸贏的機率。但是到了棣美弗 (Abraham de Moivre, 1667–1754) 和最偉大的數學家

❺　在橫軸與縱軸我採取的是不同的尺度，這樣使得數據的適配更清楚。我捨棄許多細節，把數據精簡，因為我只是要顯現出這個論題的風味，而不是要詳細講「記述統計學」的一個迷你課程 (mini-course)。

與科學家 Laplace (1749–1827) 的手裡，很快就開花結果，發展成為一個輝煌的機率論領域。這早在 1718 年棣美弗就已經給出了一個莊嚴的名字「機運理論」(Doctrine of Chances)。

就如之前的棣美弗一樣，Laplace 所關心的是在普通的賭局中，所有可能發生的**樣本點是有限的**，並且每一點發生的**機會均等**(equiprobable)。因此，他定義一個事件的機率就是，該事件的元素個數除以所有樣本點的個數。

因為一個例子勝過任何多個的定義，讓我們考慮丟兩個骰子的問題，求點數和為 5 的機率。今丟一個骰子有六種可能的結果，故丟兩個骰子一共有

$$6 \times 6 = 36$$

種可能的結果。點數和為 5 有下列四種情形：

第一個骰子：1, 2, 3, 4
第二個骰子：4, 3, 2, 1

因此，根據 Laplace 機會均等的假設，得到點數和為 5 的機率為

$$\frac{可欲結果的個數}{結果的總數} = \frac{4}{36} = \frac{1}{9}$$

或約為百分之 11。

採用 Laplace 的觀點，計算機率就變成點算 (counting) 的問題。點算似乎不困難，除非碰到很大的數。例如，我們丟一個銅板 10 次，欲求恰好得到 5 次正面的機率。我們必須在所有 $2^{10} = 1024$ 種可能結果中，點算出現 5 次正面與 5 次反面有多少種結果。如果我們具有足夠的耐心，經過相當的辛苦後，就會得到答案 252。但是若丟 100 次，

所有可能的結果有 2^{100} 種，這是一個天文數字。要點算出現 50 次正面與 50 次反面有多少種結果，就完全不可能。幸運的是，數學家發展出一套「不算之算」(to count without counting) 的方法（即排列與組合學），得到的答案可以寫成：

$$\frac{100!}{50!50!}$$

其中階乘數 100! 是 $1 \times 2 \times 3 \times 4 \times \cdots \times 100$ 的縮寫，亦即從 1 到 100 的整數之連乘積；同理，$50! = 1 \times 2 \times 3 \times \cdots \times 50$，等等。這個答案仍然沒有什麼用，因為 $8! = 40320$ 已經是不小的數，再乘到 100 或 50 還有很長的路要走。然而數學家發展出一個逼近的公式，來克服計算上的困難。利用這個工具，棣美弗考慮並且解決了下面的問題：

如果丟一個公正銅板 n 次，那麼出現正面的次數 H_n 我們當然無法預測。但是，直觀看來正面次數的平均值應為 $\frac{n}{2}$。因此，我們很自然要研究，正面次數與平均值之差 $H_n - \frac{n}{2}$ 的分布。為了解決這個問題，棣美弗作了一個關鍵性的觀察：$H_n - \frac{n}{2}$ 必須適當作尺度伸縮，使得在 $n \to \infty$ 時，才可以得到單純的分布。這個尺度伸縮恰好為 $\sqrt{n}$，於是棣美弗所得到的結論是：當 n 趨近於無窮大時，事件

$$a < \frac{H_n - \dfrac{n}{2}}{\sqrt{n}} < b \quad （n \text{ 的平方根律}）$$

的機率趨近於正規分布曲線

$$\frac{\sqrt{2}}{\sqrt{\pi}} e^{-2x^2} \sim N(0, \frac{1}{4})$$

在區間 $[a, b]$ 上所圍成區域的面積。用記號來表達就是：

$$\lim_{n \to \infty} P\{a < \frac{H_n - \frac{n}{2}}{\sqrt{n}} < b\} = \frac{\sqrt{2}}{\sqrt{\pi}} \int_a^b e^{-2x^2} \, dx. \quad \text{(譯者註)}$$

⚜ 譯者註 ⚜

上式又可以寫成下面更標準且方便的形式：

$$\lim_{n \to \infty} P\{a < \frac{H_n - \frac{n}{2}}{\sqrt{n}/2} < b\} = \frac{1}{\sqrt{2\pi}} \int_a^b e^{\frac{-x^2}{2}} \, dx,$$

其中函數 $p(x) = \frac{1}{\sqrt{2\pi}} e^{\frac{-x^2}{2}}$ 為標準的正規分布 $N(0, 1)$，它是機率論與統計學中最重要的一個機率密度函數。以下有關正規分布律全都可如此作調整。

Laplace 又再推廣了棣美弗的結果，但是整個機率理論不久就從數學世界中消失了。我不是歷史學家，所以我只能猜測其理由。首先，Laplace 對機率的定義犯了繞圈子的毛病。讀者可以翻到前幾頁去複習一下，他定義機率時，假設了所有可能的結果發生的「機會均等」(equiprobability)。這似乎很顯然並且是無關緊要的，不過我們不應忘記，19 世紀是數學追求嚴密性的高標準時代。在此新標準之下，Laplace 偉大的機率理論地基就變成不牢固，無法被接受。然而，這些結果有很特殊的性質。丟開其機率的解釋不談，棣美弗定理及 Laplace 的推廣結果，都只不過是階乘數

$$n! = n \times (n-1) \times \cdots \times 2 \times 1$$

的 Stirling 公式的一個簡單推論。因此，有什麼好激動的❻?!

---

❻ 還有一個歷史證據顯示，Laplace 的理論被忽視的另一個理由是，它缺少真正的應用。

　　這兩個不利的理由不久就被化解了，但是發生在俄國。俄國偉大的數學家 P. L. Chebyshev (1821–1894) 重拾 Laplace 的火炬。

　　我不是很確定這是如何發生的。但是我逐漸認識到，對於丟銅板的問題，指定所有樣本點的機率相等，其背後有兩個很不一樣的假設：第一個假設是，銅板為「公正的」(honest or fair)，亦即丟一個銅板一次出現正面與反面的機率都是 $\frac{1}{2}$；第二個假設是，逐次的丟銅板是互相獨立的 (independent)。

　　諸事件之間的獨立性並不是純粹的數學概念。然而，它可以讓其易於理解，解釋為機率的乘法公式，導致獨立性的數學定義。

　　假設兩個或多個事件 $E_1, E_2, \cdots, E_n$ 的機率分別為 $p_1, p_2, \cdots, p_n$，如果任何有限個事件都發生的機率等於各自事件機率的乘積，那麼我們就稱它們是獨立的。在這個定義裡隱藏著一個詭譎，最好用一個古老的例子來說明：當你要搭飛機出國旅遊時，如何降低飛機被放置炸彈的機率？你只要帶著一個炸彈上飛機。因為同一架飛機上同時有兩顆炸彈的機率是 $p \times p = p^2$（p 為飛機上被放置一個炸彈的機率）。因為 p 是一個介於 0 與 1 之間的很小的數，所以 p^2 可以忽略掉。這個結論當然是荒謬的，因此需要做評論。兩顆炸彈獨立地被帶到飛機上的機率為 p^2 是真的。但是若已知飛機上已經有一顆炸彈，則仍然由獨立性可知，這並不影響犯罪者再攜帶另一顆炸彈上飛機的機率。因此，在已知飛機上已有一顆炸彈的情況下，再攜帶第二顆炸彈上飛機的機率仍然是 p。

　　我們可以採取不同的路徑來接近棣美弗定理。對於丟一個公正的銅板，我們引入一個符號 X（今日叫做隨機變數），定義如下：

$$當出現結果為正面時，令 X = 1$$
$$當出現結果為反面時，令 X = 0$$

今將此銅板連續丟 n 次，我們觀察到 $X_1, X_2, X_3, \cdots, X_n$。現在令

$$H_n = X_1 + X_2 + \cdots + X_n$$

那麼 H_n 表示丟 n 次銅板中，出現正面的次數。

　　為了反應銅板的公正性與獨立性這兩個假設，那麼隨機變數 X_1, $X_2, X_3, \cdots$ 應該要具有某些性質。銅板的公正性表示為：

$$P\{X_1 = 1\} = P\{X_1 = 0\} = \frac{1}{2}$$

$$P\{X_2 = 1\} = P\{X_2 = 0\} = \frac{1}{2}$$

等等。

　　這些公式是如下數學敘述的簡寫：在每一次丟銅板中，出現正面事件 $\{X = 1\}$ 的機率等於出現反面事件 $\{X = 0\}$ 的機率，因此兩者都是 $\frac{1}{2}$。

　　獨立地接續丟此公正銅板，也可以用隨機序列 $X_1, X_2, X_3, \cdots$ 來表示各次丟出的可能結果，那麼我們就有：

$$P\{X_1 = 1, X_2 = 0, X_3 = 1\} = P\{X_1 = 1\}P\{X_2 = 0\}P\{X_3 = 1\} = \frac{1}{8}$$

$$P\{X_1 = 0, X_2 = 0, X_3 = 1, X_4 = 0, X_5 = 1\}$$

$$= P\{X_1 = 0\}P\{X_2 = 0\}P\{X_3 = 1\}P\{X_4 = 0\}P\{X_5 = 1\} = \frac{1}{32}$$

等等。

　　這些公式重述了獨立事件的機率乘法規則，例如，在前一式中，第一次丟出正面，第二次反面，第三次又是正面。即使我們不知道這些 X 是什麼，由上述的規則，我們仍然可以計算下面事件的機率：

$$a < \frac{H_n - \dfrac{n}{2}}{\sqrt{n}} < b$$

其中

$$H_n = X_1 + X_2 + \cdots + X_n$$

已在前述出現過了❼。

　　我們完成了什麼呢? 事實上, 完成了很多, 因為在這種建構之下, 使得正規分布律跟獨立隨機變數序列之和緊密連結在一起。

　　甚至更重要的是, 它讓 de Moivre-Laplace 的理論（中央極限定理）有了開闊的推廣空間。上述的 X 可以是比丟銅板更一般的隨機現象。所有我們需要具備的知識只是

$$P\{X_k < \alpha\},\ k = 1, 2, 3, \cdots \text{ 並且 } \alpha \text{ 為任意實數}$$

以及獨立性的假設, 其意思是

$$P\{X_1 < \alpha_1,\ X_2 < \alpha_2,\ \cdots,\ X_k < \alpha_k\}$$
$$= P\{X_1 < \alpha_1\} \cdot P\{X_2 < \alpha_2\} \cdots\cdot P\{X_k < \alpha_k\}$$

對所有 $k = 1, 2, 3, \cdots$ 以及任意實數 $\alpha_1, \alpha_2, \alpha_3, \cdots$ 都成立。回憶一下, 獨立性的定義牽涉到的是機率的相乘。

　　在適當的條件之下, 我們可以證明: 存在 A_n 與 B_n 兩個數, 使得事件

❼　我們還需要加性的公設 (axiom of additivity), 這是指: 若事件 E_1, E_2, E_3, $\cdots$ 互斥, 則 $P\{E_1 \text{ 或 } E_2 \text{ 或 } E_3 \text{ 或 } \cdots\} = P\{E_1\} + P\{E_2\} + P\{E_3\} + \cdots$。因為在這裡我的目的並不是要寫機率論的教科書, 我只是要掩蓋一些重要與詭譎的要點。我希望專家會原諒我, 而外行人仍然可以理解這個論証的要旨。

$$a < \frac{X_1 + X_2 + \cdots + X_n - A_n}{B_n} < b$$

的機率在 n 越來越大時，趨近於在正規分布曲線

$$\frac{\sqrt{2}}{\sqrt{\pi}} e^{-2x^2}$$

下方從 $x = a$ 到 $x = b$ 所圍成區域的面積。

　　Chebyshev 也發展了一個新方法（即級矩方法，the method of moments，至今仍然在機率論與統計學中廣泛使用），用來計算關於獨立隨機變數之和的機率，但是我讀過他和他的學生 A. A. Markov 所寫的書，都沒有明確定義 X 是什麼。他們與其後繼者都只滿足於形式的操作，而沒有很擔心他們所操作的對象實際是什麼東西。

　　我是對正規分布律著迷的人，不過我還是感到相當的挫折，因為我無法接受形式的觀點，並且 Markov 的書雖然平易，但是我仍然無法完全理解。這就好像有一個簾幕把我和一個難懂而神祕的世界隔開來一樣。透過簾幕，我只能朦朧地感受到熟悉的數學對象，漂浮在無形的煙霧之中。我嘗到了可望不可即的折磨。

　　然後 Steinhaus 出現，他定義了「隨機獨立函數」的概念，於是簾幕開始拉開了。

　　Steinhaus 對機率論的興趣，可以回溯到 1923 年，他寫了一篇劃時代的論文，首次嚴格地探討丟銅板的數學理論。事實上，這個概念早已經隱藏在法國數學家 Émile Borel 於 1909 年所寫的論文裡。正如許多偉大的念頭一樣，這個概念是出奇的簡潔。

　　為了解釋 Steinhaus 的數學理論，讓我先複習一些關於實數的小數展開。最基本的一個事實是，每個介於 0 與 1 之間的實數 t, $0 \le t \le 1$,

都可以唯一展開為無窮小數（我不喜歡過度拘泥，但是若不堅持展開為無窮小數，則會有某些數，例如 $\dfrac{3}{100}$，就有兩種不同的小數展開法：0.03 與 $0.2999\cdots$）。舉例來說

$$\frac{2}{7} = 0.285714285714\cdots$$

因為 $\dfrac{2}{7}$ 為一個有理數（或通稱為分數），展開時必為循環小數；而像 $\sqrt{2}$ 的無理數，展開時就不是循環小數了（非循環的無窮小數）。

上述的小數展開就是下式的簡寫：

$$\frac{2}{10} + \frac{8}{10^2} + \frac{5}{10^3} + \frac{7}{10^4} + \frac{1}{10^5} + \frac{4}{10^6} + \cdots$$

從而小數展開的基本事實可以普遍地敘述如下：

對於任意介於 0 與 1 之間的實數 t，都存在唯一的數字列 d_1, d_2, d_3, $\cdots$（也就是諸 d 只能取值 $0, 1, 2, 3, 4, 5, 6, 7, 8, 9$），使得

$$t = \frac{d_1}{10} + \frac{d_2}{10^2} + \frac{d_3}{10^3} + \frac{d_4}{10^4} + \cdots$$

因為數字 d_1, d_2, d_3, $\cdots$ 完全依賴於 t（用數學術語來說，諸 d 為 t 的函數）。因此，上式可以更生動且清晰地表為

$$t = \frac{d_1(t)}{10} + \frac{d_2(t)}{10^2} + \frac{d_3(t)}{10^3} + \frac{d_4(t)}{10^4} + \cdots$$

這強調一個事實：t 作小數展開的第一位數為 $d_1(t)$，第二位數為 $d_2(t)$，第三位數為 $d_3(t), \cdots$。回到前述的例子，當 $t = \dfrac{2}{7}$ 時，我們有 $d_1(\dfrac{2}{7}) = 2$, $d_2(\dfrac{2}{7}) = 8$ 等等。

　　底數為 10 的十進位法並非是神聖不可侵犯，上述所說的一切，對於任何底數的進位法都成立，特別是對於最簡單的二進位法亦然。此時，不需要用到 10 個數字，而只需用到兩個數字 0 與 1，就可以表達出所有的數。上述那些基本的敘述就可以重新解讀如下：

　　對任何介於 0 與 1 之間的實數 t，都存在唯一的二進位數字列 b_1, b_2, b_3, … (即每個 b 只能取值 0 與 1)，使得

$$t = \frac{b_1}{2} + \frac{b_2}{2^2} + \frac{b_3}{2^3} + \frac{b_4}{2^4} + \cdots$$

現在 $\frac{2}{7}$ 可以展開為

$$\frac{2}{7} = \frac{0}{2} + \frac{1}{2^2} + \frac{0}{2^3} + \frac{0}{2^4} + \frac{1}{2^5} + \frac{0}{2^6} + \cdots$$

舉例來說，$b_1(\frac{2}{7}) = 0$ 且 $b_2(\frac{2}{7}) = 1$。

　　如今來到一個關鍵處，我們用兩個例子來說明。

　　考慮所有這些數 t，使得 $b_1(t) = 1$, $b_2(t) = 0$, $b_3(t) = 1$，也就是所有 0 與 1 之間的數，其二進位法展開的前三位數字形如

$$\frac{1}{2} + \frac{0}{2^2} + \frac{1}{2^3} + \cdots$$

最小的這種數顯然為

$$\frac{1}{2} + \frac{0}{2^2} + \frac{1}{2^3} = \frac{5}{8}$$

最大的數是讓 b 從第四位 b_4 之後都盡可能的大，亦即全部取為 1。因此，最大的 t 使得首三個二進位數為 1, 0, 1 者，就是

$$\frac{1}{2} + \frac{0}{2^2} + \frac{1}{2^3} + \frac{1}{2^4} + \frac{1}{2^5} + \frac{1}{2^6} + \cdots = \frac{6}{8}$$

在這裡我使用了無窮等比級數的求和公式

$$\frac{1}{2^4} + \frac{1}{2^5} + \frac{1}{2^6} + \frac{1}{2^7} + \cdots = \frac{1}{8}$$

我希望這沒有冒犯讀者。

最後，滿足 $b_1(t) = 1$, $b_2(t) = 0$, $b_3(t) = 1$ 的所有 t，形成了一個開區間 $(\frac{5}{8}, \frac{6}{8})$，其長度為 $\frac{1}{8}$。

現在讓我們考慮，滿足 $b_1(t) = 1$ 的所有 t。這些數 t 作二進位法展開時，首位數字如下形：

$$\frac{1}{2} + \cdots$$

根據上述相同的論述，我們看出最小的這種數為 $\frac{1}{2}$，最大的數為

$$\frac{1}{2} + \frac{1}{2^2} + \frac{1}{2^3} + \frac{1}{2^4} + \cdots = 1$$

換言之，所有使得 $b_1(t) = 1$ 的 t，就是區間 $(\frac{1}{2}, 1)$。

現在來到一個稍微困難的問題，亦即什麼樣的 t 會使得 $b_2(t) = 0$? 因為對於 b_1 沒有說到什麼，所以它可以為 0 或 1。換言之，所有使得 $b_2(t) = 0$ 的 t，其二進位法展開頭兩位如下兩種形式：

$$\frac{0}{2} + \frac{0}{2^2} + \cdots$$

或者

$$\frac{1}{2} + \frac{0}{2^2} + \cdots$$

因此，所有使得 $b_2(t) = 0$ 的 t 為兩個互斥的區間所組成，第一個區間的端點為

$$\frac{0}{2} + \frac{0}{2^2} = 0$$

以及

$$\frac{0}{2} + \frac{0}{2^2} + \frac{1}{2^3} + \frac{1}{2^4} + \cdots = \frac{1}{4}$$

第二個區間的端點為

$$\frac{1}{2} + \frac{0}{2^2} = \frac{1}{2}$$

以及

$$\frac{1}{2} + \frac{0}{2^2} + \frac{1}{2^3} + \frac{1}{2^4} + \cdots = \frac{3}{4}$$

進行到這裡，讀者必然已是這個遊戲的行家。因此，我留給讀者自己去驗證：

所有的數 t，使得 $b_3(t) = 1$ 者，是由四個互斥的區間 $(\frac{1}{8}, \frac{1}{4})$, $(\frac{3}{8}, \frac{1}{2})$, $(\frac{5}{8}, \frac{3}{4})$, $(\frac{7}{8}, 1)$ 組成的。

若集合 S 是由互斥的區間組成，令 $L\{S\}$ 表示這些區間的長度之和，那麼我們先前的辛勞就可以總結如下：

$$L\{ b_1 = 1, \, b_2 = 0, \, b_3 = 1 \} = \frac{1}{8}$$

$$L\{ b_1 = 1 \} = \frac{1}{2}, \, L\{ b_2 = 0 \} = \frac{1}{2}, \, L\{ b_3 = 1 \} = \frac{1}{2}$$

因此，我們有

$$\frac{1}{8} = L\{b_1 = 1,\ b_2 = 0,\ b_3 = 1\}$$
$$= L\{b_1 = 1\}\ L\{b_2 = 0\}\ L\{b_3 = 1\}$$
$$= \frac{1}{2} \times \frac{1}{2} \times \frac{1}{2}$$

同理，除非讀者失去胃口，否則可以驗證

$$\frac{1}{32} = L\{b_1 = 0,\ b_2 = 0,\ b_3 = 1,\ b_4 = 0,\ b_5 = 1\}$$
$$= L\{b_1 = 0\}\ L\{b_2 = 0\}\ L\{b_3 = 1\}\ L\{b_4 = 0\}\ L\{b_5 = 1\}$$
$$= \frac{1}{2} \times \frac{1}{2} \times \frac{1}{2} \times \frac{1}{2} \times \frac{1}{2}$$

我們應該為這些公式敲鑼打鼓。因為我們只要將此地的 b 改為 X，且 $L\{\ \}$ 改為 $P\{\ \}$，它們就跟前述所說的丟銅板完全一樣。因此，對於 X 的類似操作所導致的棣美弗定理，可以換成對 b 的逐步操作，得到滿足

$$a < \frac{b_1(t) + b_2(t) + \cdots + b_n(t) - \dfrac{n}{2}}{\sqrt{n}} < b$$

的 t 區間之長度，當 n 越來越大時，會趨近於在正規分布曲線

$$\frac{\sqrt{2}}{\sqrt{\pi}} e^{-2x^2}$$

下方從 $x = a$ 到 $x = b$ 所圍成區域的面積。

利用數學的記號，我們可以將這個版本的棣美弗定理改寫成下面的形式：

$$\lim_{n \to \infty} L\{a < \frac{b_1(t) + b_2(t) + \cdots + b_n(t) - \dfrac{n}{2}}{\sqrt{n}} < b\} = \frac{\sqrt{2}}{\sqrt{\pi}} \int_a^b e^{-2x^2} \, dx$$

在這裡沒有銅板，沒有機運，也沒有神祕。

Steinhaus 要我研究的隨機獨立函數，是二進位數字的自然推廣，並且如二進位數字，它們都定義在舒適且熟悉的區間 (0, 1) 上面。

在那個時候，我們都不知道當時對於機率的基礎理論已經有了相當的澄清。特別地，在 Markov 的書中，已給出神祕 X 的嚴格定義。但是這個定義籠罩在抽象的氛圍之中，而隨機獨立函數卻相當具體，甚至跟我們在 Lwów 與其它地方廣泛研究過的對象關係密切。

當我在這個脈絡之下，遇到正規分布律時，讓我非常感動，並且印象深刻。我發現很難相信這個定律根植於日常生活中，經驗的柱狀圖與賭局，居然會成為數學的一部分。

在我和 Steinhaus 合寫的第三篇（也是最後一篇）論文〈論獨立的函數 IV〉，其想法源自 Steinhaus 在 1923 年的論文。這篇論文也可以稱為「機率論的算術化」，它產生了真正新的東西，並且把正規分布律帶到更接近主流數學的地步。

在這裡，讓我粗略地說我們的想法是如何進行的。時間從朦朧的過去流向最遙遠的未來，也就是從負無窮大到正無窮大。世界上最有趣的現象之一，就是在時間推移下的週期現象，具有完美的規律性。它們隨著時間的推移，可以用週期函數來描述，其中最單純的就是餘弦函數❽。

我們很自然就考慮具有不同頻率 $\lambda_1, \lambda_2, \lambda_3, \cdots$ 的餘弦函數：

---

❽　為避免讀者疑問：為什麼我不提正弦函數? 這只要提醒他

$$\sin t = \cos(\frac{\pi}{2} - t)$$

因此，正弦函數可以表為餘弦函數。

$$\cos \lambda_1 t, \cos \lambda_2 t, \cos \lambda_3 t, \cdots$$

（t 當然是指時間），我們要探究它們是否具有獨立性。當觀念的樑柱安置正確後，接下來的工作就平順了。我們證明：若頻率 $\lambda_1, \lambda_2, \lambda_3, \cdots$ 滿足某些純算術的條件，則這些餘弦函數確實是獨立的。也就是說，讓下式同時成立的時間長度

$$\cos \lambda_1 t < \alpha_1, \cos \lambda_2 t < \alpha_2, \cdots, \cos \lambda_n t < \alpha_n$$

等於各個子式成立的時間長度之乘積。

　　讓我用兩個餘弦函數的簡單例子來說明這個定理。首先取 $\cos \lambda_1 t$ 的圖形（見圖 3），並且考慮滿足 $\cos \lambda_1 t < \alpha_1$ 的時間區間，這顯示如圖 4。

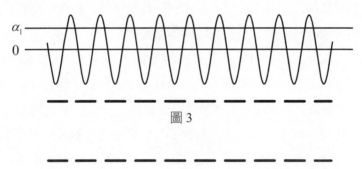

圖 3

圖 4

　　現在對 $\cos \lambda_2 t < \alpha_2$ 做同樣的事情，得到圖 5 與圖 6。最後再作出同時滿足 $\cos \lambda_1 t < \alpha_1$ 與 $\cos \lambda_2 t < \alpha_2$ 的時間區間，如圖 7。

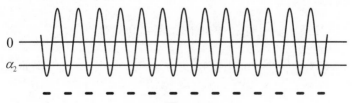

圖 5

- - - - - - - - - - - - - - - - -

圖 6

- - - - - - - - - - -

圖 7

因此我們的定理就是：當 λ_1 / λ_2 為無理數時（這是關鍵的條件）

$$\cos \lambda_1 t < \alpha_1, \ \cos \lambda_2 t < \alpha_2$$

同時成立的時間長度，等於 $\cos \lambda_1 t < \alpha_1$ 成立的時間長度，乘以 $\cos \lambda_2 t < \alpha_2$ 成立的時間長度。

無理數的比值 λ_1 / λ_2 是上面提到的算術條件之特例。當有多於兩個以上的餘弦函數時，這個算術條件顯得有點太技術性，不適合寫出來給讀者增加負擔。19 世紀著名的德國數學家 Leopold Kronecker (1823–1891)，在似乎完全不相干的脈絡之下，是第一位引入這個條件的人。這個條件叫做「在有理數體上的線性獨立性」。在此出現的「獨立性」可能會產生某些困擾。事實上，純算術概念的線性獨立性，恰好跟隨機獨立性的關係密切。這雖是一個小奇蹟，但卻讓數學有趣。

為了讓讀者欣賞，我們用電腦來幫忙展示這個定理。我們取時間的區間為 $(-150, 150)$，$\lambda_1 = 1$，$\lambda_2 = \sqrt{2}$，$\alpha_1 = \dfrac{1}{2}$，$\alpha_2 = -\dfrac{1}{2}$。不幸的是，電腦無法處理無理數，所以我們用七位小數 1.4142135 來逼近 $\sqrt{2}$。

現在我們考慮 $\cos t < \dfrac{1}{2}$ 成立的時間比例為 0.668572，並且 $\cos(1.4142135)t < -\dfrac{1}{2}$ 成立的時間比例為 0.337143。

又 $\cos t < \dfrac{1}{2}$ 與 $\cos(1.4142135)t < -\dfrac{1}{2}$ 同時成立的時間比例為

0.225714。而 0.668572 與 0.337143 的乘積為 0.225404。

　　這兩個數 0.225714 與 0.225404 不恰好相等，這是因為區間 $(-150, 150)$ 不是 $(-\infty, \infty)$，並且 1.4142135 也不是 $\sqrt{2}$。若取越來越長的區間，對 $\sqrt{2}$ 取越來越好的逼近，則兩數會越來越靠近。

　　事實上，我們不需要採用電腦，因為我們的定理是經過證明的。然而，玩一下計算是有趣的，並且也具有教育的價值。

　　最後，我們可以明確地重述我們的定理如下：如果頻率 $\lambda_1, \lambda_2, \lambda_3, \cdots$ 滿足線性獨立的算術條件，則使得

$$\cos \lambda_1 t < \alpha_1, \cos \lambda_2 t < \alpha_2, \cdots, \cos \lambda_n t < \alpha_n$$

同時成立的時間比例，其行為如同機率論的獨立事件。有個差異是，在機率論中，獨立性永遠是假設條件，但在我們的例子裡，它是可推導出來的平凡數學性質。

　　在我們發現餘弦函數的獨立性質時，我對正規分布律已接近著魔的程度。我確實夢見了它，並且在夢中我看到它很自然地出現，類似於某種物理實在 (phyical reality)。在區間 $(0, 1)$ 上的獨立函數太過於造作，並且作為其抽象副本的獨立隨機變數，甚至更是如此。我氣餒地想：「正規分布律會永遠跟直方圖與賭局聯繫在一起?」然後有一天早晨，那應該是在 1936 年的晚春，當我穿過大學主要大樓前面的公園時，我經歷了一次思想靈動的時刻，得到一個美妙的想法。我對自己說：「上帝啊，我們的餘弦函數! 它們當然遵循正規分布律。」果然確實是如此。

　　要驗證這個結果，只不過像孩子玩遊戲一般，因為我們已經擁有所有的工具，這可回溯到 Chebyshev 與 Markov 的工作，並經由跟我們同時代的法國數學家 Paul Lévy (1886–1971) 加以完美化。在追求獨

立性意義的過程中，Steinhaus 與我只是重新發現既有的結果而已。

這就是在那個晚春的早晨我所發現的結果：函數

$$x_n(t) = \frac{\cos \lambda_1 t + \cos \lambda_2 t + \cdots + \cos \lambda_n t}{\sqrt{n}}$$

的圖形落在介於 a 與 b 的水平線之間，其時間的比例，在 n 越來越大時，會趨近於正規分布曲線

$$\frac{\sqrt{2}}{\sqrt{\pi}} e^{-2x^2}$$

的下方從 $x = a$ 到 $x = b$ 所圍成區域的面積。

許多年後，我注意到這個結果有一個有趣的推廣。它跟 Smoluchowski 的一片小鏡子之布朗運動論有關，小鏡子懸浮在一條石英纖維上，置於含空氣的管子中。在 1931 年 E. Kappler 做了一個實驗來檢驗這個理論。他採用一個簡單且巧妙的方法來擴大鏡子的偏離角度，把它們轉變為線性的。於是他可以用照像來追蹤鏡子的運動。

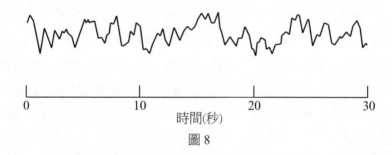

時間(秒)

圖 8

圖 8 是以 30 秒的時間長度來作追跡，所得到的圖形。用這種奇妙的設計，以驗證分子的存在，讓我們無法不印象深刻。因為若沒有空氣分子的碰撞小鏡子，追跡出來的必然是單純的正弦曲線。另外，我

們也很難擺脫，這裡呈現出機運化身之感覺，並且追跡只能用隨機的
機制來產生。

事實上，Smoluchowski 理論的基本假設，是鏡子「隨機」的被空
氣分子碰撞，其理論由 Kappler 的實驗所證實。這個理論預測鏡子的
位移是個平穩的高斯過程。這種過程完全由協變異函數 (covariance
function) 確定，並且這個函數是由相關的物理參數給定的。

現在，如果我有這個資訊，就可以選擇一列數 $\lambda_1, \lambda_2, \lambda_3, \cdots$ 以及
一個「尺寸」α，使得對於足夠大的 n 下面的式子

$$\alpha \frac{\cos \lambda_1 t + \cos \lambda_2 t + \cdots + \cos \lambda_n t}{\sqrt{n}}$$

將會跟 Kappler 的軌跡無法區別。不僅圖形看起來相像，而且做相同
的統計分析時，也會產生相同的結果。

因此，什麼是機運？

事情的關鍵當然是，餘弦函數的獨立性，此中我們有一部分是被
Aurel Wintner (1903–1958) 所預料。這種觀念與興趣的合流是我選擇
到約翰・霍普金斯大學去的決定性因素，因為 Wintner 教授就在那裡，
這是我拿獎學金該去的地方。

Wintner 教授受過極好的教育，是一位知識廣博的數學家。他當
然擁有所有的工具，可以推導出 $x_n(t)$ 遵循正規分布律，但是他不去
做。不幸的是，當我拿獎學金抵達 Baltimore 不久，我們之間的關係就
變壞了，甚至到達不說話的地步。因此，我從來都沒有機會問他，為
什麼他沒有採取從餘弦函數的獨立性走到正規分布律的這一小步❾。
但是，我花了不少的時間，終於了解那個春天早晨所領悟到的，從餘

----

❾　Wintner 確實對統計學有「情結」，他視統計學為較低的創造，不值得進入神聖
　　的數學殿堂。他可能傾向把正規分布律等同於統計學，所以他才沒有去想它。

弦函數的獨立性立即可以走到正規分布律。我為正規分布律而呼吸、而活，直到那年結束。對於這種盲目的熱情，我只能想出一種解釋：正規分布律制約在難以說清楚的隨機性上面，不論是何種隨機性，這簡直到達一種迷思的境地。我們的定理是說：定義如上的 $x_n(t)$ 遵循正規分布律。這可以幫助我們打破隨機性投射在上面的魔咒，甚至也產生嚴重的懷疑：隨機性是否為一種在運作上具有生命力的概念。

　　魔咒一經打破，其它可能性就開放了。在我離開波蘭之前，我已發表了兩篇關於正規分布律的論文，現在又完成第三篇，變成是我在美國發表的第一篇論文。這三篇論文都已經是有相當研究的論題，叫做間斷級數 (gap series)，所牽涉到的函數都只是「幾乎獨立」，就可以讓正規分布律成立，而不需要函數（雖然都定義在區間 (0, 1) 上）具有「病態的」或奇異的性質，也不必如它們相關版本的結果，需要嚴格獨立的假設。

　　我也開始思考，如何在數論中找尋獨立性的意義。數論研究的是最基本的且初等的，但卻是神祕的對象——整數，探索它們的性質與規律。我的追尋事後證明相當成功，由此誕生了所謂「機率式的數論」(probabilistic number theory) 這門學問。這個故事屬於下一章的內容，因為它發生在大西洋的這一岸（指美國）。

　　甚至在追尋獨立性的意義到達最高峰之前，事情已經很明朗，為什麼所有的人都可經由驗證而相信「誤差率」？理由是誤差率被證明為：既是「一個觀察事實」，也是「一個數學定理」。

●━━━━━━━◀▷◉ 譯者補充 ◉◁▶━━━━━━●

美麗而重要的正規分布律（誤差率、高斯分布）：正規分布是一條美麗的鐘形曲線，在機率論與統計學中，它是主角。我們引用一段文字說

明正規分布的重要與美妙，並且排成鐘形圖：

THE
NORMAL
LAW OF ERROR
STANDS OUT IN THE
EXPERIENCE OF MANKIND
AS ONE OF THE BROADEST
GENERALIZATIONS OF NATURAL
PHILOSOPHY ∗ IT SERVES AS THE
GUIDING INSTRUMENT IN RESEARCHES
IN THE PHYSICAL AND SOCIAL SCIENCES AND
IN MEDICINE AGRICULTURAL AND ENGINEERING
IT IS AN INDISPENSABLE TOOL FOR THE ANALYSIS AND THE
INTERPRETATION OF BASIC DATA OBTAINED BY OBSERVATION AND EXPERIMENT

圖 9

它的意思是說：

> 誤差的正規分布律在人類的經驗中具有「鶴立雞群」的地位，
> 也是自然哲學最廣泛的推廣之一。它是各個研究領域的指南，
> 例如物理學、社會科學、醫學、農業及工程等等。對於觀測
> 與度量所得到的基本數據之分析或解釋，是不可或缺的工具。

圖 10 是正規分布律更美麗的圖示：

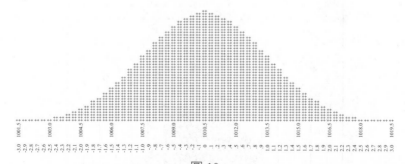

圖 10

英國的統計學家與優生學家 Galton (1822–1911) 說：

我幾乎不曾見過像「誤差呈現正規分布」如此般的美妙，它能激發出人類無窮想像的宇宙秩序。如果古希臘人知道這條曲線，想必會給予人格化乃至神格化。它以澄澈統治混亂，消除混亂。暴民越多，無政府狀態越嚴重，它就統治得越完美。它是無理性世界中最高的律法。當我們從混沌中抽出大量的樣本時，按大小加以排列整理，那麼總是有一個不可預料且最漂亮的規律潛伏在其中。

在益智遊戲中，我們可以看見圖 11，叫做高爾頓板 (Galton board)，大量的小圓球掉下來，最終形成正規分布律的圖形。

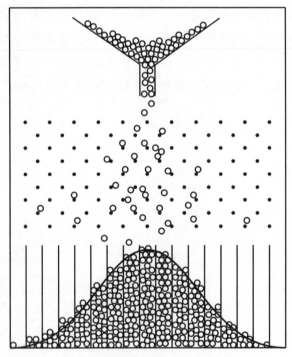

圖 11：高爾頓板 (Galton board)

正規分布 (normal distribution) 的命名也有一段歷史：法國人叫做 de Moivre-Laplace 分布，德國人叫做 Gauss 分布，爭執不下，法國偉大數學家 Poincaré 說：「大家不要吵了，我建議採用一個中性的名詞 "normal distribution" (譯者註)。」這是正規分布的由來。

------------ ✿ 譯者註 ✿ ------------

對於 "normal distribution" 的漢譯，也有正規分布與常態分布之爭，常態分布的對立面似乎有病態或變態的意涵，所以採用中性的正規分布比較恰當。

許多機率學家都曾經受到正規分布曲線的吸引而迷上機率論，例如 Paul Lévy 根據機率學家 Michel Loève (1907–1979) 的說法：

> 如果我們要抽取 Paul Lévy 機率思想的本質，則可以這樣說，自從一開始 (1919 年)，他的中心思想就是高斯分布；他一而再，再而三地從它出發，然後堅決地又回到它。更重要的是，他是可以沿著樣本路徑旅行的人，這就是為什麼對他而言，Markov 性質總是指著強型的 Markov 性質。

正規分布律是 Mark Kac 與 Paul Lévy 的數學初戀情人。最重要的 Wiener 過程 ($W(t)$) 之母算子是一半的 Laplace 算子 $\frac{1}{2}\Delta$，每個隨機變數 $W(t)$ 都具有正規分布，而 Laplace 算子 Δ 是算子之王。這是巧合或天意（機運）？真是奇妙！

Octavio Paz (1914–1998) 是一位墨西哥詩人，在 1990 年獲得諾貝爾文學獎。我很欣賞他的一首短詩，有如一首俳句：

> 時間微啟眼簾，
> 讓人們觀看它，
> 也把我們窺探。

把「時間」改為「機率」也很有意思：

> 機率微啟眼簾，
> 讓人們觀看它，
> 也把我們窺探。

愛因斯坦 "What I believe"

朝生暮死的人類，其命運是多麼奇妙啊！在這個世界上，每個人都只是短暫的旅客；我們不知其目的，儘管有時會自以為對此有所感知。但無需經過深思，只要從日常生活就可以明白：人是為別人而活著。首先是為身邊的人——我自己的幸福完全依賴於他們的喜悅與健康；然後是為不認識的人——大家的命運透過感通與同情的紐帶緊密地連結在一起。我每天都要提醒自己：我的物質與精神生活都依賴於別人的工作成果，包括活著與死去的人，所以我必須以同等的努力來回報別人。我強烈地嚮往簡樸的生活，並且經常發現自己佔有同胞提供的過多東西而感到難以忍受。我認為階級區分是不合理的，因為它最後憑藉的總是暴力。我也相信，簡樸及謙虛的生活，無論在身體與精神上，對每個人都是有益的。

5.

烤麵包或致敬!?
1938.12–1939.9

只要有獨立性的地方，就必然有正規分布律。

—Steinhauss, Kac—

古池，蛙躍，噗通一聲。

—松尾芭蕉 (1644–1694)—

學得事實並不是很重要的事情。因為一個人不需要進入大學，就可以從書本上學到這些東西。大學教育的真正價值不在於學習很多事實，而是訓練心靈達到會思考，以獲得書本裡所學不到的東西。

—愛因斯坦—

譯者摘要

本章 Kac 以 "On Toast!" 為標題，敘述他從 1938 年 12 月到 1939 年 9 月在約翰・霍普金斯大學約一年博士後的留學生活，包括學術與日常生活的奇遇、趣事以及所遭遇到的各種困難。

Kac 在英語上第一個困難是 "On Toast!"，上餐館時、喝酒時、遇到某尊敬人物時、…都會聽到的一句話。這是一語雙關的話，有烤麵包與致敬之意，需視上下文來決定其意義。因此，對於一個新來並且不太懂英語的外國人來說，不容易掌握它的意思。這個標題充分展現出特有的「Kac 式幽默」。

Kac 描述他初到美國的觀感與經歷，有某種解放的自由快感。還有他所遇到的貴人與數學天才們，改變了他的命運。1939 年 9 月歐戰爆發 (緊接著是二次世界大戰)，他的祖國波蘭一下子就落入德國的手中，導致他的家人全被希特勒屠殺，嚐到國破家亡的悲慘命運。

另一方面，他所遇到的天才數學家，最著名的是 Norbert Wiener 與 Paul Erdös，這兩個人對他的影響最大。Wiener 暗中強力推薦他到康乃爾大學任教。Erdös 快速解難題的強大能力，令人印象深刻。

Kac 人生的下一站是康乃爾大學，更精彩的前景正等待著他。

在 1938 年的 11 月底，我搭乘一艘名為 M／S Pilsudski 的船，經歷過一趟狂風暴雨的航行，在一個灰濛濛並飄著雪的早晨，船暫時停靠在紐澤西 (New Jersey) 的 Hoboken 港口。這並不表示我們可以順利進入新世界，因為在海上遇到暴風雨而延誤時間，所以我們進入紐約港已是晚上時分。但我們很幸運的得到了一些補償，看著巨大的城市從海平面下方逐漸浮現出來的燈光美景，令人永難忘懷。

在抵達 Baltimore 之前，有親戚來接我並招待我一個禮拜左右。大部分的時間都花在拜訪與問候，以及介紹從 Krzemieniec 移民來的聚落給我認識。這些移民幾乎都還有親戚仍然住在 Krzemieniec。要來美國的親戚都聽說美國無法買到好吃的巧克力，因此我帶了半皮箱的巧克力棒，要送給美國的堂兄弟姊妹們享用。在海關的入境廳接受檢查時，我似乎帶了超額的巧克力棒，但我可能是會錯意，認為應該丟掉一些。於是我就跟入境的檢查官員一同分享巧克力棒。幾天後，我多了個苦惱的問題，我必須跟一位沒有拿到巧克力棒的移民者解釋，巧克力棒流落在何處。因為他在波蘭的家人寫了一封信，詳細記載了託我送給他的所有「禮物」，其中有些東西遺失了！那時的人還是不脫《屋上提琴手》裡，東歐小鎮的猶太人生活色彩。

我對紐約的第一印象已經模糊。遍地高大的建築，騷動的人潮，簡直讓人麻木。我目瞪口呆到無法吸收任何東西。我好心的親戚花了一個禮拜的時間，帶我看了所有紐約值得看的東西。從 Krzemieniec 來的移民則堅持要得到他們家裡的所有消息，但這些我幾乎都不認得。而我最想要去的地方是 Baltimore 以及做數學。但是，有一件事情縈繞

著我的心，就是去見 Meri 的舅舅。

如果我的記憶正確的話，在那個星期我見過他兩次。他是一位爽快的人，輕聲說話的紳士，跟 Meri 的母親很像。我告訴他，我計畫要跟他的外甥女結婚，只要她能來美國。這需要他的幫助，出具資助她的保證。如果沒有這種保證，要得到移民簽證是沒有任何希望的，即使有這種保證，還要花上相當大的功夫才能讓她到美國來。波蘭的移民配額已滿，並且還有一長排的人在等候著。

他是有同情心的人，但是很謹慎。他不把我當作很好的賭注，我不能怪他。我很年輕，並且是個窮光蛋，拿的是短期的護照，幾乎不會說英語。即使少了這些障礙，期望仍然不大。幾乎沒有任何學院的工作是開放的，何況越來越多從納粹德國逃出來資格更優秀的人。美國仍然在受經濟蕭條之苦（1929 年股市崩盤）。如果這樣還不構成理由，這要談到他和他一位妹妹的創傷經驗。他把這位妹妹從波蘭帶到美國。她非常古怪，幾乎毀了他的家庭生活。最後只好再把她送回波蘭。事實是，他不願意再涉入 Meri 的事情。即使他同意幫忙，我們也不確定真的可以帶她出來。因為我們的時間只有短短的九個月，在那樣的時日無法跟移民局折衝以達到過關。

因此，事情就停擺在那裡。不久之後，我就在一個嶄新且令人興奮的國度中投入了新的生活。我和 Meri 之間的通信內容越來越短，時間的間隔變的越來越長。很快通信就中斷了。顯然事情已經結束，然後戰爭即將來臨。在 1939 年的 9 月到 1941 年的 6 月 21 日之間，希特勒派兵向東進攻，那時 Lwów 與 Krzemieniec 都還是蘇聯的一部分，還可以有少量的郵政通信（在這段期間，我接過我父母寫來的信）。我聽說，後來 Meri 和一位年輕有為的醫生結婚。這位醫生是醫學研究者，前途看好。在 Lwów 的日子，我稍微知道他。但他們夫婦最後都被德國人所殺，以悲劇收場。這是我在戰爭結束後才知道的事情。

在我從波蘭帶來的少數幾件物品中，有一張 Meri 的照片，她戴著帽子，這是我第一次遇見她時的穿著。在照片的背後，她寫著：

開始於一杯水，結束於海洋。

奇妙的是，那時我居然沒有參悟到這則訊息的含意，而她早已感覺到我們的事情不會有結局，訊息透露出了一切。

我在 1938 年 12 月的第一週抵達 Baltimore，那時在車站有 Wintner 教授與夫人以及 E. R. van Kampen 一起來接我。van Kampen 是數學系的年輕教員，也是 Wintner 教授的助手之一。事實上，見到他們讓我很震驚，因為他們都是那麼的年輕。我想像中的 Wintner 教授，應該和 Steinhaus 的年紀差不多。然而，事實是 Wintner 教授才 30 來歲，van Kampen 至多是 30 歲。如果需要更進一步的證明，我們會發現世界其實很小，尤其是學術界，因為 Wintner 教授的夫人是 Otto Hölder 的女兒。Hölder 是德國著名且傑出的數學家，他在 1913 年曾是我父親在萊比錫大學的博士考試委員之一。

第一天在 Wintner 與 van Kampen 的幫助之下，找到了一間小公寓（作為經濟史的注腳，也許將設備寫出來是有趣的事情：一間臥房，一間小小的客廳以及一間浴室，一個月的租金大約是 14 美元），坐落在聖保羅街，距離校園只隔幾條街。等一切就緒後，我便開始了新的生活，現在只差我的英語還沒有到位。

大約是在 1936 年的夏天，我仍在波蘭時，第一次嘗試去學英語。那時在歐洲有一句嘲諷的話：

你是亞利安人 (Aryan) 或你在參加英語課程 (譯者註)？

❧ 譯者註 ❧

對我來說，學習英語是急迫的事情。在 Krzemieniec 有人推薦我一位女士，她聲稱懂英語並且學費合理。事實上，學費真的是很合理，然而她也許真的懂英語，但是她教英語的理念，至少可以說非常的不正統。我是一位迫切想學英語的學生，當我到她那裡時，我的英語恰好只會一句格言，這是我從學校的一本偵探小說裡撿拾到的：

> 我喜歡濃烈的威士忌，也喜歡溫柔的女人。

不論這句格言能夠引起什麼情緒反應，它顯然不足以當作閱讀狄更斯 (Dickens, 1812–1870，英國小說家) 作品的堅實基礎。然而，我的老師卻選擇「聖誕頌歌」作為課程的開始。如所預測，我們都陷入絕望的困境。上了無聊的兩課之後，我請求無償並且結束課程。

在 1937 年的秋天，當我在 Lwów 為 Feniks 保險公司做精算工作時，我又繼續學習英語。這次我找了一位真正的英語行家 (Pro)，他的學費高的不合理，但是相當實在，他選擇一本名字叫做《一位英國人的日常生活》作為教科書，這本書沉悶與無趣到讓人無法想像。如果我是一位英國人，我想我會去控訴作者的毀謗罪，因為他寫英國人的日常生活空虛到連一點火花都沒有。無論如何，當我們進行到「身體的部分」這一章時，我的財務又開始吃緊，於是我選擇離開。

在那段期間，我一直利用讀英文寫的數學論文來磨練自己的英文。在某個時間點，我用盡全部的勇氣嘗試以英文寫出兩篇不長的數學論文，最後完成了。我立刻以相當於著名數學家 G. H. Hardy (1877–1947) 的膽量寄去給 Hardy (譯者註)，並且要求他（我用英文，天啊！）把

我的論文提交給倫敦數學學會的雜誌發表 (*Journal of the London Mathematical Society*)。在 1937 年 11 月 3 日，Hardy 回給我一封信:

> 親愛的先生:
>
> 　　我讀過你寄來的兩篇論文，我將會很高興把它們提交給倫敦的數學學會。
>
> 　　然而，最好是請你用法文重寫它們，因為裡面有太多明顯英文語法上的錯誤，甚至若把這些都修正過，讀起來一點也不是自然的英文。除了完全重寫之外，別無替代方法。

這讓我感到臉紅，於是我改用法文重寫。正當我要離開波蘭到美國去的時候，刊登出來了。

───────🕿 譯者註 🕿───────

Hardy 是英國劍橋大學的數學教授，世界知名的數學家，專研數論與分析學。他寫有一本科普書《一位數學家的辯護》(臺灣凡異書局有漢譯本)，表達他對數學的看法，非常精彩。他為純數學作辯護，主張數學無用論，恰好跟 Kac 不同。我從他的書中引出兩小段話:

1. 一位數學家，就像一位畫家或詩人那樣，都是模式的創造者。

   (A mathematician, like a painter or a poet, is a maker of patterns.)

2. 數學家的模式像畫家或詩人那樣，必須講究美; 觀念就像顏彩或字句，必須以和諧的方式結合在一起。美是第一個檢驗標準，醜陋的數學在世界上沒有立足之地。(The mathematician's patterns like the painter's or the poet's must be beautiful; the ideas, like the colours or the words, must fit together in a harmonious way. Beauty is the first test, there is no permanent place in the world for ugly mathematics.)

Hardy 和印度天才數學家 Ramanujan (1887–1920) 的相遇、相知與互相學習

的故事最為膾炙人口。Ramanujan 對數學有無窮深的洞察力，被譽為「深懂無窮的人」(the man who knows infinity)，並且「每一個數都是他的好朋友」。

Hardy 對我的一篇論文做了單純數學上的評論。這是有關於 Fourier 積分的那篇論文，而 Hardy 是世界上公認的這方面的專家。我非常感激他的評論，他說這篇論文的想法對他來說是新的。但是，我也很遺憾他對我的另一篇論文沒有任何回應。這是有關於正規曲線的內容，Hardy 對此確實很熟悉，但是我猜測，可能是論文太奇異或不夠奇異，才沒有引起他的回應。

儘管如此，我到 Baltimore 時，我的英語溝通能力嚴重不足。最困難的問題是我到餐館用餐時，我點的餐食拿來的經常不是我所要的。我最後解決了午餐問題，改到一家雜貨店 (drugstore) 用餐，它距離我的住處只隔一條街。我學會準確地說：「奶油，起士，三明治與咖啡。」不幸的是，為我服務的年輕男侍者總是回答說：「On toast?」我只能本能地以愚蠢的微笑作為回應。因為我得到的東西都是我喜歡吃的，所以結果令我滿意。我的微笑變成是默許的意思。我用隨身攜帶的《波蘭－英語、英語－波蘭口袋型小字典》，查 "toast" 的意思，只有得到一個解釋：「諸位，（這杯酒）敬國王陛下！」根據邏輯的推論，我假設 "on toast" 必是某種致敬的意思，我也持續採用這個假設。經過大約兩個星期，下面的儀式照樣在午餐時進行：

我說：「奶油，起士，三明治與咖啡。」

侍者：「On toast?」

我說（稍微彎腰且微笑）：「On toast!」

我稍微了解到似乎不太對勁，我只好去問 van Kampen。他的笑聲比我想像中善意的笑還要更長。最後他說：「你為何不至少一次採用否定的回答呢？你很快就可以了解 "on toast" 的意思。」我以微笑回答說：

「我不願意冒不禮貌的風險。」

多年後，更精確地說，在 1956 年的 1 月，在很不尋常的情況下，這個故事又再次提醒了我。我到英國的劍橋大學訪問，有位朋友邀請我在他所屬的學院一起用餐。這時經常發生的狀況出現了，我坐在兩位沉默寡言的紳士之間。我們的交談進行得不順利，最後只好放棄，改為專注於食物與美酒。在餐會結束時，坐在高桌 (High table) 的人走到喝酒與聊天的房間，有一位在我用餐時鄰座的人，趨前向我走來。

他問道：「你是從美國來的嗎?」

我說：「是的。」

「康乃爾大學嗎?」

「是的。」

「是一位數學家嗎?」

我仍然給予肯定的答案。

他舉杯說：「On toast!」

我不知道這個故事是如何傳到英國來的。

大約在這段期間，我終於弄明白 "on toast" 的意義。我被邀請去給個演講，這是在美國我第一次用英語所做的公開演講。我還記得，當我看到聽眾疑惑的臉孔時，真的有點害怕。還好，美國的聽眾通常都很有禮貌且容忍。加上英語具有不尋常的特性，就是能夠被摧殘到面目全非，人家還是聽得懂你在說什麼。

幾年後，Hans Bethe 告訴我類似的一個故事，是有關一位年輕遺傳學家的故事。這位遺傳學家在 30 年代末期來到美國的加州理工學院 (Cal Tech)。在當時，這裡是著名遺傳學家 Thomas Hunt Morgan 的老家，以及他卓著的果蠅遺傳學派的根據地。Bethe 的朋友在停留的早期被邀請做一個演講，他注意到，在演講的過程中，聽眾有時皺著眉頭。當演講結束後，有位聽眾把他拉到旁邊並且說：「這是一個最有

趣的演講，我們都非常享受。但是，也許你必須知道，在英文中兩種物種的交配叫做「雜交」(hybrid)，而不叫做「私生」(bastard)。」這就是語言的變化，讓人學習起來困難的地方。

在其它方面，一切事情都進行得很順利。Wintner 對我很滿意，並且寫信給我的老師 Steinhaus，稱讚我的優點。也許是 Steinhaus 的不當，他把信轉寄給我，因此讓我失去警覺，錯失提早察覺到 Wintner 對我的態度已經改變的跡象。一直到今天，我都還不知道，我們之間關係破裂的真正原因。

Wintner 是一位很有天分與原創性的數學家，但是因為某種原因，他沒有得到應有的承認。一部分的原因是他的錯，他似乎有發表欲的強迫症，以至於發表了許多原本應留在抽屜裡的東西。引用一句妙語來說，他的論文填補了太多「極需要補足的漏洞」(much-needed gaps)。這句話曾經歸功於我，但這是錯的。另外，我認為他的寫作風格是刻意設計來隱藏，而不是解釋清楚觀念。當然啦，他不只是在一個領域，而是在許多數學領域，都擁有豐富的好觀念。

他是一位深沉不快樂的人，或者他顯示給我看到的就是如此，當然我可以猜測到一部分的原因。在他的討論班上，探討量子力學的數學基礎，而他在 1929 年出版的《無窮矩陣的值譜理論》❶印刷的油墨未乾之前，不幸就被 John von Neumann 與 Marshall H. Stone 更容易了解並且具有決定性成就的光芒掩蓋住，這讓他極度的失望。本來是可以成名的傑作，一夜之間作廢 (譯者註)，這真是情何以堪。Wintner 這本書除了是以特殊的獨祕風格寫作之外，即使在今日仍然值得一讀，我就從這本書裡學到很多的東西。

---

❶ Aurel Wintner, *Spektraltheorie der Unendlichen Matrizen* (*Spectral Theory of Infinite Matrices*), S. Hirzel, Leipzig, 1929.

─────✿ 譯者註 ✿─────

這可以比喻為「月升燈失色，風起扇無功」。量子力學公理化的貢獻者有一長串的名字：Heisenberg, Schrödinger, Dirac, Max Born, Stone,...。最後在 1932 年由 John von Neumann 的《量子力學的數學基礎》(Mathematical Foundations of Quantum Mechanics) 總其成，要言之就是希爾伯特空間上自伴線性算子 (self-adjoint linear operator) 的值譜分解定理。另一方面，機率論的公理化在 1933 年由 A. N. Kolmogorov 的《機率論的基礎》(Foundations of the Theory of Probablity) 完成。兩者同時解決了希爾伯特在 1900 年於國際數學家會議上提出的 23 個問題，其中的第 6 個問題就是「物理學與機率論的公理化問題」。

　　雖然我和 Wintner 不交談，但是我們合寫了三篇論文，都請 van Kampen 當第三位作者。甚至有一篇還找了 Paul Erdös 當第四位作者。在我的論文選集裡，我只選上〈quadruple〉這一篇；其他兩篇就是先前我提到的填補「極需要補足的漏洞」這類論文。van Kampen 成為我很要好的朋友，他扮演著 Wintner 與我之間的溝通橋樑。有關我們跟 Wintner 合作的所有事情，我都委託 van Kampen 當「全權代理人」。因此我們三個人可以維持和平相處，平安無事。

　　所有的朋友都簡稱 Egbertus Robertus van Kampen 為 v. K.，他是我所認識的人當中最有趣且最多姿多彩的一位數學家。他出生在荷蘭，從小就是一位神童，1929 年在 Leiden 大學得到博士學位，當時他只有 19 歲。任何人只要知道荷蘭具有高度結構化的教育體系，就能體會到這是多麼了不起的事情。

　　在那段時間，約翰‧霍普金斯大學的數學系主任 F. D. Murnaghan 正在歐洲訪問，要尋找有才能的人來大學任教。在美國大蕭條之前，學術工作雖然不是很多，但是只要你夠好，要找到工作並不困難。van

Kampen 自然是極力被推薦的人，Murnaghan 提供給他一個 "associateship" 的職位，相當於助理教授的職位。據我所知，只有在約翰・霍普金斯大學才存在這種職位。van Kampen 接受了工作之後，他馬上就去申請美國簽證，結果被告知未滿 21 歲的人要進入美國必須有家長陪同。知名大學的助理教授到職，居然還要由父母押陣，那個畫面實在是荒唐到不可想像，所以學校就讓 v. K. 休假一段時間，等他年紀到了 21 歲再來。這段時間他選擇到 Delft（荷蘭西部的一個城市），去當 J. A. Schouten 教授的助理。Schouten 是荷蘭數學界的領導者之一。

在休假結束後，v. K. 抵達美國。在當時，大學教授、牧師、以及某些職業的人要移民到美國可以在各國的配額之外。v. K. 就是其中之一，拿的是令人羨慕的非配額護照。在移民局辦公桌上發生了一個故事，v. K. 被問及關於職業的例行問題時，他不回答「教授」或「教師」或甚至是「數學家」，而是回答「拓樸學家」（他著名的博士論文恰好就是拓樸群）。移民局官員一頭霧水，在非配額護照的職業欄裡無法找到拓樸學家。當 v. K. 嘗試做解釋時，移民局官員判斷他是一位精神有問題的瘋子。於是把他扣留下來，需要作進一步的審查。約翰・霍普金斯大學當局只好介入幫忙他脫困。v. K. 從不證實也不否認這個故事，這完全合乎他的個性。一方面他具有才智與世故，另一方面又擁有純真的童心，他是兩者的綜合體。

他是一位單身漢，在 Baltimore 的某些社交圈、校園裡外都身價很高，被需求得緊。他介紹許多他的朋友給我認識，有些也變成我的朋友。在 Baltimore 的 10 個月中，讓我對美國的認識更加豐富。我很難找到適當的字句來傳達壓迫感的解除，以及對自由的感受，還有浸潤在難以想像的解放感與不可思議的莊嚴之中。這是在不同層面下的生活，任何東西都比較多，例如，更多的空氣可以呼吸，更多的東西可以看，更多的人可以認識。四面八方都是友善、溫暖與輕鬆，社會上

人與人的接觸是那麼地自然。對照於波蘭，猶太與非猶太的界線，那麼牢固地劃分到達不可理喻的程度。只有一次，我聽到一個評論，即使是很微弱也提醒著我，那一條線終究是在那裡。就我所知，它是在天真無邪的情況下畫出來的。它發生在我離開 Baltimore 兩年後，在 1941 年的聖誕節左右，我回去看 v. K.，但是他住進了醫院裡。我就把握機會先去看一位特別要好的朋友，還有一位可愛的女士。這位女士在我到達約翰·霍普金斯時就收我為義子。

我告訴她：「Z. M.，我要結婚了。」

她問：「她叫做什麼名字?」

我說：「Kitty, Katherine Mayberry.」

她稱讚說：「太棒了，這會讓你更成為我們的一員。」

我詳述這個生活上的小插曲，為的是要強調，當一個人曾住過像波蘭這樣的國度，就會變得多麼地敏感，甚至是神經質。(Kac 意識到原來他不被認為是同夥的，跟 Kitty 結婚才被認為是同夥的。)

作為一位單身漢，v. K. 的經濟財力算是相當不錯的，這讓他沉迷在各種奢侈品之中。他購買 Buick 的名車，使得一些保守人士感到駭異，因為買這種名車是一種財富上的炫耀。在那時，駕駛比你「上司」更名貴的車子，是一種非常不當的行為。

他收集可觀的茶葉與起士，他會做非常好吃的起士蛋捲。他經常邀請我吃晚餐，其中就有起士蛋捲、法國麵包、紅酒，最後一道是外國進口的好茶。他收集的起士，分成初等的、中等的與絕妙上等的。他曾開玩笑說，他的雄心是要找到一種起士，當你走近它時，它必會溜掉（得不到之意）。

他是真正的好朋友。如果我的敘述看似平凡，那是因為我找不到更好的字句來描述。他幫忙我的事情，比我述說的要來的更多，在我最困難且最關鍵的時刻，他借錢給我，救了我的生命。

　　當我回顧我的一生，我驚異於那些曾經發生在我身上的事情，簡直是不可能的巧合。有一些貴人，他們互相獨立，但是互相合作，讓我免於落在德國 Auschwitz 與 Belsen 集中營的爐火裡。這些貴人是：在華沙的教育部參事 Antoni Marian Rusiecki，他給予我更多學習數學的動力；「發現」我的 Marceli Stark；在 Lwów 大學的 Hugo Steinhaus，他型塑我成為一位數學家並且將我的數學能見度提升到超出一般水準之上，又幫忙我得到唯一的獎學金，這是我存活的護身符。還有，在大西洋這岸（美國），Murnaghan 以及 van Kampen，他們對我的幫忙絕對不少於前述的幾位（真是奇妙的因緣際會）。

　　在 5 月時，我的護照快要到期了，而且我的錢也將要用光。我有回程的船票（事實上，我現在仍然擁有它），這是在華沙的美國領事館要求我必須購買的（我猜測，這是為了節省必要時遣返我的費用）。更要命的是我痛恨回波蘭，也看不見其它可行的道路。就在這個關鍵時刻，Murnaghan 伸出援手解救了我。完全出乎我的意料之外，他叫我到他的辦公室，說要提供協助。他告訴我，「你回國太危險了（彷彿把我當作不知道這件事！），並且戰爭可能隨時會爆發。」他要幫我處理護照延期的問題，並承諾若在秋天前所有的辦法都失效，他要讓我在一間夜校教一門課。我經常這樣想，如果我在波蘭早一年得到獎學金，那麼 Murnaghan 就沒有迫切性的理由介入我的問題，我必然要返回波蘭，那是死路一條。命運太奇妙了，我第一次沒有申請到獎學金，當時我覺得是可怕的打擊，現在看起來卻是因禍得福。這足夠讓人相信，我是幸運之星誕生的。

　　我已不記得細節，但護照延期及時的到來，讓我終於可以輕鬆的呼吸了。接著是我的飲食成了問題，因為我的錢已用盡。我在波蘭的家庭與朋友也許可以擠出一點錢，雖然我的需求不多，但是時局嚴峻，從波蘭匯錢到國外簡直是不可能。這個問題在我未開口之下，van

Kampen 就主動借錢給我。因此，我才得以度過那個夏天的時日。

　　在 Baltimore-Washington 地區，夏天是出名的炎熱與潮濕。在 1939 年的夏天，天氣是最糟的一次。我當然從未經歷過這種情況，那彷彿就像在地獄一般。溫度幾乎從未低過華氏 90 度（約攝氏 33 度，換算公式為 $C = \frac{5}{9}(F-32)$），並且濕度也同步攀高。沒有任何的微風，夜間幾乎比白天更糟糕，因為人們都期盼夜間會好過一點，但是並沒有。每位能夠逃離地獄的人都逃離，但我還是單獨留了下來。我到 Rowland Hall 圖書館消磨一些時間，勉強捱過早上。我甚至不想上到我在頂樓的小臥室，那裡的溫度比外面還要高 10 度。在當時，冷氣設備還不普及，我很懷疑政府機關在夏天的月份是如何運作的。

　　從歐洲傳過來的壞消息，已經不是戰爭開打或不開打的問題，而是戰爭會延續多久以及那會是何種的戰爭。我不認為，人們能夠想像得到將要來臨的恐怖。事實上，Barbara Poniatowski 寫給我一封樂觀的信，她是 Juliusz Poniatowski 唯一的孩子。Juliusz 是我在學生時代 Lycée 中學的校長，Barbara 則是在 Lycée 的同班同學，我們一直保持相當密切的連絡。她是一位有才氣與睿智的人，幾乎對所有的偏見與不義都富有同情心與容忍的雅量。她可能覺得，只要有正當的道理就足以佔優勢（有理走天下）。她相信人類善良的精神力量終究會戰勝野蠻的邪惡力量。這一直是波蘭歷史的一個主調，也許是最高貴的情操。

　　Barbara 的父親在當時是農業部長以及農業改良的成員，所以他是政府的高級官員。政府官員的看法是否是如此的不一致，以至於對於將要來臨的大災難沒有一點警覺？或者是，剩下的人接受了希特勒的神話，認為英國與法國都不是他的對手？

　　當波蘭政府流亡時，Barbara 並沒有伴隨她的父母。反而，她參加了地下組織，在一次華沙的暴動中被殺死。她的母親則死於流亡的途

中，但是她的父親在戰後回到波蘭，成為一位農業經濟學的教授。他不喜歡流亡生活，因為人會變成無用的存在，所以他覺得即使他不贊同當下的政權，也應該要為要國家做一些正面的貢獻。我回波蘭訪問時見過他好幾次面，他是一位孤獨的老人，具有打不敗與壓不扁的精神（壓不扁的玫瑰）。

　　戰爭的來臨如同 Baltimore 的天氣變得不可忍受。不到幾天波蘭的抵抗就瓦解，政府被迫流亡。先逃到 Krzemieniec 停留很短的時間，然後再逃到羅馬尼亞。又過了幾天後，我的家鄉變成了滅亡國家的首都。

　　早上醒來，我讀報得知 Krzemieniec 被德軍轟炸，同時也接到一封電報。我心想，裡面必含有我的家人被殺或受傷的消息。然而並非如此。這是康乃爾大學的 W. B. Carver 拍來的電報，要提供我一個講師的職位，年薪是可觀的 1800 美元。幾天之後，我又接到一封信來確認這件事情，但是加了一個令人氣餒的條件：空缺的產生，是由於系裡一位正職教師無預期地突然離開。因此，無法期待再重新聘任，我只是暫時代理這個缺額而已。

　　回到幾個月前，在 1939 年的 1 月，我第一次參加了美國數學會在紐約舉行的第一階段的研討會。我做了 10 分鐘的演講，很幸運的是，Norbert Wiener 恰好坐在聽眾席上。在兩節之間的休息時間，我們在走廊上相遇，他在不同的情況下稱讚過我三次，每一次他都把自己介紹給我。下一次我見到他是在三個月後的 4 月，我開車載他與他的夫人，還有兩位女兒從 Baltimore 到普林斯頓。他對我的認識並不多，但是事後我才知道，他以最強烈的字眼推薦我到康乃爾大學任教。我們變成堅實的好朋友，但不親近。甚至有一次我們一起到 New Hampshire 的白山 (White Mountains) 去滑雪。所有認識我或他的人聽到這件事真的發生過都難以置信。

　　在 1 月的數學會上，我也第一次遇到 Paul Erdös (1913–1996)。從

此我們變成終身的好朋友，並且在兩個不同的情況下合作過。第一次的合作是在我們相遇不久後發生的，並且是在某種戲劇性的情況下。這個故事曾經被說過兩次而且形諸文字，它可以站得住腳，所以在這裡我希望再說一次。

我已經提過，在 Lwów 的最後一段時日，我開始在數論裡尋找獨立性的意義。第一步很簡單，在自然數系裡，考慮可被質數整除的事件。在下列意味之下，被不同質數整除的兩個事件是獨立的，例如：

可被 2 整除的自然數有 2, 4, 6, 8, … 。它們都是偶數，佔有自然數的一半，所以機率為 $\frac{1}{2}$。

並且

可被 3 整除的自然數有 3, 6, 9, 12, … 。亦即有 $\frac{1}{3}$ 的自然數可被 3 整除，所以機率為 $\frac{1}{3}$。

同理

有 $\frac{1}{6}$ 的自然數可被 6 整除，所以機率為 $\frac{1}{6}$。但是一個整數可被 6 整除必可同時可被 2 與 3 整除，反之亦然。因為

$$\frac{1}{6} = \frac{1}{2} \times \frac{1}{3}$$

所以機率的乘法規則悄然來到我的心中。這個幾乎是顯然的觀察，當然可以推廣到任何有限多個質數的情況。

第二步也沒有比較困難，但是它需要在某種熟悉的制約條件下直觀思考。因為我跟 Steinhaus 合作過，所以有很自然的直覺反應，我告訴自己：

只要有獨立性的地方，就必然有正規分布律 (譯者註)。

━━━━◆━━◆◆ 譯者註 ◆◆◆━━━━

這可比美於古希臘哲學家與數學評論家 Proclus (410 – 485) 喜愛說的一句話：有數的地方，就必然有美。(*Where there is number there is beauty.*) 大量獨立隨機變數之和，它的分布就會趨近於正規分布，這是中央極限定理的內涵。

詳細進行第二步也相對地簡單。我只需要引入一個形式的語言。假設 p 為一個質數，m 為一個自然數，我們定義一個函數：

> 若 m 可被 p 整除，則令 $X_p(m) = 1$；若 m 不可被 p 整除，則令 $X_p(m) = 0$。

這跟丟一個銅板完全一樣。那麼令

$$S(m) = X_2(m) + X_3(m) + X_5(m) + \cdots, \quad \text{其中指標皆為質數}$$

此式表示 m 的質因數個數。函數 $S(m)$❷在數論中已經有相當多的研究。進一步，諸 $X_p(m)$ 為獨立的函數，在某種意味下，它類似於上一章所述的餘弦函數。因此，尋找 $S(m)$ 在什麼條件下會遵循正規分布律是可以期待的。由 $S(m)$ 通往正規分布律的大門似乎可以打開，甚至要猜測最終的答案也不是很困難。但是面臨到要證明時，我卡住了。在這裡不適合精確說明卡住的是什麼東西，只能說它是常見的困難問題，就是要驗證取極限的可交換性。分析學家與數論家經常受到這個病症的折磨，並沒有普遍的藥方可醫治，而每一種病況都需要找各自的藥方。

　　在那個時候，我對數論知道得很少。我嘗試從純機率論的思考方

---

❷　例如，若 $m = 60$，它的質因數為 2, 3, 5，因此 $S(60) = 3$。我們也可以驗知 $S(4) = 1, S(40) = 2$。

向來尋找證明，但是沒有成功。在 1939 年 3 月，我從 Baltimore 到普林斯頓去做一個演講。那時 Erdös 正好待在高等研究院一年，他也坐在聽眾席上，在我的演講過程中，他大部分的時間都處在半瞌睡的狀態。在結尾的地方，我簡略描述了關於質因數的個數問題，以及所遇到的困難。Erdös 聽到我提到數論時，立刻就清醒過來，並且要我再解釋一下困難的所在。在接下來的幾分鐘，甚至在演講結束前，他打岔宣佈，已經找到解答!

有關 m 的質因數個數 $S(m)$，最後的結果如下: 對於滿足

$$\log\log m + a\sqrt{2\log\log m} < S(m) < \log\log m + b\sqrt{2\log\log m}$$

的自然數 m，在自然數中所佔有的比率（又叫做密度）就是正規曲線

$$\frac{1}{\sqrt{\pi}}e^{-x^2}$$

在區間 $[a, b]$ 上所圍成區域的面積。

如果我說這是一個美麗的定理，希望讀者原諒我的不謙卑。正規分布律，本是賭徒、統計學家與觀測家的資產，但是現在這個定理標誌著它從此也進入數論的領域。如我在先前所說的，它開始為古老的數論催生了一門新的「機率論式的數論」(譯者註)。

―――　❧ 譯者註 ❧　―――

英國數學家 Augustus De Morgan (1806–1871) 說:「神祕的 π 進入每一道門、每一扇窗戶以及每一根煙囪」。現在 π 也進入數論之中，更加顯示 π 的普遍存在。

現在回想起來，這就像兩條河流突然奇蹟式地匯流在一起，產生了我們的結果。我們每一個人都在各自拿手的領域裡，各自做出一些

貢獻，幾乎都是例行的東西，而且我們也不熟悉對方所擁有的內在知識，但是所有的東西卻很奇妙地碰撞出火花，構成了我們成功的要素。

在 1939 年的時候，要把數論家與機率學家拉攏在一起，時間確實還是早了一點。Erdös 與我的合作只是一個開端，因為 Erdös 對於數論的 Viggo Brun 方法，在知識與理解上幾乎都是獨一無二的，這是決定性的關鍵，而且我所補上的也是最深刻的一個要素，那就是我可以從 Steinhaus 的眼光來洞穿獨立性與正規分布律的緊密關連。

我們把結果寫出來發表，幾個月之後刊登在國家科學院的匯報 (Proceedging of the National Academy of Sciences) 上。我花了比較長的時間寫出細節，因為我必須完全消化 Erdös 某些部分的論證。論文的標題叫做〈在數論加性函數理論中的高斯誤差率〉(The Gaussian Law of Errors in the Theory of Additive Number Theoretic Functions)，在 1939 年 12 月，我從康乃爾那裡投稿出去，並且在 1940 年刊登出來。

我但願可以報告，論文的出現可以提升我們的聲望，但是事與願違。事實上，我們的論文幾乎不被知曉，這也許是由於戰爭的關係，也許是論文沒有寫得好，因為那是我負責書寫的，所以這是我的錯。更大的可能是因為這個論題在當時有點古怪神祕，所以它並沒有被廣泛討論，直到 50 年代，這個論題才開始起飛。不過在那個時候，我已改做其它東西了。

Paul Erdös 確實值得有一本完整的傳記來記錄他美妙的一生(譯者註)。但是，在此我要對這位傳奇性人物作個驚鴻一瞥。因為他在行為與觀點上都具有十分的怪癖（例如，他在 70 年的歲月中，從未擁有一個固定職位的工作），所以人們可能只認識到他是一位最有才華與原創性的數學家，而鮮少知道他是一位極其精采的人。他親切、慷慨又富有同情心，有時甚至超過分際。他幾乎具有聖者所有的特性，包括對不公不義與對邪惡永不妥協的立場。然而，聖者不是容易了解與相處的人，

當然 Erdös 也應負一部分的責任。其中最嚴重與滑稽的事情就是他和美國移民局的打交道。

──✑ 譯者註 ✑──

Erdös 一生未婚，把生命奉獻給數學，他可以說是「整個身體與靈魂皆為數學的呼喚而活的人」。在臺灣已出版一本 Erdös 的傳記，是從下列這本英文書漢譯而成的。Bruce Schechter: *My Brain is Open, The Mathematical Journeys of Paul Erdös*, 1988. 曾蕙蘭譯:《不只一點瘋狂──天才數學家艾狄胥傳奇》。臺北先覺出版社, 1999。

Erdös 有一個奇怪的原則，他反對當最強盛國家的人民。因此，他雖然擁有美國的永久居留權，但是從未去申請成為美國公民。在 1952 年，國際數學家會議在荷蘭的阿姆斯特丹舉行，邀請 Erdös 做一個演講。他出國必須申請再入境美國的許可證，這是每個擁有永久居留權的人必須做的事。在通常的情況下，這是一個簡單的例行公事。但是在 1952 年，沒有什麼事情是簡單的例行公事。Erdös 被美國移民局叫去面談，他嘗試對一位官員解釋，為什麼經過 10 年以上的居留，卻沒有去申請美國公民的身分，結果他被拒絕再入境。我猜測理由是准許這樣的人再入境不符合美國的最佳利益。這個愚蠢且完全不當的官僚行為激怒了 Erdös (即使聖人有時也會生氣)。在沒有入境美國的許可證下，他來到了歐洲，根據當時的移民法，他無法再進入美國。他實際上變成一個沒有家的人，只擁有匈牙利的護照。在當時，這不是一本方便雲遊世界的護照。但是，Erdös 必須雲遊世界 (至今他仍然喜歡這樣做)，因為對他而言，幾乎不可能建立一個永久或半永久的家。幾年前，他得以回到美國，因為拒絕 Erdös 偶爾的入境來訪，已經不符合美國的最佳利益。

作為一位數學家，從其它領域來看，Erdös 都可以被稱為「天生的專家」。如果一個問題可以敘述成他能夠了解的情況，那麼他可能比該領域的專家更快找到答案。舉個例子來說，有關拓樸學的維數問題，在 1939 年時他完全不懂。已逝的 Witold Hurewicz 與一位年輕同事 Henry Wallman 合作寫了一本維數理論的書，後來被公認為經典名著。他們對於希爾伯特空間中，有理數點集的維數感到興趣。這個問題除了很難之外，似乎不太重要。但有一個「自然的」猜測：答案是 0 或無窮大。Erdös 在普林斯頓舊范氏館 (Old Fine Hall) 的聊天室無意間聽到幾個數學家在討論這個問題，Erdös 趨前問道：「問題是什麼?」然後 Erdös 聽到了不耐煩的說明。他再問：「什麼是維數?」這再度洩漏他對這個領域的完全無知。為了安撫他，他得到了維數的定義。在一個多小時內，他求得答案是「1」，這讓每個人驚奇無比。

Erdös 的工作大多是有關於初等數論。請你千萬不要被「初等」愚弄了。這只有敘述是初等的，證明通常需要非凡的巧智，雖然很少用到精深的或高等的數學工具。他的心靈傾向是組合式的，粗略地說，他依賴於**分類** (classifying) 與**點算** (counting)。即使是處理超限數的問題時，他也是採用分類與點算的方法。讓我趕快補充一句話，分類與點算是數學中最困難的思考活動。

數學是 Erdös 的生命。雖然他對於許多事物都有興趣（政治是其中之一），但是這些都只是次要的。對他來說，數學才是神聖的呼喚。

在 1947 年，我與 A. J. F. Siegert 合寫一篇論文，建基在戰爭期間我們在 MIT 放射性實驗室的工作。論文發表在應用物理學的期刊 (*Journal of Applied Physics*)，我接到 Erdös 的一張明信片，上面寫了一句話：「我為你的靈魂祈禱」。他提醒我，我可能從真正的美德走入歧途。事實上，我確是如此。(Erdös 提醒 Kac 做的是跟戰爭有關的研究。)

當我正準備要離開 Baltimore 的時候（1939 年），一件不可預期的

紛擾事件發生了。數學系裡有一位年輕的教員 John Williamson，帶著家人回蘇格蘭的故鄉度暑假，但是由於戰爭爆發而滯留回不來。系主任 Murnaghan 判斷，Williamson 無法在學校開學之前及時趕回。於是打算把他那一學年的職位提供給我。

　　我還未正式接受康乃爾的聘任，所以在熟悉的環境再待一年似乎是誘人的。另一方面，因為我和 Wintner 的緊張關係讓我很想遠離，現在我有一個機會可以辦得到。說真的，我不知道該何去何從比較好。我打開地圖來看，發現 Ithaca（康乃爾大學的所在地）位在遙遠的地方，在一個湖的南邊。這是一個古怪而有趣的湖，名叫 Gayuga。我向朋友詢問，得到的確切答案只有一個，那就是康乃爾大學有一支很強的足球隊。

　　因此，事情仍然回到原點的二選一 (To be or not to be)。再一年不跟 Wintner 說話，或是到一個未知的新天地。最後，我選擇了後者。事後證明，從各方面看來，這是最幸運的選擇。因為 Williamson 一家人安全地避開德國潛水艇的攻擊，在開學之前及時趕回 Baltimore。

　　離別的時刻終於來臨，我搭上一班灰狗汽車，微帶感傷，開始駛向未知的新天地。Baltimore 的特色是房子漆著白色的階梯，汽車開動後就一排一排地向後倒退，越離越遠。我懷著敬意，向未來問候，並且用數個月前我還不知其意的 "On Toast"，開懷地說：

　　向 Ithaca 致敬！(On Toast, Ithaca!)

6.

在康乃爾大學的歲月(I)
1939–1961

The works of the LORD are great, Sought
out of all them that have pleasure therein.
造物者鬼斧神工的傑作，把它們找尋出
來，已是樂在其中。

－Cavendish Lab 的入門標語－

譯者摘要

Kac 在 1939 年的 9 月底，從約翰・霍普金斯轉換到在 Ithaca 的康乃爾大學，這跟 Norbert Wiener 強力的推薦有關。這是他一生待過最久的地方，總共是 22 年，所以他認同這裡是他的故鄉。

　　康乃爾大學的美麗，自由與優秀的學術氣氛，讓 Kac 的欣喜溢於言表。大學的創校理念，在當時是具有革命性的前瞻眼光。有偉大的大學才會造就偉大的國家，這就是美國。

　　Kac 敘述他初到康乃爾大學美好的第一印象，認識許多新同事與朋友，以及經歷的許多有趣事情。他也介紹康乃爾大學創校時（1865年）的前瞻與充滿理想，令人嚮往。

　　Kac 到康乃爾馬上就經歷第二次世界大戰。在戰爭期間，大學擔負訓練軍人的角色，以及戰後的復原與重建。總之，康乃爾大學讓 Kac 的學問精進且豐收。

紐約的 Ithaca 是我居住 22 年之久的家園。我居住在那裡，比世界任何地方都要長久。在那裡，我遇見了 Kitty（即 Kac 的妻子），並且育有兩個孩子。從各種意義來看，這裡就是我的故鄉。我的根雖然是在波蘭的 Krzemieniec，但是它已經被撕裂並且被野蠻地毀滅。

我抵達 Ithaca 是在 1939 年 9 月 24 日星期日，接近半夜時分，為的是要就任康乃爾大學數學系講師的職位。這個星期天恰是夏日時間的結束日，因此對於汽車與火車的時刻表造成許多混亂。我搭乘灰狗汽車 (Greyhound) 由 Baltimore 出發，換了兩次車子才完成整個旅程，並經歷了 14 個小時。我必須住在旅館一個晚上，我既不待在車站，也不住在車站對面的旅館（我住到一半必須換不同的旅館，以對抗床上那些可惡的臭蟲），我的心懷著對未來光明的期盼。我用波蘭語喃喃自語地說：「我是在一個什麼鬼地方?」最後終於睡著。

早晨帶來輕鬆與愉快的驚奇，這個城鎮看起來很適合居住。但是，我仍然持著懷疑的態度，直到城市公車把我帶到校園長斜坡的頂端放下。雖然沒有人為我解說校園的美景，但是在一個有陽光的早晨，美麗的校園敞開在我的眼前。校園的步道與草地展現著寧靜的美，跟北邊的擁擠成了尖銳的對比。這些，再加上遠處碧藍的 Cayuga 湖澄澈的景色，讓我深信，不管這裡為我儲藏什麼，我必會置身在這個莊嚴而富麗的環境中工作。

我被引導去 White Hall，顧名思義，我以為「建築物是白色的」。這個小無知延遲了我對它的認識，但是我很快就發現這是錯的。White Hall 是康乃爾大學最原始的三棟建築物之一，其他兩棟為

Morrill Hall 與 McGraw Hall。它們屹立至今，相當靜謐，互相緊鄰並俯視著一個很大的四方庭院。

在進行註冊的那天，我就遇到大多數的新同事。這是我第一次接觸幾乎全是美國人所組成的學術環境。在約翰·霍普金斯時，我的周遭都是從其它國家來的外國人：Murnaghan 是愛爾蘭人；其他資深的教授，例如 Oscar Zariski 來自東歐，在義大利接受教育；Wintner 出生於匈牙利，在德國接受教育；v. K. 為荷蘭人；Williamson 是蘇格蘭人，他的工作職位差一點被我取代。

在康乃爾大學的數學系，只有一位講師 Fritz Herzog 不是土生土長的美國人。他是從德國逃出來的難民，但是他企圖透過閱讀喜劇來讓自己加速美國化。然而，當他第一次偶遇大力水手 Popeye 說 "I yam what I yam"（I am what I am 的訛音），並且發現 "yam" 就是美味的馬鈴薯，他就放棄這方面的努力了。我不想去打探這個喜劇的真相，雖然多年後，我開始有點不情願地稱讚著名的 Pogo 漫畫。

Walter Buckingham Caver 是提供職位給我的人（上一章提過的「無法期待再重新聘任」的事情），他剛從系主任的職位退休，接替者是 Ralph Palmer Agnew，朋友都暱稱他為 Ag。後來 Ag 變成我終身的好朋友。在 Ag 當系主任的 10 年期間，他犧牲個人，奉獻給數學系。他在系風與觀點上大作改變，為數學系走上全國的領頭學系鋪路。Ag 是一位優秀的數學家，也是一位行政的長才。對於後者，我的意思並不是說他是一位爛好人。相反地，他有時被嚴厲地批評，但是他都堅持他的信念，並且他大多數的爭議性決策，在事後都證明他是對的。

他出身於農家（誕生在一個農業小鎮，如果你敢相信的話，地名叫做 Poland, Ohio），他的許多特點都跟這個硬底子的生長環境有關，特別是他不屈不撓的精神。系主任要當主席面對數學家開會，若比其他人更傾向於準備為自己的政策作辯護，這是一種無價的資產。Ag 避

開緊急事件的方法是先預測它們，然後在它們發生之前就開始行動。例如，當美國參戰後，他預知不久將會有大量的士兵與海上作業人員被送到大學做某種技術訓練，於是會需求大量的初等數學課程。因此，他很早就開始收集大學教員的資訊，找出哪些人還記得足夠多的高中數學與大學數學，以備用來教授高中代數、平面幾何學、以及可能的一些三角學。

這些準備確實是充足的。果然在 1943 年 6 月，有六百多位新兵來到，接著是六百多位海軍 V-12s 的軍官，包括三百位海軍陸戰隊的隊員。如果我的記憶正確的話，軍隊不定時的到來，使得在某個星期五與下個星期一之間出現欠缺 20 班左右的教師。經過 Ag 在週末密集打電話給他的「儲備名單」後，問題就解決了。因為他的組織天才與預知能力，在那個星期一，讓事情進行得井然有序，而不是一般預料中的手忙腳亂。

在 Morris 主教寫的《康乃爾的歷史》裡，雖然沒有提到 Ag 在事前辛苦的準備工作，但是對當時的狀況作了如下的總結：「在古典文學與哲學領域的優秀權威學者，他們也可以教海軍人員的三角學。由此可見在從前，亞里斯多德可以教出 Bowditch❶。」

當然，「荷馬有時也打盹」（Homer sometimes nods. 仙人打鼓有時發生錯誤）。我記得發生過一個特殊的狀況，造成我們相當的懊惱。Ag 有一位「儲備教師」個子高大魁梧，是從音樂系來的人，他第一次上課，就採取打混仗的方法，例如開頭就這樣說：「各位同胞，我對這門課所懂並不多，因此，我們就來互相教學吧。」致命，這是絕對的致命! 在國家緊急的時候，根本沒有商量的餘地，唯一的解決辦法，就是剔除掉這位教師。

---

❶ Bowditch 為航海人員寫了一本書：Nathaniel Bowditch (1773–1838), *Useful Tables from the American Practical Navigator*.

　　因為教員必須轉行教學，又發生這件事，所以 Ag 必須經常留意找尋適任的教師。我回憶起他如何僱用其中的一位教師，那時我正好在他的辦公室，有一位灰髮但看似年輕的人走進來，或描述為滲進來更佳，因為他顯然是侷促不安的。他說：「我被告知，你可以推薦一本線性代數的書給我，偏向於應用到計量經濟學方面的書。」Ag 告訴我，這位顯然是有希望的候選者。由於這位訪客沒有自我介紹，所以 Ag 問道：「要如何稱呼你的名字呢?」訪客回答說：「Johnson.」（我姑且隱藏他真實的名字）。Ag 打量他約有 10 秒鐘之久，然後用不尋常的音量大聲的說：「Johnson，坐下。」在我們每個人的面前，最不堪的就是 Johnson。然而，他得到獲准去教 V-12 這一班的海軍人員。後來我們發現，他是一位常年獨自過著隱居生活的學生，並且很在意他自己的表現。當他第一次上課的這一天，實際上是我和 Ag 拉著他到教室去的。事後證明，他是我們最好並且最成功的教師之一。Ag 這樣評論他：「我們把他造就成才。」

　　我自己的教學生涯，是從註冊完成後一天或兩天開始。我必須教兩門課，大學代數學與三角學，每週要上 12 小時的課。這兩門課都是屬於中學的課程。大多數的美國大學已不教這種微積分的先修課 (pre-calculus)。這是我第一次對美國學生講授這種課程，因為我在約翰·霍普金斯時，大學部的教學都歸於特別挑選出來的一小群教員來負責。我沒有機會接觸到這種美國式的教育。在康乃爾，研究所的學生是從大學部的學生培養出來的。在當時，研究生的人數很少，他們全都當教學助理 (teaching assistants)。

　　我的第一個大學部班級，可想而知是由一群美好的男孩與女孩組成的，但是他們的預備知識比較弱。等到第二學期，我開始講授微積分，更加顯現出他們基礎知識的不足。為了公平起見，我必須說，我講的英語仍然不是完全可靠的，他們可能沒有完全聽懂與理解我講的

課（例如，我習慣將 "substraction" 按照法文 "soustraction" 的字面來讀，直到有一位學生改正了我的發音）。

在我三角學的班級裡，讓我感到非常驚訝的是有一些學生宣稱從未聽說過畢氏定理 (Pythagorean Theorem)。一開始我認為這可能是因為我對 Pythagoras 的發音古怪或不正確所造成的，但是這個解釋顯然不成立。接著我對學生說：

> 當 Pythagoras 證明了他的定理後，他是如此的神采飛揚，以至於宰殺了一百頭牛，獻祭給希臘的諸神，以感謝諸神給予他的靈感與啟發。自從那時候開始，每當有一個真理被發現時，所有的牛隻都在發抖。這些事情你們知道嗎？

我引用的是 Heine 著名的故事，結果沒有人笑出來。從此，我只好改變為比較初等的幽默。

康乃爾大學的數學系很小，但是特別和樂友善。我們總共有 13 位駐守的教員，有兩位休假。只有三位是教授：剛升任的 Ag、以及屬於「老前輩」的 Walter Buckingham Carver，還有 Wallie Abraham Hurwitz。

Carver 在 1907 年左右來到康乃爾。他在約翰・霍普金斯得到博士學位，指導教授 Frank Morley 是作家 Christopher Morley 的父親。Carver 似乎沒有做出多少原創性的研究，但是他終其一生都活躍在美國的數學學會。廣泛地說，他的主要任務是負責經營數學社團。數學學會所發行的刊物就是《美國數學月刊》(*The American Mathematical Monthly*)，這是一個非常獨特並且是我所喜愛的一個數學雜誌。學會在華盛頓特區的新辦公處，其中有一個房間專門保留用來紀念 Carver。

Carver 是優秀且忠於職守的一位教師。在我的心目中，他體現了美國在世紀轉換的所有美德。我不確定對美國世紀轉換所構成的意象，也不確定在今日這個意象是否有任何的基礎。但是，不論對或錯，這

對於 Carver 而言是適切的。他雖然是一位堅定的共和黨員，但是他秉持著公正與容忍，確切地說，他是一位自由派，雖然這個詞已被嚴重的濫用。他引領我得到一個驚奇的發現，那就是：最佳的自由派經常是最明智的保守派。不幸的是，這種人太稀少了。如果在一個犯罪的審判中，我會很高興地將我的生命信託予他，我希望由 12 位 Carvers 組成的陪審團，但前提是我無罪的情況下。

　　Carver 的妻子 Jean 與他們的三個兒子引導我進入足球的世界。在康乃爾早期的日子裡，某個星期六我被邀請到 Carver 家共進午餐，他們的一個兒子把觀賞下午足球賽的票送給了我。吃完午餐後，所有的人都躺在地板上，還放置一張畫著球賽場地圖的大紙板，並且為我解釋比賽規則。然後我們轉往運動場觀看足球賽，然而我看過好幾場比賽之後才抓到要點。但是，我從未真正變成足球迷。

　　數學系的另一位元老是 Wallie Hurwitz。在康乃爾的數學家之中，他是我唯一熟悉的一位。他和他的朋友兼同事 David C. Gillespie 合寫過一篇論文，曾經引起 Banach 及其團隊的注意。他比 Carver 年輕好幾歲，他父親是猶太德國裔的移民，在 1870 年就移民來美國，並且定居在 Missouri。當時他父親必然是年輕的企業人。居於某種理由，他父親採用騾子隊當做旅行的工具，在 19 世紀的 80 年代，曾遠赴鹽湖城 (Salt Lake City)，這趟旅行在當時必須要有相當好的體力與耐力才行。Wallie 在 Missouri 的 Joplin 出生。他的一生中可能看過騾子，但我確信他不曾靠近過騾子。他是家中唯一的孩子並且體弱多病，這讓擔心他的父母對他過度溺愛與焦慮，因為他的父母曾經失去第一個孩子。而他身體上的弱點，卻由學術上的早熟得到補償。他很快且很容易就完成了 Missouri 大學的課業，然後到哈佛大學的研究所攻讀數學。不久，他得到 Sheldon 出國進修的獎學金，他選擇到德國的哥廷根大學。在偉大希爾伯特的指導下，獲得博士學位。希爾伯特正好也

是 Steinhaus 的老師。他們兩人在哥廷根的停留時間有重疊，但是沒有人提到相遇的事情。Wallie 在 1912 年到康乃爾，並且終生都待在那裡。他在 1958 年過世，享年 71 歲。

在 1914 年，他與他的朋友兼同事 Louis Silverman 講師合作，寫了兩篇關於可求和性的方法 (method of summability)。不幸的是，作者的功勞被德國更有名氣的 Felix Haussdorff 搶走。其實，他們都是獨立發現的。再一次發生了「馬修效應」(Matthew Effect)。在 1937 年，Gillespie 過世，Wallie 只有 52 歲，他放棄活躍的數學研究。他教高等數學課程，並且參加 Oliver 數學俱樂部每週一次的聚會，他給予可信服的評論，或提出深刻的問題。但是他放棄追逐數學，有禮貌且堅定地拒絕了 Ag（曾是他的學生）和我所提出引誘他合作研究的機會。這實在令人婉惜。他具有優秀的心靈且知識深廣。

Wallie 是一位真正古怪的人，並且是校園裡特殊一景的標誌人物。他獨身一輩子，相當富有，但在生活上非常節儉，以至於看起來有點像是貧窮的人，甚至有被遺棄般的悲哀。每隔 2 或 3 年，他的一位朋友就要開車來帶他到紐約的 Rochester，經過討價還價，才購買三件相同的灰色襯衫。他依序穿這些襯衫，亦即先穿一件，直到穿破為止才開始穿第二件。他不開車，雖然謠傳他曾嘗試學習美國藝術的精品（指汽車），但終究是放棄，因為車子曾經碰撞損毀，並且幾乎要了他的命。

書籍與音樂是 Wallie 的生活重心。他私人圖書館的藏書接近三千冊，其中有些是極稀有的珍本。他的嗜好之一是收集密碼學方面的書籍。在戰爭的早期，美國海軍曾向他借閱一些密碼學的書，因為在國會圖書館裡找不到這些書。他喜愛 Gilbert (1836–1911) 與 Sullivan (1842–1900)（維多利亞時代搭檔的劇作家），並且對他們有許多迷人的收藏，包括 G&S 的樂譜、節目表、評論以及大事紀錄。Wallie 對音樂的知識已接近專家的程度。雖然他會拉中音提琴，但是他比平凡

的演奏家還要略遜一籌。

　　當他受邀吃晚餐時，總是會帶著一本他喜愛的書，希望跟別人分享，我們用餐完畢就進行閱讀。我的英國文學之所以會有所增進，主要是沉浸在近乎被遺忘的小經典中，例如：Daisy Ashford 的 *The Young Visiters* 或 *Mr. Salteena's Plan* ❷（這是作者在 9 歲時所寫的），以及 Edmund Clarehew 的 *Biography for Beginners* ❸ 與 *More Biography* ❹。另一方面，我發誓，我的英文之進步受阻於 Wallie 喜愛強制性地用雙關諧語。

　　股票市場對 Wallie 具有無窮的吸引力，他在處理股票展現了魔術般的能力。他足夠精明且判斷精準，在股價要反轉大跌前的短時間內就把股票全部賣掉，然後在經濟顯示回升的谷底時他又買進。因此，他賺進大筆的財富。這些他都捐贈給密蘇里、哈佛與康乃爾等大學。

　　我很感激 Wallie 讓我認識一位同事 William Strunk, Jr.，他後來變成我敬佩的人，因為他寫了一本傑作 *The Elements of Style*。這是一本小書，後來由 E. B. White 加以訂正並且傳給後代的子孫❺。

　　Strunk 喜愛解數學謎題，他經常去找 Wallie 幫忙。有一天，他手拿著謎題到 White Hall 找 Wallie，但是 Wallie 太忙了無法接見他，所以叫他來找我。現在我還可以鮮明地回憶起我辦公室的敲門聲（那必是在 1954 年，當時 Strunk 已是退休的教授），然後走進來一位 90 多歲的老人，高衣領與戴金邊眼鏡，灰白的頭髮恰好由正中間分隔開來，分隔線是那麼的筆直，這必定會讓歐幾里德 (Euclid) 感到高興 (譯者註)。

---

❷　*The Young Visiters* 或 *Mr. Salteena's Plan*, Doubleday, 1919（由 J. M. Barrie 寫前言）．

❸　*Biography for Beginners* , Laurie, London, 1905.

❹　*More Biography* , Methuen, London, 1929.

❺　William Strunk, Jr., and E. B. White, *The Elements of Style* (Macmillan, 1959).

---❦ 譯者註 ❦---

歐幾里德約在西元前 300 年編輯出 13 冊的曠古名著《原本》(The Elements)，總結古希臘的數學成就。其中平面幾何的部分，就是由直尺與圓規分別建構出直線與圓，交織出來的圖形世界，透過公設化，邏輯地研究圖形的性質與規律。Kac 的意思是，直線與圓是歐幾里德所喜愛的兩個圖形。

　　「Hurwitz 教授告訴我，你或許可以幫我解決這個謎題」，他說著，並且解釋他的問題。這是要將一個蛋放入香檳酒的玻璃杯中，翻譯為數學語言就是，要將一個橢球放入圓錐之中。這個問題非常無趣，並且相當困難。我覺得解它是全然的浪費時間。對於我的不贊同，Strunk 顯得相當高興，這導致我們之間美妙的友誼。他會定期寄明信片給我，上面附著引自詩人 William Blake 反對數學的文字 (譯者註)。這對我是一項挑戰，因為當我們下次相遇時，我必須為我的數學作辯護。不幸的是，我們的相識是那麼的短暫，在第一次相遇不久之後，他就過世了。

---❦ 譯者註 ❦---

William Blake (1757–1827) 是英國的詩人，他特別強調想像力是人最寶貴的特質。他最常被引用的一段美妙的詩：

> To see a World in a Grain of Sand,
>
> And a Heaven in a Wild Flower.
>
> Hold Infinity in the Palm of your hand,
>
> And Eternity in an hour.
>
> 一沙見一世界，一花觀一天堂
>
> 握無窮於掌心，窺永恆於一瞬

後一行觸及微積分的根本精神與要義。

　　事情的真相是，我們有一群共同的朋友，定期在玩字謎的遊戲，
Strunk 也被吸引進入這個瘋狂的圈子內。Wallie 也是成員之一。
Strunk 是一位熱心的執行者，也是一位好同事。我們都很高興聽到他
和 Norma Shearer 與 Leslie Howard 被好萊塢指定為當《羅密歐與茱麗
葉》這部電影的文字顧問，且長達數月之久，這對他是很珍貴的一件
事情。我看到他在好萊塢圈中，甚感榮幸。

　　我從不覺得 Wallie 的古怪是刻意裝出來的，他的獨特怪癖也不是
學來的。事實上，他是傳承自康乃爾誕生時的早期「人物」。Morris 主
教在他的《康乃爾的歷史》中寫道：「在早期的紀錄中，怪癖似乎就隱
約可見。」從創校的開端，在某種意味上，這可能會減損人們欣賞康乃
爾這所了不起的大學。

　　康乃爾大學的創立，歸功於兩位不太可能合作成功的夥伴：一位
是出身卑微，自創的發明家兼生意人 Ezra Cornell；另一位是貴族出身
的 Andrew D. White。根據 Morris 主教的說法，在美國 White 是一千
人受過最好教育中的一位。他夢想著要有一所「真正偉大的大學」。在
1862 年的 8 月，當美國的內戰處在高峰期，他寫信給紐約 Peterboro 地
方一位有錢的改革家與主張廢除黑奴制度的 Gerit Smith，請求給予財
務上的支援，並且附上他的大學夢想藍圖：

第一：保有一塊園地，在此每個人不分性別與膚色，都可以得到
　　　最高價值的教導。

第二：改變目前流行的，長久以來橫掃這塊土地的商業功利的道
　　　德觀與價值觀。

第三：緩和與抑制目前在這塊土地上的好戰狂熱氣氛。

第四：提供科學的一個避風港，在此可以追求真理，並且為真理
　　　而真理。大學教授的主要目標不是扭曲與切割科學，使其
　　　只為適應於「天啟的宗教」。

第五: 提供一個研究中心與一所學校，以創造一種新的文學，不
　　　是那種只講究文雅與默視錯誤，而是真誠地鼓起勇氣且武
　　　裝起來，為正義而戰的文學。

第六: 提供機會，教導道德哲學、歷史與政治經濟學，不使其屈
　　　從於政治與宗教，避免像今日那樣被誤用。

第七: 保有一個基礎，至少在法律訓練方面，要讓合法性不能壓
　　　垮人性。

第八: 要修整既存的教育體系，以至達到細節的部分。這透過對
　　　既存的大學做改進是沒有指望的。

第九: 提供一個核心來圍繞著它，讓散佈在各處缺乏目標的自由
　　　心靈可以匯聚起來，形成一個學術研究中心，使得理念與
　　　人得以發揮功能，代代為這個國家的福祉做出貢獻。

　　雖然這個了不起的文獻所提出的理念在今日看起來稀鬆平常，然
而在當時（1862 年）卻代表一種革命性的願景。White 在結尾這樣說：
「我在我們的國家最黑暗的時期寫下這些文字，但是我記得當荷蘭正
在崩垮的同時，也恰是偉大的 Leiden 大學誕生之日」。

　　Gerit Smith 拒絕了財務上的援助，但是幾年之後，White 的信卻
變成設計康乃爾大學的藍圖。因此，主教評論道，他的書《康乃爾的
歷史》是寫「於 Ithaca，而不是從 Gerit Smith 在紐約創立的 Peterboro
大學傳承過來的」。

　　康乃爾大學是在啟蒙時代自由主義傳統之下所孕育出來的大學
（例如，創始人 Ezra Cornell 是持教友派的立場，所以大學跟宗教派
別沒有任何形式上的關聯，因此沒有神學院）。在很大的程度上，它一
直保有它的本色。作為美國的主要大學之一，我認為它是最自由且最
少窒悶無趣的大學。雖然它也有不佳的時期（Andrew D. White 的所有
繼承者並非都跟他的理念與願景一致），但是整體而言，作為一個高等

教育機構，康乃爾的評等可以得到高分。我發現我對它非常難以割捨，對它的感情歷久不衰 (譯者註)。

🐚 譯者註 🐚

參閱下列的書。胡適：《胡適的一個夢想》。南港胡適紀念館出版，1966。裡面的第一篇是〈康南耳傳〉。

胡適 (1891–1962) 在 1911 年到美國留學，進入康乃爾大學的農學院。1912 年轉入文學院，主修哲學，1914 年大學畢業。1915 年轉往哥倫比亞大學追隨實驗主義（又稱實用主義）大師杜威 (John Dewey, 1859–1952) 研究哲學。1917 年得到博士學位。1962 年在南港的中央研究院的院長任上過世。

從前胡適鼓勵人多讀傳記，因為那是一個人經驗、學問、見解與智慧的結晶。

　　我的學術生涯繼續正常運作，在當時，這表示進行得很緩慢。我到康乃爾兩個月之後，Ag 就提醒我，我的職位是兩年一聘的狀況。他又補上一句話：如果你要確保未來的工作，必須要有「良好的表現」。這表示，我必須「繼續發表論文」。我所得到的新職位有豐厚的待遇（年薪是 1800 美元！），所以我買了一輛 1934 年的龐帝克 (Pontiac) 舊車，並且跟同校的一位講師分租一間高尚的公寓。接著我遇見了未來的妻子 Kitty，她來參加我在 1941 年 8 月 16 日舉行的 27 歲生日宴會。她是由一位年輕的生理學博士帶來的女伴，而他正是跟我合租公寓的人。在我的生命裡，這是我第一次「被電到」，我迷戀上了她。這比起我跟 Meri 的低音調愛情完全不同。我們之間的三角戀持續了相當尷尬的一段時間。我們曾有好幾次的三人約會談判，起先我的室友十分不願意放棄他是優先的追求者，直到最後他離開康乃爾到別的大學去學醫，事情才解決。因此，我和 Kitty 很自然地邁向結婚。我們在 1942 年 4 月 4 日於 Baltimore 結婚。

在這段期間，我們的幸福被 v. K. 的死亡蒙上陰影。好幾個月來，我就知道他生了腦瘤的重病，住進 Baltimore 的一家醫院，我也去醫院探望過他。然而，他在 1942 年的 2 月過世，這對我是極大的悲傷。他是那麼的活躍與健朗，但他的生命卻如此短暫，我很難接受再也看不見他的事實。

Kitty 在 Ithaca 土生土長，是第一代的美國人。她的母親來自倫敦，父親來自愛爾蘭 Mayo 郡的一個小村莊，叫做 Knappaugh。Mayo 郡是天主教的堡壘，但是在 Knappaugh 卻有一些新教的家庭，包括 Mayberrys 的家族。

當 Kitty 10 歲時，她的父親因為生病拖了一段時間就過世了。高中畢業時（正逢 1934 年的蕭條期），她必須外出工作，在地方上唯一的百貨公司當女銷售員。雖然她的氣質與性向都不適合做零售生意，她也完全不喜歡她的工作，但是她做得很好。她找到一個逃生的出口，那就是閱讀與音樂。後者還把我們湊合在一起。她在鎮上的弦樂團拉小提琴，我在先前提到的室友是樂團的首席。

在 Kitty 的環境背景下，有一個有趣的推論，那就是我們的孩子從他們的外祖母身上學到一些在世紀之交倫敦雜耍表演（綜藝秀、歌舞表演）的歌唱。我回憶我們的一些朋友，當他們在 40 歲左右時聽到幾十年前的童音重現，會是多麼的震驚！那是已經快要被遺忘的舊日鄉音（倫敦歌謠），例如「爸爸幫客廳貼壁紙」。這就是美國「民族大熔爐」(melting pot) 的例子。

在 1943 年的春天，我當了四年的講師（後來這一級的職位就取消了），升等為助理教授。在升等的時候，我已發表了約 25 篇的論文。時間過得真快！

在 1943 年的 10 月，我和 MIT（麻省理工學院）的放射性實驗室開始有所接觸，雖然我在康乃爾繼續做全職的教學（每週約有 17 小時

的教學課程）。實驗室要求我專任，但是在大學這一邊，由於戰爭的關係，嚴重地缺乏教學人員，所以大學請求這樣解決問題：我繼續留下來教學，然後每個月到實驗室參加幾天的諮詢會議。

在 1945 年的 5 月，放射性實驗室開始遣散，我的到訪也結束了。當歐洲的戰爭一結束，集體屠殺的消息傳到美國。我間接聽到 Krzemieniec 的猶太人已被滅絕，至多只剩下屈指可數的幾個生還者而已。從各種獨立的管道，可怕的消息都被證實了。但是我透過在華盛頓的蘇聯大使館，嘗試要從官方的管道打聽我家人的訊息，結果都是白費力氣。他們可能是真的不知道，也可能是基於某種理由而不願意說出來。當然，接下來是戰爭結束後的混亂時期，這使得要收集個人的資訊變得不可能。

對於我來說，悲劇是無法用文字來形容的。語言是人類發明的一種工具，它不足以應付德國人所發明並且加以完美化的不人道行為。罪惡的規模超乎理解，根本不必說要描述它。在 1959 年，我第一次在戰後訪問波蘭，我見到一位以前的同事，他比我早幾年就讀 Lycée 中學，從他的口中，我得知在 Krzemieniec 滅絕猶太人與非猶太人的慘事發生在 1942 到 1943 年之間，並且是一連串的集體屠殺。在一個集體屠殺的前夕，他看到過我的父親，互相還交談過幾句話。不出幾天，我父親與全家人都被毀滅。這是我得到的唯一消息。一直等到幾年前，我有機會參加在 Kiev（基輔）舉行的一個科學研討會，我跟我的第二個姪女聯絡上。她是我在 Krzemieniec 最後看見的人，那時她只有 10 或 11 歲。她的姊姊在第一次世界大戰期間嫁給一位烏克蘭人，並且離開 Krzemieniec。她的姊夫是當地的農人，他把這位最小的妹妹藏匿起來，結果都存活下來。戰爭結束後，姊妹在 Kiev 重聚。

我寫一封信給我的姪女，告訴她我在某些天會待在 Kiev，結果她晚收到信件，但是最後她還是現身在我居住的旅館，到的時候已是傍

晚，是在我準備要離開之前。我們完全變成陌生人，但是我可以從她的聲音認出人，因為聲音極少變化。我們能夠見面，對於她必然是一趟困難的路途，對於我更是如此。我們的聊天有點尷尬，只談些瑣碎的事情，小心避開盤旋在我們之間摸得到的主題。當她要回郊區住處的最後一班火車時間快要到時，顯然她鬆了一口氣。當我陪她走到車站時，她說：「你想要知道在 Krzemieniec 所發生的事情嗎?」不待我回答，她繼續說：「不，最好你不要知道。」

當我學到悲劇時，我似乎覺得，生命從來就不會相同，但是活著就強過我的悲傷。更強! 漸漸地，雲霧飄進現在與過去之間，悲傷退卻，變得模糊。但是它在那裡，並且永遠如是。

悲傷可以從家庭新成員的加入而獲得療癒。在 1943 年的 10 月，我的兒子 Michael Benedict 誕生了。當我正在教一班新兵時，消息傳進來，系裡的秘書激動地衝到教室，並且說：「Mark! 醫院剛打電話來，說你得到一個兒子。」全班猶如對一個軍令的反應，全體肅立，有如一個人起立般整齊劃一，並且如軍隊般一起大聲說：「恭喜，Kac 博士!」雖然不如 21 響的禮砲，但是也差不多了。儘管 Michael 誕生在這種軍事氣氛裡，他長大後卻成為一位堅定的和平主義者。

奇妙的是，Michael 在智性上的興趣類似於他的祖父，但是他從未認識祖父。他在 Haverford 學院主修哲學，到了研究所攻讀的是語言學 (Linguistics)。目前他在 Minnesota 大學擔任語言學副教授。他從 Kitty 身上遺傳了音樂的才華，他是一位已立足的大鍵琴家。他的鋼琴學了 8 年，大鍵琴演奏得特別好，但是在鋼琴與大鍵琴之間，他卻繞道走到搖滾音樂 (rock music)。他就讀 Pennsylvania 大學的研究所時，為了參與搖滾樂團，把學業中斷兩年，到處去演奏賺取生活費，成為巡迴演奏的音樂家。他的樂團 Mandrake Memorial 製作了兩本有聲望的書冊，在 Philadelphia 地區仍然受到搖滾樂迷的懷念 (aficionados)。

然後，他回來繼續研究所的學業。再轉移到 UCLA，得到博士學位，重新又回到學術界。

語言學是個很奇怪的領域，充滿著派系與割地為王的情況。每一派系都瘋狂地依附在派系的令旗之下，並且相互間充滿著敵意。就我的判斷，Michael 置身在派系的紛爭之外。當我了解他想要做的事情之後，我發現他的工作很有趣並且有意義。但是不要忘記，我是他的父親。（父親對自己兒子的評斷免不了會有偏差。）

在 1947 年的 9 月 3 日，我的女兒 Deborah Katherine 初來到這個世界。當她還是一個小孩時，非常活潑好動，爬上爬下的，也會爬高倒吊，展現了身體的精力充沛。這從家族特徵中無法辨認，經常給父母帶來吃驚與精疲力盡。在高中時，她原來是一位平凡的學生，在數學方面也沒有特別突出（儘管她擁有一定的數學能力），並且第一年拉丁文就不及格，雖然她喜愛拉丁文也非常想要學它。經過一個夏天請家庭教師來教導後，她再去參加考試終究獲得 A 等的評價。到大學後，她繼續學拉丁文，學到高級的課程，幾乎得到完美的成績。她具有清晰、敏銳與良好組織的心靈。她很有個性。很少人能夠像她那樣，對於第一次嘗試就失敗的課程，還能繼續努力不懈，然後在任何意味下都算是達到成功的例子。我是長久當教師的人，可以對讀者保證，這需要勇氣與極強烈的企圖心，才能克服不幸的災難。後來她進入紐約大學，主修英文。畢業時，得到榮譽獎以及獲選為 Phi Beta Kappa 的會員 (譯者註)。一掃她在高中時所受到的挫折與打擊，完全恢復了信心。

譯者註

在 1776 年，Phi Beta Kappa 協會在美國創立，獎勵在人文藝術與科學傑出的大學生。它的宗旨之一是「愛好學習是人生的嚮導」(Love of learning is the guide of life)。蘇格拉底常問：「什麼是美好的生活?」(What is a good life?) 他的反面答案

是:「沒有經過考察的人生是不值得活的。」哲學家羅素 (Bertrand Russell) 的正面
答案是:「美好的生活是由愛所激發並且由知識所引導的生活」(A good life is one
inspired by love and guided by knowledge.)。

　　我與放射性實驗室短暫接觸的期間，累積了相當多的問題，我希
望繼續研究這些問題。恰好我得到一年的休假，沒有任何形式上的責
任要負擔，我申請到 Guggenheim 獎學金。在 1946 年的 7 月 1 日，我
就休假去了。

　　在我休假之前，Ag 告訴我，當我休假回來時，要把我升等為副教
授。然而，我在康乃爾的處境，從外界的人看起來似乎是不穩固的。
我已發表超過 30 篇論文，但仍然是一位助理教授，並且正要去休假。
要知道，在戰爭結束後接下來的幾年，全國的大學必然進入瘋狂的擴
充狀態，以補償戰爭期間的貧乏、蕭條與紛亂。老兵回鄉，政府發行
福利券，註冊就學的人會暴增，由財政赤字會變為過剩的盈餘。預測
在可見的未來，經濟將會持續成長與繁榮。

　　系主任們漫遊於各個職業協會，找尋有學術才華的人。在這種情
況下，無疑地我看起來是一隻不錯的獵物。事實上，已經有許多獵人
潛近我的周邊。

　　結果就在我仍然休假的期間一次升等了兩級，從 1947–1948 學年
度開始，我成為正教授，薪水超過先前的兩倍。因此，在一年之內，
就補償了以前我做過的四年講師，足足有餘。

　　我在放射性實驗室待過的一年半,標誌著我的數學興趣開始轉移。
直到 1944 年早期，我的研究貼近於解題，這可追溯到我和 Steinhaus
的合作時期；現在我開始要走另一個方向。晚至 1948 年的 12 月，我
被邀請在美國數學會做一個小時的演講，我選擇的論題是:「機率方法
在分析學與數論的一些問題之應用」(Probability Methods in Some

Problems of Analysis and Number Theory.)。這只是複習我在美國所做的成果，其根源可追溯到 Lwów 的歲月。這變成是我追尋獨立性意義的「天鵝之歌」。我兩度回到我的初戀（指追尋獨立性的意義）。我選擇它作一系列的通俗演講，然後擴展成為一門課，在 1958 年的春天，對 Haverford 學院的資優學生講授。Haverford 的上課講義，出版為 Carus 的專題叢書之一，名稱叫做《統計獨立性在機率論、分析學與數論中的意義》(*Statistical Independence in Probability, Analysis and Number Theory*)，我題獻給我的老師 Steinhaus。這次才是我真正的「天鵝之歌」，以後我就不再回到這個論題，除了偶爾從中選取一些材料來作通俗的演講，例如我講過「隨機何時是隨機的?」(When Is Random Random?)

　　MIT 的放射性實驗室，是創立來推動與發展對雷達的研究。除了 Los Almos（發展與製造原子彈的地方），這是戰時最大且最重要的研究型實驗室。戰後它在電子科技與工業上的影響力是無法估計的。它包括有幾個部門，每一部門再分成一些群組。基礎部門的理論群組由 G. E. Uhlenbeck (1900–1988) 領導。

　　George Eugene Uhlenbeck 是本世紀（20 世紀）理論物理學的領導者之一。他主要的成名工作是，他和他的朋友 S. A. Goudsmit 共同發現電子的自旋。他對物理學還做出其它的重要貢獻。他終身的活躍興趣是統計物理學，他在這個迷人的領域所做的貢獻具有深刻與長遠的影響。作為理論群組的領導者，George 當然監督過許多有關雷達的設計與運作，但是他自己的研究活動以及圍繞在他身邊的小群組，所關切的是微弱信號的偵測問題，這自然屬於統計物理學的領域。

　　偵測的主要困難是「噪聲」(noise) 的出現。「噪聲」可以是外來的（例如，大氣中的電子活動），這種噪聲相對地容易處裡。比較困難的是內部的噪聲，這主要是來自電阻器中電子的熱力「隨機」運動，將接收器冷卻到絕對零度才可消除，除此之外別無其它方法。

雷達的運作理論上是靠回聲 (echo)。一個信號傳送出去，若遇到物體，它就會反射。接收到的反射信號，再加上時間的延遲，就可以計算出反射物體的距離。反射信號顯示在示波儀上。如果反射信號足夠強，它很容易跟背景的噪聲區分開來。但是，如果反射物體在很遠的地方，反射回來的信號（回聲）就相當微弱，經常不易辨識。

了解噪聲（以及噪聲加上信號）的統計性質，顯然是極其重要，我們必須發展一套理論來消化與吸收。今日隨機噪聲的理論，只是更廣泛的隨機過程論（也有人偶爾叫做隨機函數）的一章，而且是相對很小的一章。

從一開始，隨機過程的理論就受到輕微的精神分裂症所苦，因為它是由一個不安定的兩群夥伴分享著：一邊是數學家，另一邊是物理學家與通訊工程師。在 1943 年，隨機過程論的數學理論還處在嬰兒階段，它被圍困在某種詭譎的氣氛之中，物理學家不熱衷於正經對待它；數學家追求嚴格、不含混的觀念與定義；物理學家要的是公式與數字。在放射性實驗室裡流傳一個故事，是 Sam Goudsmit 與 Norbert Wiener 之間的對話。Norbert 說：「你可以保留你的希爾伯特空間。」Sam 對 Norbert 報告說：「我要的答案是伏特數。」Sam 是物理學家，他在 George Eugene Uhlenbeck 之前當理論群組的領導者。Norbert Wiener 是數學家，他當數學顧問。

附加一個說明，我沒有見過 Sam，直到戰後很久才見到他。我在 1943 年到達放射性實驗室時，他已經不在了。在那個時候，一些科學家都發生過同樣的事情（例如，參與製造原子彈或其他機密的軍事任務）。在戰爭末期他才出現，他在著名的 "Alsos" 任務當科學的領頭，跟隨美軍進入德國，追查德國製造原子彈進行到什麼程度。這項任務美麗地寫在 Sam 的書 *Alsos* 裡❻。順便一提，德國並沒有製造出原子彈，甚至連像樣的開始都沒有。

---

❻　Samuel Goudsmit, *Alsos* (H. Schuman, 1947).

　　我是經由「噪聲」切入隨機過程，也就是從物理的這一端進入這個領域。經過一段時間，我才了解與欣賞這個領域一些純數學部分的精微與詭譎，但是即使到今天，我對這方面的許多東西並不感興趣。他們是屬於這個領域的數學地基，而我更關心的是它的上層結構 (superstructure)。我經常宣稱，如果一門學問是強壯的，那麼它對地基就不會敏感，因此，太過強調地基會產生觀點的誤導。我們必須對一個領域有堅實的直觀掌握，若發生所謂的地基問題，那時再來研究還不遲。

　　我和放射性實驗室的關聯讓我受惠良多。從一開始，我可以藉由跟問題面對面來拓寬我的眼界。容我用一個隱喻來說，這些問題是上帝給的 (God-given)，而不是人造的 (man-made)。沒錯，即使在數學「最純粹」的部分，也可以察覺到這兩類問題的區別。偉大數學家 Henri Poincaré 的說法是這樣：**有些問題是大自然提出的，而有些問題是人提出的**。但是，要在「真實世界」的問題與人類心靈所發明的問題之間劃一條分界線，就要畫得尖銳準確。當然啦，除非你所持的哲學傾向於否定外在世界的存在，只承認映照在人類工作心靈的東西，那就另當別論。

　　然而，最重要的是我和 George Uhlenbeck 的密切接觸。George 的長處是，他的思想與表達能力都是非凡的清晰，再結合他不妥協的批判態度，讓他成為一位理想的教師。他的物理知識廣博，正如他對物理的理解極具深度。即使他現在已經 84 歲，他還是不能忍受無意義與草率。在他的年輕歲月，他必會打斷演講者，引導他走上可接受的表達方式。他必會說：「不要講那麼快，首先是假設，然後是結論。」他的 "first" 發音，具有荷蘭的腔調，聽起來像是 "feerst"，並且有點加重。如果 George 想要引導演講者至清晰的努力失效（經常發生），他對不可教的演講者之評論，不變地總會是這句話：「他在年輕的時候就必須受到鞭策。」

　　我在足夠年輕時，就偶爾受到大師的「鞭策」並且努力學習。如果我是一位合理而清晰的演講者，那無疑是受到這些鞭策所致。Steinhaus 也有很大的功勞，他教我演講時要假設聽眾完全不懂你的論題，「沒有人知道所有的事物」是他的講法。介於這個假設與「首先是假設，然後是結論」之間，我們可以透過練習來變成更佳的演講者。

　　當我在 1945 年 4 月離開實驗室時，我進入另一個新形式的科學生活。要精確細述發生的一序列事件，從而導致我的興趣與著迷的事物改變，這有點困難。但是，我在放射性實驗室的經驗，扮演著決定性的角色。舉一件事情來說，我從 George Uhlenbeck 學到布朗運動 (Brownian motion) 的理論，特別是 Smoluchowski 的工作。我在雷達「噪聲」方面的工作（主要是跟 Arnold Siegert 合作），讓我對隨機過程有了堅實的直觀掌握。雖然還是朦朧不清，但是我開始看見了一些新的領域有待開拓與征服。

　　當我還在 Lwów 時，就聽過 Norbert Wiener 已經發展出一種建立布朗運動的數學方法 (譯者註)。有一次我為了某件事去找 Banach，發現他正在研讀 Wiener 有關這個主題的論文。我也曾經讀過 Wiener 在布朗運動方面的工作，但是發現它極端的困難，所以就停止了。

譯者註

布朗運動是在 1827 年由英國植物學家 Rorbert Brown 觀察到的，Einstein 在 1905 年與 Smoluchowski 在 1907 年都發表對這個運動的突破性研究。然而最關鍵的是，在 1923 年 Norbert Wiener 建構出布朗運動的機率模型，今日叫做 Wiener 過程，這變成是近代隨機過程論與隨機微積分的發端。這裡有一個小插曲，當 Wiener 在美國得到博士學位後（論文寫的是邏輯方面的東西），很自然就考慮再到英國劍橋大學追隨羅素繼續研究邏輯（為此 Wiener 的父親 Leo Wiener 還寫一封信給羅素，推薦自己的兒子），但是羅素告訴 Wiener 說，邏輯已沒什麼好研究

了，建議 Wiener 去讀 Einstein 在 1905 年發表的布朗運動的論文，這裡面有新東西。這表示羅素伸入學術界的觸鬚非常敏銳。這些事情可以參閱《羅素自傳》與 Wiener 的自傳《我是一位數學家》。

Uhlenbeck 對 Wiener 的工作採取粗野的實用觀點，總結在他的論文（與 Ming Chen Wong 合寫）〈論布朗運動的理論 II〉的註 9 尾部[7]：

> 作者注意到下列的事實：在數學文獻中，特別是 Norbert Wiener，J. L. Doob 與其他人的工作。例如，參見
>
> Doob, Annals of Mathematics, 43, 351 (1942)
>
> 這篇論文含有更多的參考文獻，對於隨機過程的概念定義得更精細。這使得我們，例如，在某些情況下，可以計算隨機函數 $x(t)$ 是有界變差或連續或可微分等等的機率。**然而，這些研究對我們求解直接跟物理相關的有趣問題，似乎沒有幫助，因此，我們不打算考慮它們[8]。**

我喜歡具體的事物，而不喜歡學習抽象的東西超過我絕對必須的程度。這個註解讓我好像得到一種教皇的特許證，可以大大鬆了一口氣，不必去學我特別不想學的東西。

幸運的是，我沒有完全遵照這個特許證而行。不久，我就密切地涉入 Wiener 看待布朗運動的觀點。我的「轉變」，有一個重要的原因是受到 William T.(Ted) Martin 的影響。他和 Robert H. Cameron（當時在 MIT）有一個充滿著野心的計畫，要把 Wiener 早期的理念推廣。

Ted 和我定期的見面，我們經常一起討論他與 Cameron 合作所得到的成果。後來，我無法完全理解，因為我不知道 Wiener 的工作。但

---

[7]　*Review of Modern Physics*, vol. 17 (April–July, 1945).

[8]　黑體的強調文字是我加上去的。

是，他們的一個結果引起我的注意，因為它類似於 Siegert 和我研究噪聲所得到的所謂整流器的平方律 (square-law rectifiers)。

於是我很快就熟悉了 Wiener 理論的根本（雖然當時還是有些精微奧妙無法掌握），我就用我與 Siegert 的方法，重新推導出 Cameron-Martin 的結果。Wiener 的理論，牽涉到一個自由布朗粒子的 x 坐標成分之隨機位移運動 $x(t)$。Wiener 過程是在所有隨機過程中，最簡單也是最基本的一個。因為它的特殊性質，使得 Cameron-Martin 的結果會導致一種類型的微分方程叫做 Sturm-Liouville 方程。這個方程遍佈於古典的數理物理學，如今也出現在其它領域，這不但是沒有預料到，也令人欣喜。顯然，Wiener 的理論比 Uhlenbeck 的注解所說的還要豐富，所以我決定要徹底洞察它。

我開始求解 Martin 提出的一個問題，這是他和 Cameron 覺得難以處理的問題。Wiener 理論的根源與本質雖然是機率論，但是它可以表述為不需要熟悉機率的概念或術語。Cameron 與 Martin 兩人都不熟悉機率論（在那個年代很少人熟悉機率論），Wiener 的理論可以看作是在連續函數空間上的測度與積分理論。事實上，這是 Wiener 最早呈現布朗運動的方式。

為了避免因為沒有固守數學的嚴格與精確標準而被逐出數學圈的危險，我嘗試來解釋上一段最後一句話所出現的神祕術語（即測度與積分）。我當然不能期待讀者能夠完全理解，但是，我可以成功地給它們創造出一個宛如真實的意象。

測度問題所要研究的是，如何對平面的領域指定面積，或對空間中的立體指定體積。這樣的問題可以回溯到古希臘時代，這提供很強烈的動機來發展積分學。最高峰的成就是在 20 世紀初，由 Henri Lebesgue (1875–1941) 完成的 Lebesgue 測度與積分論。

　　舉歐氏平面為例，我們可以粗略地說明它的作法如下：我們由一族「初等」的圖形出發，假設它們的測度（此地是指面積）已經知道。在平面幾何學裡，初等的圖形是指長方形，它們的面積為底乘以高，這是小學生都知道的一個事實。對於一個非初等的圖形，我們就用長方形的面積來「逼近」。最終會得到唯一一個數，就叫做該非初等圖形的測度。當我重讀我剛寫過的這些話，我嚇出一身冷汗，因為省略掉太多的細節與困難。然而，我講的仍然是真相，沒有別的，只是真相。

　　這個架構可以大大地推廣。事實上，Wiener 就是對於從原點出發的布朗運動所有樣本路徑的全體，選出了一些子集形成一個很大的集合。Wiener 要在這個集合上定義一個有意思的測度。首先，他接受 Einstein-Smoluchowski 理論的啟發，知道什麼是初等的圖形（類似於長方形），也知道如何對它們定義測度（類似於長方形的面積）。再來是延拓成為對一類更一般子集的測度，這就得到 Wiener 測度。有了測度，Wiener 仿照 Lebesgue 的辦法引入積分，最後得到一種在布朗運動路徑空間上的積分學，叫做 Wiener 積分。

　　我把 Martin 拋給我的問題，化約成機率論的問題，然後就解決了。下面我要採用一個比原先更自然，但密切相關的問題來說明我所採用的方法。

　　假設我獨立地丟一個公正的銅板 n 次。進一步假設：若出現正面，我贏得 1 元；若出現反面，我輸掉 1 元（即贏得 –1 元）。問出現正面的次數所佔的比例，在 n 趨近於無窮大時，其機率分布是什麼？

　　換言之，令 N_n 表示在首 n 次丟銅板中含有正面的次數。在 n 趨近於無窮大時，我們欲求事件

$$\frac{N_n}{n} < a \quad (a \le 1)$$

的機率。結果，答案等於某些布朗路徑所成集合的 Wiener 測度。更明確地說，這個集合就是在 t 軸上花的時間少於 a 的路徑所組成的集合。

一件有趣且重要的事情是，我們可以將丟銅板換成更一般的隨機實驗，只要接續的實驗都是獨立的，並且每一次得到金額（輸掉是負的得到）的分布滿足某些寬鬆的條件（特別地，平均值為 0，變異數為 1），那麼上述的結果仍然成立。

我剛剛所說的包含了一個重要的原則，就是所謂的不變性原理 (invariance principle)。我和 Erdös 已經證明了一些特殊的情形。但是，一般情形是由 Monroe Donsker 在他 Minnesota 大學的博士論文中證得的。這是我和 Donsker 結成親近朋友的開始，一直持續到今日。

不變性原理已經變成今日教科書的題材。它也一再地被延拓與推廣，以至於超乎我的認知。最近出版的一本書討論到這個論題時，已在我的理解範圍之外，但並不是我沒有認真去研讀它。

利用不變性原理可以證明機率論的一些新奇定理，也可以計算某一類的 Wiener 積分，但是它的應用有侷限性，這讓我有個模糊的感覺，我並沒有抓到事情的關鍵要點。雖然我仍然失之交臂，但我曾經是多麼地接近後來變成很知名的 Feynman-Kac 公式（簡記為 F-K 公式）(譯者註)，這就是我沒有抓到它的關鍵要點。

❧ 譯者註 ❧

在量子力學與隨機微分方程中有 Feynman-Kac 公式。另外，在機率式的數論中也有一個 Erdös-Kac 定理。這是 Kac 比較出名的兩個結果。

在它的各種變裝中，F-K 公式普遍存在於量子力學與機率論裡。我這樣說應該是安全的：由於我是 F-K 公式中的 K，這比我的科學生涯所做的一切，都要更好且更廣為人所知。

　　但是，首先我必須說一點歷史。在戰爭結束時，Hans Bethe 從 Los Alamos 回到康乃爾，身邊帶了一批非常優秀且年輕的實驗與理論物理學家，其中就包含了費曼。他成為今日的領頭物理學家，沒有人會感到驚訝。那是在 1947 年春天發生的事情，費曼在康乃爾的物理演講會上，講他在 1942 年於普林斯頓大學所完成的博士論文，那時論文還沒有發表。

　　量子力學的一個基本概念，是一個叫做傳播子 (propagator) 的量。求它的一個標準方法（在非相對論的情形）是解 Schrödinger 方程式。費曼發現另外一條路來解決這個問題，今日叫做費曼的路徑積分 (path integral) 或「對歷史求和」(the sum over histories)。Dyson 在他的《宇宙波瀾》(*Disturbing the Universe*) 一書中曾提及這件事。

　　在他的演講中，費曼概略地推導出他的公式。我立即看出，他的推導步驟與我的工作中所遇到的情形何其類似，這讓我大吃一驚。幾天後，我已有了自己的公式版本，雖然我還要再花一段時間才能得到完全嚴密的證明。

　　我的公式將某些微分方程的解答與 Wiener 積分連結起來，這些微分方程與 Schrödinger 方程的關係非常密切。

　　我應該公平地說，我有 Wiener 的肩膀可以站立，但是費曼只站在自己的肩膀上，他的其它工作也是如此。這是一種智性上的高超技巧，只有他能辦得到。

　　我發現費曼的公式十分美麗。它以唯一強制性的方式，連結著量子力學的傳播子（20 世紀的概念）與牛頓、Lagrange 的古典力學（17 到 18 世紀的概念）。

　　我自己的公式比較平淡無奇，但是，它也橫跨兩個世紀：我的公式所解決的微分方程式是 19 世紀的產物，而 Wiener 積分是 20 世紀創造的。結果是，從 19 世紀的眼光來看，解答的性質很困難，甚至是幽

暗的；但是，若從 20 世紀的眼光來看，就變得簡單與透明了。這個公
式以及它或遠或近的親戚，在解決各種問題時，被證明是很管用並且
有時是威力強大的。我從它們得到許多演講費，並且許多人亦然。另
外，幾乎每不到一個月就會有人發現另一個應用。這太奇妙了，當然，
也令我高度地滿足。

譯者補充

本章 Kac 列舉了康乃爾大學的創校宗旨。下面我們順便來觀察世界上
三所知大學的創校宗旨，以及所懷抱的理念。

柏拉圖在 387 B.C. 於雅典的近郊創立了柏拉圖學院（又叫做雅典
學院）：

> 以探究宇宙奧祕為宗旨，並且解決當時所遇到的幾何學、天
> 文學與哲學知識論上的難題為職志。學院大門的掛牌寫著：
>
> > 不懂幾何學的人不得進入此門。

柏拉圖學院成為往後西方大學的典範。大學代表人類的良知與追求真
理的殿堂，更是人類精神的堡壘。

德國哥廷根大學創立於 1734 年：

> 以謀全人類之福利為宗旨。弘揚歐洲啟蒙時代學術自由的理
> 念，開啟歐洲大學的學術自由之風氣。數學與物理學曾執世
> 界之牛耳。大學物理館的標語：
>
> > 單純是真理的印記
> > 而美是真理的光輝

台灣大學創立於 1928 年：

以尋求真理為目的，並且貢獻這所大學於宇宙的精神。

「宇宙精神」是傅斯年 (1896–1950) 校長引自荷蘭偉大哲學家斯賓諾沙 (Baruch Spinoza, 1632–1677) 的話語，所提出來的理念，作為臺大的核心價值。

7.

在康乃爾大學的歲月 (II)
1939–1961

Development of Western science is based
on two great achievement: the invention
of formal logical system (in Euclidean
geometry) by Greek philosophers, and the
discovery of the possibility to find out
causal relationships by systenatic
experiment (during the Renaissance).

西方科學的發展奠基在兩個偉大的成就
上面：古希臘哲學家發明的邏輯演繹系
統（結晶於歐氏幾何），以及文藝復興期
間發展出來的透過有系統的實驗以發現
因果關係的可能性。

　　　　　　　　　　　　　—愛因斯坦—

譯者摘要

本章 Kac 利用統計力學來解釋熱力學第二定律以及相變的現象。他到普林斯頓的高等研究院去進修一年，遇到一些偉大人物，擁有互相交往與研究的美妙經驗。

　　還有他為了讓兩位孩子學習法文，帶全家到瑞士進修一年，孩子進入瑞士公立小學就讀。從而觀察與經歷瑞士的教育制度，以及教師實際教學的運作情形。當然這些都是多年前的歷史，跟目前的狀況必然會有落差，這是讀歷史必須警覺的地方。

波茲曼的墓碑，蔡弘霖拍攝於維也納中央公墓 (2012.7)。上面刻有他最得意的統計力學公式：

$$S = k\log W$$

There is nothing more practical than a good theory.

沒有什麼東西會比一個好理論更實在。

－波茲曼名言－

不變性原理、極限定理以及 Wiener 積分的計算，這些並不是在戰後（1945 年）這段期間盤據在我心頭僅有的三個論題。事實上，我還關心許多其它的論題。在此，我只提出兩個論題來討論，因為它們都屬於統計物理學，是我的科學興趣的核心。

第一個論題是 Ehrenfest 的「狗與跳蚤」(dog-flea) 模型（取這種圖像式名稱的理由，等一下就會明白）。這個模型是在 1906 年由 Paul 與 Tatiana Ehrenfest 夫婦首次引進來的（雖然更確定性的版本出現在 1907 年❶），這是要用來澄清波茲曼企圖用力學定律來推導出熱力學第二定律時，所產生的一些圍繞在邏輯上的困難。

波茲曼的企圖延續了將近 40 年之久。他要說服他的反對者，因為反對者質疑他的工作基礎是不健全的。這在科學史上是最有趣且最戲劇性的一章。爭論總是充滿著活力，有時甚至激烈到辛辣刻薄的地步，導致波茲曼的痛苦❷。他在 1906 年自殺，這個悲劇經常被歸咎於他長期所累積的失望（這可能是錯誤的）(譯者註)。

到底是什麼問題會釀成這麼強烈的情緒?「狗與跳蚤」的模型所要扮演的角色又是什麼?

下面的例子說明了相關的論點。假設兩個孤立的物體溫度不相等，使其作熱接觸（即允許交換熱量）。那麼熱力學第二定律宣稱，熱流是單向的，只能從高溫流向低溫，「沒有時間」可作相反的流向。「沒有

❶ P. and T. Ehrenfest, "Über zwei bekannte gegen das Boltzmann H-Theorem," *Physikalische Zeitschrift*, vol. 8 (1907), pp. 311–314.

❷ 波茲曼在 1898 年出版的 *Vorlesungen über Gastheorie* 第二冊的序文這樣寫著:「我清楚意識到，我只是微弱的個人，掙扎著，對抗時代的潮流。」

時間」表示「永遠不會」的意思。熱力學第二定律就是採用「永遠不會」這種極端嚴格的敘述。

❧ 譯者註 ❧

原子論從古希臘哲學家就開始構思，這是很古老的學說。波茲曼利用原子論與機率統計概念要來建立氣體動力論與熱力學。19 世紀末到 20 世紀初正是實證主義 (positivism) 風行之時，沒有人看過原子，所以波茲曼要捍衛原子論有其困難。然而，在 1905 年與 1906 年分別由愛因斯坦與 Smoluchowski 發表布朗運動的論文，都證實分子與原子的存在，可惜波茲曼已經死亡了。

現在讓我們採用原子論的觀點來看，也就是說，假設凡是物質都是由原子（微小粒子）組成的，互相之間的作用力服從力學的定律。我們可以調解力學觀點與熱力學第二定律的「永遠不會」之間這種不妥協的對立嗎？

從邏輯觀點來看，答案是否定的。因為力學定律對於時間是可逆的 (time reversible)，也就是兩個觀測者利用相同的時鐘，只是時間的流向相反，那麼對力學現象則會得出相同的描述。但是，熱力學第二定律植入了「時間之箭」(an arrow of time)，所以其中一位觀測者會報告說，熱流從低溫流向高溫，這是一個嚴厲的禁忌。

這個兩難式 (dilemma) 導致一個清楚的結論：第二定律與原子論兩者必有一個要被廢棄。然而，波茲曼並不打算接受這種激烈的解決方案，他建議保留兩者，但是將第二定律做統計學上的解釋。其實，Maxwell 早先已經提議過對第二定律作這樣的解釋（有名的「Maxwell 精靈」(Maxwell's demon) 就是發明來強調這個觀點）。這種偏離熱力學的觀點，當時沒有造成一個可察覺的反應，也許這個提議是含在 Maxwell 寫給他的朋友 Peters Guthrie Taite 的信件之內，所

以不被廣知。在波茲曼這一方，他處在公開、激烈爭議的中心，他的對手們都拒絕讓步，甚至認為採用統計學上的解釋也無法解決下列兩者之間的矛盾：熱力系統趨近於熱平衡狀態（在我們的例子是溫度的相等）與時間的倒流。

Ehrenfest 的模型讓這個矛盾變成是一種幻覺。下面是 Ehrenfest 描述他自己的模型：

> 假設我們有 N 個球（例如 100 個），將它們從 1 連續編號到 N，使得每個球都可以分辨。它們在某個時刻分布在 A 與 B 兩個甕中，例如 A 甕含有 P 個球（例如 90 個），於是 B 甕含有 $Q = N - P$ 個球（因此是 10 個）。但是我們不知道球各別會在哪一個甕中。另外，旁邊還有一個籤筒，裝有 N 支籤，也從 1 到 N 作編號。現在每隔 10 秒鐘抽出一支籤，報出它的號碼，然後放回籤筒，再經過徹底混合。接著再抽出一支籤，又報出它的號碼，…。按此要領繼續進行下去。每一次報出號碼時，對應此號碼的球，就從它所在的甕（例如 A）跳到另一個甕中（因此是 B），它會一直停留在甕中（即 B 甕），直到號碼再次被抽中時，又要跳到另一個甕（所以是 A）。注意到：被報出號碼的球，比較有可能在球多的甕裡。如果 A 甕的球比 B 甕多，那麼往後的抽籤就會有較大的機會從 A 甕的球跳到 B 甕，而球較不易從 B 甕跳到 A 甕❸。

讀者現在應已理解「狗與跳蚤」模型名稱的由來。甕是狗，球是跳蚤。跳蚤不喜歡擁擠的環境，所以會選擇從騷擾較多的狗跳到騷擾較少的狗身上。

---

❸　本段的英文翻譯，取自 M. J. Klein 所寫的傑出傳記，Paul Ehrenfest, (North Holland, 1970)。特別地，參閱其中的 pp. 115–116。

現在讓我們來看看，這個模型如何解決趨近於熱平衡狀態與時間可逆之間的衝突。

首先，只要 A 甕含有比較多的球（例如 80 個），我們將觀察到 A 甕的球會傾向於逐漸變少。我們易由計算得知，經過 s 次抽籤後，A 甕的球數超過平衡值 50 之期望值為

$$30(1 - \frac{1}{50})^s$$

這是跟冷卻定律具有相同的指數型數。另一方面，若在某一時刻 A 甕的球數為 80，則我們可以計算，在前一時刻，它含有 79 個球的機率為 $\frac{80}{100}$，這恰好是下一時刻，它含有 79 個球的機率，兩者相等。如果這樣的結果看似弔詭，可考慮極端的情況，想像所有的 100 個球都在 A 甕，那麼在前一時刻有 99 個球在 A 甕與下一時刻 A 甕有 99 個球，是相同的明確。所有這些都清晰顯示，過去與未來是對稱的，從而兩難的困境解決了。引入統計的要素，讓「永遠不會」的第二定律變成「幾乎不會永遠」(hardly ever)。

這個模型在統計物理學史上扮演著非常重要的角色。當 Ehrenfest 在哥廷根大學演講這個模型時，引起偉大數學家 Felix Klein 的注意。於是 Klein 邀請 Paul Ehrenfest 為他主編的《數理科學的百科全書》寫一篇文章，有關統計力學的基礎概念 (譯者註)。這篇經典名著出現在 1911 年，吸引了 H. A. Lorentz 的注意與欣賞。因此，一年後 Lorentz 推薦 Ehrenfest 來接替他在 Leiden 大學的理論物理學的講座教授職位。

譯者註

後來在 1959 年由 Michael J. Moravcsik 從德文翻譯成英文，出版成為一本薄書，書名叫做：*The Conceptual Foundations of the Statistical Approach in Mechanics,*

Paul and Tatiana Ehrenfest. 這是 Ehrenfest 夫婦的經典名著，由 Mark Kac 與 George Uhlenbeck 寫了一篇前言。

George Uhlenbeck 是 Ehrenfest 的學生，自從當學生的時日，他就已經對「狗與跳蚤」的模型甚感興趣。Ehrenfest 只推導出這個模型最基本的性質，至少在邏輯融貫這一面，這已足夠用來為波茲曼的觀點作辯護。但是，這個模型仍然缺少完備的數學研究。特別地，還沒有 $P(\frac{m}{n}; s)$ 的公式，這個記號表示下面事件的機率：A 甕由含有 m 個球開始，經過 s 次的抽籤後，變成含有 n 個球。Uhlenbeck 拋出這個問題給我，並且鼓勵我努力去解決它。其實，我已經很熟悉這個模型，因為從前在 Lwów 大學當學生的時候，我選擇熱力學當作我的考試科目，我就讀過 Clemens Schaefer 的熱力學教科書，裡面有一章就描述這個模型，但是當時我無法欣賞它的意義。事實上，Steinhaus 和我都嘗試過研究這個模型，不過並沒有走多遠因而無所獲。現在我已準備好重試這個論題。

George 保有他寫的一本整潔美妙的筆記，裡面含有他嘗試解決這個問題失敗的紀錄，他慷慨借給我。我閱讀，檢查到結尾處，遇到一個他無法處理的微分方程，我也同樣無計可施。

在 1946 年的秋天，George 要我歸還他的筆記本，我郵寄給他。對於我來說，這又證明是一個無法預期的幸運，因為在歸還前的某一個夜晚，我決定再讀一遍這個問題。

避開技術性的細節不談，讓我這樣說，求解這個問題有兩種似乎是等價的方法❹。George 嘗試其中的一種，但是走入死巷。在沒有他

---

❹ 採用數學的術語來說，這個問題可化約為矩陣的對角化問題，於是變成必須求左側與右側的固有向量。George 從右側開始，沒有得到結果；我從左側切入，所有的事情奇蹟式地各安其位，迎刃而解。

的筆記本指引之下，我偶然選擇第二條路，結果成功了。在幾小時之內，我得到完全的解答。這是我偶然挖掘到的純粹珍寶！

　　我求得 Ehrenfest 模型的解答，雖然很偶然，並且結果也不具有什麼重大的科學意義，但是卻帶給我極大的快樂。它只是一個註腳：讓我們理解到熱力學第二定律具有統計上的本質；另一個註腳是：對於這麼重大且戲劇性的發展，帶給我極大的滿足感。

　　實際上，我的解答產生相當大的迴響，進一步對「狗與跳蚤」模型的新發現經常在不可預期的地方繼續冒出來。我把我的結果以通俗的論文發表：〈醉步與布朗運動論〉(*Random Walk and the Theory of Brownian Motion*)。由於「優秀的寫作」，而獲得美國數學會頒給我的第一個 Chauvenet 獎，在 1949 年時獎金是 5 美元。經過 20 年之後，我得到第二個 Chauvenet 獎，因為我寫了另外一篇論文，標題為：〈你可以聽到鼓皮的形狀嗎?〉(*Can One Hear the Shape of a Drum?*)❺由於通貨膨脹的關係，反應到獎金的金額，這次是 500 美元！

　　這些似乎都還不夠，我一頭栽進統計力學的「相變」問題 (phase transition problem)，這一栽進去，至今仍然持續著並且熱情不減。

　　相變是物質的狀態突然間產生不連續的變化，這起因於物理的參數不斷改變所致。例如，溶解現象與氣體的液化都是一種相變。對於後者，當氣體冷卻到低於某個溫度（叫做臨界溫度）並且逐漸加壓，就會變成液體。

　　比較少為人所知，但是一樣地戲劇化與迷惑人的是在磁場之下所產生的相變。在室溫之下，平常的一塊鐵不會顯現出磁性。但是如果置於外在的磁場之中，鐵就會磁化為具有磁性；當外在的磁場消失，鐵的磁性也跟著消失了。然而，相同的一塊鐵，若冷卻到低於某個溫度（叫做居禮溫度，為了紀念發現這個現象的居禮而取的名字），則即

❺　參見 *American Mathematical Monthly*, vol. 73 (1966), pp. 1–23.

使外在的磁場消失，鐵的磁性仍然存在！磁場「冷凍」在鐵裡面。

　　從統計力學的「第一原理」來解釋相變的現象，仍然存在著許多未解決的問題。它持續吸引著物理學家，又因為它可以敘述成純粹的數學術語，所以也吸引著數學家。

　　因為物質天生具有複雜性，所以迫使我們必須研究簡化的模型，然後推出結果，期望能捕捉住大自然中相應的那部分的定性、甚至是定量的行為。

　　為了研究磁性的相變所提出最著名的一類模型就是 Ising 模型，這是在 1925 年由 Ernst Ising 所提出來的，今日仍然是熱烈研究的論題，文獻時而出現。

　　這個模型把一個磁性物體想像成在空間有個格子點的網子，在每一個格子點上都安置有一個小磁體。從 Ising 的眼光來看，每一個小磁體都可以取值 +1 或 –1，用記號 σ 來描述，也就是每個格子點上都賦予 +1 或 –1，形成一個格子網。對於格子網的每一種結構 σ，都對應有一個交互作用能量 (interaction energy)。這一經給定，統計力學的規則就會告訴我們要如何計算各種相關的量。我們必須研究，在格子網趨近於無窮大時，這些量的極限值。

　　格子網可以是任何維數，但是最實際的是三維的情形。一維的情形最容易處理，可惜沒有產生相變。三維的情形確實有相變發生，但是要精確計算它的性質，顯示問題的困難度是沒有指望解決的。二維的情形是最接近於相鄰互相作用的情況，由 Lars Onsager 在 1944 年解決。Onsager 的解答十足的展現了他的本領，其數學巧智與創造力的表現，揭露了一些驚人的性質，導致一系列後續的研究，一直持續到今日。

　　因為 Onsager 的解答很難理解，所以 George Uhlenbeck 鼓勵我去簡化它，用他的話是說，「把它變成人性一點」。我嘗試去做，不久就

發現，這是一個最難的功課。然後我終於想到數學家長期使用的一個策略：如果無法解決一個真正的問題，那麼把它改成你能解的情形。我把 σ（取值為 $+1$ 或 -1）改成高斯分布（即連續的正規分布）。在此修飾之下，問題就變成可解了，並且解答看起來甚至有點像是 Onsager 的解答。但是，並沒有顯現出相變，反而在足夠低溫時會導致無窮多的解答，從物理學的觀點來看，這當然無法接受。

我於是再嘗試另一種修飾，令 σ 可取任何的值，但要受制於條件：σ 的平方對所有格子點求和，等於格子點的點數。

引入這個條件的動機很簡單。因為對於 Ising 模型的情況是 $\sigma = \pm 1$，所以有 $\sigma^2 = 1$。因此，σ 的平方對所有格子點求和，等於格子點的點數，這自動成立。

現在我們可以確定，答案一定是有限的，但是即使經過有希望的化約，看起來計算仍然是超難的。我記得曾請求過費曼幫忙。他也只解出一維的情形，但是更有趣的高維情形仍然是束手無策。

然後，在 1947 年的 12 月，George Uhlenbeck 邀請我到 Ann Arbor 對這個論題作演講。這是一場晚上的演講，所以我們先吃晚餐，喝的是荷蘭的杜松子酒與其它幾種酒的混合，味道幾乎是要命的。因此，其它細節我已朦朧，但是我確實記得 Ted Berlin 出現在聽眾席之中，演講完畢後，他質問我一些細節問題。Ted 雖然是一位化學博士，但是受到 Uhlenbeck 的影響，變成一位物理學家。我訪問 Ann Arbor 時，遇過他好幾次，我們有許多的討論，對我受惠良多。我很高興他對這個模型有興趣，但是對於接下來的事情，他並未完全準備好。經過幾星期之後，不可能太久，我才接到 Ted 寄來的一封信，他概略描述一維、二維與三維的完全解答！

如果我說我很感動，這是說輕了。事實上，我是目瞪口呆與興高采烈。Ted 使用的方法叫做最速下降法 (the method of steepest descent)，這是一個甚具威力且詭譎的工具。數學家羞於使用它，因為一般而言，很難給予嚴格的證明。物理學家不像數學家那麼龜毛，且更具樂觀，又有直覺引導，使得他們可以認出錯誤的答案，並且抓到正確的答案。他們跟愛因斯坦一樣，相信：

Subtle is the Lord, but malicious He is not.
造物者是詭譎的，但是他沒有惡意。

無論如何，得到的結果是：在二維平面的情形沒有相變，但是在三維空間的情形有一個相變，並且這個模型有許多非物理的特性，還好在定性上十分實在，套一句 Norbert Wiener 的話，就是「它沒有顯現出荒謬性」。這個模型叫做球的模型 (spherical model)，由此產生大量的文獻，並且氾濫成許多細流。可見它的構思顯現出了不起的活力。

在 1951–1952 學年度，是我的休假年，我選擇到普林斯頓的高等研究院去進修一年。

高等研究院創立在 1930 年，目標是為一群世界上最傑出的數學家與物理學家（後來又加入一群同樣傑出的歷史學家）提供一個安適的討論與研究的定居地，並且提供機會給優秀的年輕博士後進修人員在此待一年或兩年做研究，過著沒有經濟上與世俗煩憂的學園生活。全美國的資深人員，若是休假一年選擇到高等研究院，那麼它也提供補助費，並且總是有一群傑出的外國訪問學者住在這裡。

最原初的研究人員，包括 Einstein、Weyl、von Neumann 與 Gödel，我只舉出少數這幾人，他們是最為大眾熟知的名字。經過不久，新成立的高等研究院就成為世界新的數學研究中心，並且持續到今日仍然是執世界牛耳的地位（在此之前的世界數學研究中心是德國的哥廷根大學）。

　　Abraham Flexner (1866–1959) 是研究院的第一任領導者(事實上，研究院是在他奔走下籌劃創立的)，他有敏銳的直覺，讓這個年輕的研究院成為博士後研究與教育的學園。今日美國之所以成為世界上數學的主要力量，Flexner 的遠見與魄力可以說是功不可沒 (譯者註1)。

　　第二次世界大戰結束後 (1945 年)，物理學家歐本海默 (J. Robert Oppenheimer, 1904–1967) 成為高等研究院的領導者，他吸引了一批年輕的物理學家到這裡來研究，其中的李政道 (1926–) 與楊振寧 (1922–) 兩位共同得到 1957 年的諾貝爾物理學獎。

　　歐本海默就任領導者的期間並不愉快，不僅是因為他個人涉及不名譽的醜聞 (譯者註2)。另外，領導者與數學家之間的摩擦也漸增，主要是涉及數學與物理學何者為優先之爭。但是，我相信主要的理由應該是研究院的優勢漸失。當然，它仍然是一個了不起的地方，不過美國的數學與物理學已到達成熟之境，出現許多可以當作博士後研究的地方。當初的大師級人物，退休的退休，死亡的死亡，他們的後繼者，雖然無疑地都是第一流的人才，但是已無開創之父們迷人的魅力與風範。

-------◎ 譯者註 ◎-------

1. 參閱下列的書，胡適：《胡適的一個夢想》。南港胡適紀念館出版，1996。裡面的第二篇是〈記美國醫學教育和大學教育的改革者 A. Flexner〉。
2. 參見徐氏基金會出版的《光芒萬丈》，Robert Jungk 原著，翁武忠漢譯。這本書裡詳細描述物理學家推動現代物理學的研究、原子彈的研發以及歐本海默事件，非常精彩。

　　我在研究院停留的一年是愉快且豐收的。這是從「舊的」轉變到「新的」研究院期間，但是仍然比較像是舊的研究院。我唯一能夠確認有關摩擦傳聞的根源，是有一些數學家反對 von Neumann 要建立數

位電腦的著名計畫。現在事後回顧起來，反對者是愚蠢的。

　　我停留在普林斯頓期間，還有一件欣喜的事情，那就是讓我更深入認識 von Neumann。他除了是本世紀（20 世紀）最偉大的數學家之一，也是一位美妙的相處同伴。他具有無與倫比的幽默感，並且充滿著故事與笑話，其中有一些很幸運地保留在 Stan Ulam 的《一位數學家的探險》這本書裡。

　　在研究院，我很幸運遇見了 John C. Ward。在他那一代，他是一位多才多藝與原創性的理論物理學家。我有一個念頭，如何去簡化 Ising 模型的 Onsager 解答，而 John 恰好也有相同的念頭。我們兩人合作，利用 John 一個關鍵性的觀察，我們成功地重新推導出 Onsager 的結果。成功的理由主要是得力於事先知道了解答。事實上，我們是受這個知識所引導。然而，我們的解答是不完備的，因為有一大類的項我們沒有考慮進來。事實上，這些項都必須消掉才會符合 Onsager 的解答。但是消去這些項的理由十分詭譎，必須花費許多年的時間，加上許多人的努力，才能把漏洞補起來。甚至，連費曼也加入行動的行列。1952 年，我在加州理工學院 (Cal Tech) 做兩次演講，費曼都來聽，並且他說出需要補的漏洞是最清晰且最精準的定式。在兩次的演講中，他都寫筆記，這是我唯一一次見過他這樣做。通常，他的思路都跑在演講者的前面很遠，但是這次涉及組合學，要跟上組合學的論述對所有人都是困難的。

　　停留在普林斯頓的一年期間，我也第一次遇見楊振寧與李政道。他們那時正忙於寫兩篇論文，都是有關於相變的一般理論，後來都成為這個領域的經典論文。我有點打擾他們，但是我從他們身上學到很多的東西。

　　回到 Ithaca，生活恢復成如往常一般。實際上，我喜歡回來過比較有組織的正常生活，也做學術上的零碎工作，例如教學與參與委員

會的服務性工作。免除所有責任的生活，可能在心理上會造成十分的不安。做研究時，新念頭並不會經常出現，並且在兩次爆發狂熱的研究活動之間，通常會有一段很長的空窗期。在這段空窗期，對於自己的沒有創造性，必須找到好的藉口。在一個大學的環境中，藉口有很多，例如學生來討論問題糾纏著你啦，院長叫你去商量事情啦，許多委員會要開會啦，等等。但是，像高等研究院這樣的地方，所有這些藉口都沒有了。如果你沒有驚人的表現，你會感到挫折與沮喪。我算是相當幸運的人，能夠跟 John C. Ward 合作，並且站在楊振寧與李政道的肩膀上，讓我得以免除因數學能力上的薄弱所導致的病態思想。

　　我喜歡教學工作，一般而言，我更喜歡教大學部的課程。有關更高等的課程我則定期教「物理學的數學方法」，這是研究所第一年的必修課。這門課也開放給優秀的大學部學生以及許多要利用機會進修的人。有一年，Steve Weinberg 與 Shelly Glashow 也來修這門課，當時他們都是大學部高年級的學生。在 1979 年，他們兩人與 Abdul Salam 共同得到諾貝爾物理獎。

　　在康乃爾期間，我「生產」了 17 位博士學生，其中有兩位最近獲選為國家科學院的院士，平均起來，我的成績還算相當好。多數主修科學與工程的研究生，都會選擇數學當作他們兩個必修的「副科」之一。我是如此普遍地被選為博士學位的口試委員，有一年竟然高達 65 次之多。

　　我當博士學位的口試委員，累積了無數的故事，有許多純粹是別人編造出來的。但是，最著名的一個卻是真實的，也許值得在此把它紀錄下來。我對博士候選者姑隱其名。至少他的數學並不是特別的好。幾個問題回答不出來後，我問他一個真正簡單的問題：請你描述函數 $\frac{1}{z}$ 在複數平面上的行為。他回答說：「先生，這是一個解析函數，但

是奇異點 $z = 0$ 是例外。」這完全正確。我繼續問：「這叫做什麼奇異點?」他答不出來。我再問：「看著我，我是誰?」他的臉色一亮，回答說：「先生，你是一位單純的波蘭人 (A simple pole, Sir)。」事實上，這也是對的答案 (譯者註)。

譯者註

此地 Pole 是一語雙關，既是「極點」，也是「波蘭人」。因此，"A simple pole, Sir." 也可以意指「先生，這是一個單純的極點。」在這裡表現出 Kac 的高級幽默。

　　美國的學生不習慣於口試，第一次的經驗可能造成創傷。我記得一個例子，有一位十分優秀的學生，對於第一個問題，他只能無語問蒼天。很顯然，若繼續問下去，對他必是一種懲罰。為了把這位可憐的人從災難中解救出來，我問他：「你叫做什麼名字?」他有點不敢相信的反問：「先生，你問我的名字? 什麼是我的名字嗎?」這擊中了他，讓他感覺到這一切是多麼的滑稽。我不能說，他因而完全恢復了常態，但是，至少類似的智性對話變成可能了。

　　在 1955–1956 學年度，我得到一個研究獎助金，我決定出國進修一年。因為我們希望孩子學習法文，所以我們選擇到瑞士的日內瓦 (Geneva)，理由是日內瓦是歐洲的中心點，並且在巴黎也很難找到適當的房子。

　　到瑞士訪問的外國人，都被要求把孩子送到私立學校，但是這對於我們卻造成困擾。瑞士著名國際學校的法文部門，只收熟諳法文的學生。把我們的孩子安置在說英語的環境，又違背我們的本意。因此，我們決定把孩子送到公立學校，但這又不被友善接受。最後，透過我的房東，他是聯合國的高階官員，在正當的地方施點壓力，我們的孩

子才被允許進入公立學校。從我們居住的地方，只須走一小段路就到達學校。

　　這變成是某種禍福混合的運氣。班級上突然來了一位不會說話的學生，這對於工作已是過量的教師更是加重緊張。我們也不會忘記，我們的孩子給教師增添的負擔與麻煩。處理班級上有一位如啞巴般的學生，需要想像力與慈悲心。不幸的是，我們所遇到的瑞士教師，看起來都完全缺乏這些特質。Michael 的老師有足夠的判斷力，他放任 Michael 獨自三個月不加理睬，直到經由某種無法解釋的過程，有一天 Michael 終於「吸收」了法語。但是我的女兒 Deborah 就沒有那麼幸運，她是由一位看似溫柔仁慈的女老師帶領，我們把 8 歲的女兒託付給她。然而，這位老師在過分的關心與體罰之下，不論是對個別學生或團體學生，她都給小孩子造成壓迫與災難。我不時地要用有限的法文寫信給這位「親愛的夫人」(Chére Madame)（雖然在那幾年，"Madames" 已經改變了）。我告訴她，她對我的小孩所做的事，是殘忍的、不正常的並且完全是不當的處罰，但是大多數的情況，我並沒有成功地說服她 (譯者註)。

------- ❧ 譯者註 ❧ -------

教育很奧妙，尤其是語文教育。父母或老師分成兩種狀況：放任與極力介入。這常導致無為而無不為，或有為而無所為。一個小孩子只要在一群小孩子中相處與遊戲，自然而然就學會語言。極力介入，反而經常變成是一種傷害。臺灣的家長或學校教育，都傾向於極力介入，甚至是壓迫，造成小孩子沒有自主的空間，失去信心。可不慎乎!?

　　這個學校對於小孩子失序的行為，是出了名的不能容忍。所謂「犯規」就是製造出錯誤，可能是一個算術問題算錯、筆記本沾汙到墨水，

或是更糟。小孩被要求使用沾著墨水的筆寫字，這是 Deborah 有生以來從未見過的事情。她看見身邊的同學，因沾汙而受到拉扯耳朵或頭髮的處罰。這對於使用墨水筆寫字的 Deborah 來說，經常讓自己或同學處在恐懼之中。她曾經懇求我們把她的頭髮剪掉，以便擺脫被拉扯頭髮的恐懼。公平地說，她從未受過身體上的處罰。我只是單純地舉出班上那些逐漸增加並讓她不喜歡或不同意的不當措施。我不情願地說，這種教育是失敗的。我們提議，讓孩子離開這個學校，但是她要堅持到底。為了她的名譽，她辦到了。

Michael 的處境好多了。當然他比 Deborah 大 4 歲，他在處理另一種語言之前，已先對一種語言的讀與寫建立了堅實的基礎。他學法文很簡單，並且到今天他都還說得很好，當然，他說的法語有日內瓦的腔調，相當具有音樂性且好聽。從那一年開始他對語言學產生了興趣，導致他變成職業的語言學家。

我們得到的瑞士經驗，認為脫離常軌就是討厭的人物，這尖銳地對比於我們在 1956 年夏天回到 Ithaca 之後的經驗。

我從歐洲帶了兩位研究生回到康乃爾，他們想要跟我一起工作。其中的一個來自比利時，他的父親被德國人殺死，寡母與弟弟住在布魯塞爾 (Brussels)。在他抵達 Ithaca 不久就傳來母親突如其來的死亡悲劇，他變成弟弟唯一的監護人。我們為這個男孩申請必要的護照來到美國，並且獲准進入 Ithaca 高中就讀，所幸他在秋季註冊之前及時趕到，而我便與他的哥哥陪他去辦理各種形式上的手續。

我們幫他找到特定的指導顧問（後來我才知道，她是多年前 Kitty 的高中英文教師之一），我們參與排隊登記的行列。等輪到我們時，她的工作幾乎要結束。我很確定，顧問正準備要回家，因為她正在踢脫著她的鞋子並且放鬆喝著飲料。面對我們時，取而代之的是，她馬上處理一位失去父母，並且迷惑的男孩，他來自一個陌生的國度，一句

英語都不會說。對她來說，他是一位討厭的人？一點都不是！要讓一位
年輕男孩適應這個社會體系，讓她忙了一天。這是一項挑戰，需要經
過一小時接一小時的解釋與查驗普通學生的例行表格。她說：「讓我們
來看看，他已準備好學習第三年的拉丁文，但是我打算將他安置在第
二年級，這對他很容易並且有比較多的時間學習英語。」離開時，她
說：「如果以後有問題，一定要來找我！」從此，事情就進行得很順利。
每當美國的教育系統被批評為落後於歐洲時（特別是瑞士相應的部
分），我都要講這個故事。也許我這樣說並不完全公平，因為 Ithaca 高
中若不是全美國最好的高中，也是最好的之一。但是，我相信此中所
顯現的對孩子的態度，反應了普遍全美國的狀況，那就是，孩子是人
類的一分子，我們必須以人來對待。

　　關於我們孩子所受的瑞士教育，我作最後一個評論：在 Michael 的
班級，學生必須學習世界地理。教科書的標題是「世界地理」
(Géographe Mondiale)，這一點都不奇怪，但是內容卻反映了對世界的
一個沒有料到的觀點。整本書的一半是講「共和國與日內瓦邦」(La
République et le Canton Genève)；剩下一半的一半講瑞士 (La Suisse)；
最後的四分之一才講世界其它各國。美國只分配到約兩頁，跟其它國
家一樣，都必須背起來。親愛的讀者，請你們想一想，如果有一位本
國人在教室裡，教師會問到陌生且遙遠國度的生活情況嗎？特別地，
上述那位本國人說著流利的法語，教師會改正書上對其它國家錯誤與
過時的事物嗎？當然都不會。因為下面的教育原則不能違背：

孩子必須親眼看到，而不是聽到。

　　當我們回到 Ithaca，公立學校的督學正好是我們的鄰居，他在康
乃爾的暑期部教一門比較各國教育系統的課程，對象是中小學教師。
他獲知 Michael 剛經歷過瑞士的教育系統，所以特別請 Michael 給他

班上的教師們做個演講。Michael 開頭就說，美國與瑞士教育系統最顯著的不同是，一位 12 歲的男孩，在瑞士從不會被邀請對一群教師做演講。對於瑞士人來說，向小孩子學習是不可思議的事情。然而，瑞士最偉大的心理學家皮亞傑 (Jean Piaget) 卻主張：最原創性的哲學家是小孩子。

在科學方面，我停留在日內瓦的一年並沒有特別值得回憶的地方。我完成的事情很少，並且計畫要開始做的事情也不多。我主要是旅行與演講。我在布魯塞爾做了一圈巡迴的演講，在巴黎又做了另一圈，承上天的幫忙，兩者都是採用法語演講。我在歐洲也做了大量的單獨演講。我交到許多朋友，並且發現歐洲是極其美好的地方，可惜我只能住在美國。

唯一產生的新事物是，我構思與發表一篇短論文〈對於機率論應用在古典統計力學的一些評註〉。裡面含有一個模型 (有時叫做 Kac 的環模型，Kac's ring Model)。這是我所做過的第二個註解，用來了解與解釋熱力學第二定律的統計本性。它是一個很好的註解，縱使我是在稍嫌自誇之下說的。

洛克斐勒大學——夢想幾乎要實現
1961–1981

The Coming of Wisdom with Time

Though leaves are Many, the root is one;
Though all the lying days of my youth,
I swayed my leaves and flowers in the sun;
Now I may wither into the truth.

智慧與時俱來

葉雖「多」，根是「一」；
經歷浮華的青春歲月，
我在陽光底下舞弄花葉；
如今且看我花落果成真。

－葉慈 (W. B. Yeats, 1865 – 1939)－

譯者摘要

洛克斐勒原本只是一個學院，以生物與醫學的研究為核心並且是世界上頂尖的。後來學院想要轉型成為科學研究的大學，於是 Kac 在 1961 年從康乃爾大學被挖角到洛克斐勒大學任教與研究，把數學、物理與生物結合在一起。這正好符合 Kac 對數學的期待，以及對教育理想的追求。起先他做得有聲有色，然而，由於大學擴展太快，在 70 年代發生石油危機，連帶地引起大學的財務危機。最後只好又縮回以生物與醫學為研究中心的大學。因此，Kac 才說「夢想幾乎要實現」。

Kac 在本章描寫加入洛克斐勒的經過，研究工作豐收，以及一生的工作被承認的快樂。這是做數學或科學研究最大的回報。

Kac 到英國古老的牛津大學當訪問教授，順便介紹了牛津與劍橋這兩所大學的制度。他認為，它們是世界上為社會菁英而存在的最好大學。

在 1959 年秋天，我接到 George Uhlenbeck 的一封信。要旨是說，Sam
Goudsmit 曾經代表 Detlev W. Bronk 來接觸他，詢問他 (George)、Ted
Berlin 與我是否有意願加入紐約洛克斐勒學院的教職與研究行列。如
果我們有意願，就可以開始商量細節。George 持懷疑的態度（他寫
道，「這似乎有點瘋狂」），但是他負責把 Sam 的訊息傳達給 Ted 和我。
Ted 立刻以高度的興趣給予熱情的回應。他是約翰‧霍普金斯大學的
物理學教授，深知 Bronk，因為 Bronk 從 1948 到 1953 年擔任過約翰‧
霍普金斯大學的校長。兩個人是惺惺相惜的好朋友。

　　Bronk 在 1953 年離開約翰‧霍普金斯到洛克斐勒學院的醫學研
究中心接掌校長的職位，他被賦予的任務是將學院轉型成科學研究型
的大學。在 Bronk 的列舉項目中，引進數學與物理學的研究群是優先
的考量，他尋求長期的好友 Sam Goudsmit 來幫忙，找尋優秀的人才。

　　John D. Rockefeller Sr. 在 1901 年創立洛克斐勒學院醫學研究中
心，它是世界上最著名的醫學研究中心之一。生物學與醫學方面一些
偉大的發現，都是在這個學院的圍牆內做出來的，包括第一個致癌病
毒（由 Peyton Rous 發現）；M, N 與 P 的血液因子（Karl Landsteiner 是
血液群的發現者）；證明 DNA 是遺傳因子的載體（由 Oswald Avery,
Colin MacLeod 與 Maclyn MacCarty 發現）。在 40 年代末期，學院正處
在名氣的高峰期，但卻也走到了十字路口，一部分的原因是它的掌舵
者神經生理學家 Herbert Gasser 接近退休年齡了。

　　Bronk 是學院董事會科學部門的主管，他被任命為其中一個特別
小組委員的主席，任務是尋找 Gasser 的繼任者，並且提出學院的新政

策與未來發展的方向。最終，Bronk 被說服，接受校長的職位，並且要實現來自他的小組之建議，將學院轉變成科學的研究型大學。

因此，在洛克斐勒學院的歷史上 1953 年標誌著第二個時代的開始。第一位學生（或研究生）在 1953 年進來，第一個博士學位在 1959 年頒發。在 1965 年，洛克斐勒學院正式改名為洛克斐勒大學。

當然，我曾聽說過洛克斐勒學院的著名醫學研究。我想我是知道的，它應該像劇作家 Sinclair Lewis 寫的 *Arrowsmith* 這本小說（1925 年），它所描述的醫學英雄 Martin Arrowsmith 所屬的 McGurk 學院那種典型。但是，這就是我所知道的一切，我沒有注意到洛克斐勒學院正在經歷一番深刻的變化，直到我接到 George 的信才知道。

對於 Sam 的提議，我的態度是介於 George 的懷疑與 Ted 的熱情之間。我剛拒絕過另一個學院所提供的誘人職位，理由是雖優渥但不安定。況且經常在學術界之間跳槽也不是受歡迎的行為。然而，有機會參與一個新的實驗，並且是跟我兩位最親近的朋友合作，這種在科學上的聯合奮鬥顯然是很吸引人的。

在 Sam 的居間斡旋之下，三個人開始展開了有點長的協商。最終的結果是我們三個人都接受加入洛克斐勒學院（去掉「醫學研究」以強調學院的本質已經改變）。George 與 Ted 在 1961 年 1 月遷移到紐約，我則在同年的 7 月跟隨在後。

第一年是單純而美妙的。我們都很興奮從事活潑的科學事業，我們很難想到有更好的條件來做教學與研究。對於決定來此之前的疑慮全都煙消雲散，我們的周圍散發著熱情與光輝。但是，好景不常。在 1961 年 11 月，悲劇打擊了我們，所有新發現的喜悅都粉碎了。Ted 是我們這一群人中最年輕的一位，他在從華盛頓回紐約的火車上突然心臟病發，當時他只感覺不舒服，並沒有意識到什麼地方不對勁，並在 Baltimore 離開火車到一家旅館的房間休息打電話向朋友求救。但在朋

友到達之前，他就已經死亡了。

　　這導致個人友誼與職業上的損失，讓我們都極度的悲傷。在那一段期間，我們簡直是癱瘓，但是現實還是要面對。Ted 從約翰‧霍普金斯帶來一位有才華的博士後研究員，他已經參與過一些導師的工作。雖然 Ted 不可取代，但是尋求後繼人員是緊急的事情。我們很幸運，恰好有一位從阿姆斯特丹大學來的訪問學者 E. D. G. (Eddie) Cohen。他 (Eddie) 自然是 Ted 的繼任者。巧合得很，三年前他在密西根大學跟 George 在一起 6 個月，另外的 6 個月在約翰‧霍普金斯跟 Ted 在一起。他在科學上的興趣和我們完全契合，所以只需花幾分鐘的時間，我們就說服 Det 聘任他 (Det 是 Detlev W. Bronk 的暱稱)。幾個月過去了，辦好移民手續後，他與他的家庭抵達美國，並開始一個新的生活。現在 Eddie 仍然在洛克斐勒大學，並且工作傑出。

　　不久，在高能理論物理學方面，由 Abraham Pais 的領導之下加入了一個小而傑出的研究群。Abraham 是 George 的學生，他是另一個荷蘭人。接著，又來了一群行為科學的傑出人員，另外還有哲學群。在數學方面，我們擴大範圍從哈佛請到著名的邏輯學家王浩 (Hao Wong, 1921–1995)，以及從 MIT（麻省理工學院）請來兩位正在升起的明日之星 Henry P. McKean 與 Gian-Carlo Rota。我們有足夠的基金，可以請到世界各地的訪問學者。當偉大的 Hans Rademacher 從 Pennsylvania 大學退休後，我們提供給他一個學術的居所。當組合學大師 John Riordan 從貝爾電話實驗室退休後，我們也比照辦理邀請他來。總之，事情進行得轟轟烈烈。

　　學院在欣欣向榮的成長與擴充之下，沒有人比校長 Det 更高興。Det 夢想要創立一個研究型的大學與「科學家的社群」的美夢終於成真。在美國教育史上，這是唯一的一次實驗，按照他的理念達到壯麗與輝煌的成功。

　　Detlev Wolf Bronk 懷著他的夢想，成為當代美國最了不起的人物之一。但是，他幾乎不為大眾所知，這是一個悲哀的訊息。在超過 120 年前，Andrew D. White 寫一封信給 Gerit Smith，批評當時普遍瀰漫的「商業功利氣息」。然而，至今我們還是沒能成功地扭轉它。

　　Bronk 當過國家研究委員會與國家科學研究院的主席，為國家長期付出優異的心力。他經歷過國家科學部會的主席，以及三任的總統科學顧問委員。這充分證明，他將科學的概念深刻地奉獻給國家與人類的胸懷。更重要的是，Bronk 深信：

科學是人類心靈的偉大探險。它是人文傳統不可分割的一部分。

　　在 1961 年，當他向董事會推薦 Ludwig Edelstein 當學院的教授時，Bronk 的介紹語如下：「Ludwig 是一位傑出的生物學與醫學的歷史學家，但這只具有浮面的意義。更深刻的意義是，他是一位偉大的人文學家。作為科學家的社群，我們已經長期沒有跟像他這樣的學者聯繫了。他精通現代科學的起源，以及科學對人類的觀念與習慣的影響。」我們必須回到 Andrew D. White（創立康乃爾大學之一人），才能聽得到一位大學校長具有如 Bronk 這麼雄辯與恢宏的視野。

　　打從我遇到 Det，我就開始喜歡他。他是相當有魅力的一個人，在幾乎 65 歲之年還保有一些男孩子氣，讓 Kitty 和我都不難發現他奇特的親和力。有一次，他對 Kitty 提到，他通常跟年輕人在一起會不太舒服，但是他很享受跟我們的孩子在一起。因為他發現，他們很容易交談，相處也很愉快，這讓 Kitty 相當驚奇。這居然是從一位一生都奉獻在教育年輕人的男人口中說出來的話！

　　他可以剛硬如鐵。他的氣質具有傳奇性，他溫和，最多也只是發出一個怒氣的程度。只有一次他讓我發脾氣，那是我到洛克斐勒的初期，我已不記得整件事情的始末，這是我從第二手聽到的，Det 批評

我所做的或沒有做到的（我想，這不公正）。因為 Det 離開城市（他經常如此），我就去找 Frank Brink，並且請他把我想要辭職的訊息轉達給 Det。幾個小時後，Det 的行政助理 Mabel Bright 打電話給我，她是一位相當幹練的女性，以機智與圓融的方式，為她多變且到處跑的老板安排複雜的活動。她問我：「Bronk 博士回來了。你可以在今天下午 5：30 在酒吧跟他喝酒嗎？」我仍然怒氣未消，但我接受了。我大約晚到了一兩分鐘，Det 早已點了他慣喝的 Manhattan，而我慣喝的 Martini 也很快的送了上來。在我們啜飲兩次之前，我的怒氣已經全消了。

　　我們之間的友誼，真正具有指標性的是下面的插曲。因為 Det 厭惡大學的分系結構，所以他保持著古老的學院傳統，每一位教授都是一個實驗室的領頭，這是一個行政單位，除了少數的例外。因此，每一位教授都要直接向校長申請預算經費。有一次，在預算都撥下來並且認可之後，我再去找 Det 要求增加一個名額，他毫不考慮就答應了。我相當驚訝這件事如此順利，於是我問他：「如果我提出的是相當不合理的要求，那麼你要怎麼辦？」他回答說：「你從不會這樣。」據我所知，我真的從未發生過這樣的事情。

　　Det 的教育理念是受到 Daniel Coit Gilman（1831–1908）與 Abraham Flexner 兩個人強烈的影響。其中 Gilman 是約翰‧霍普金斯大學的第一任校長，他嘗試要將它發展成為研究型的大學。雖然不久就必須增加大學部這一部分，但是新大學的重心仍然是放在研究所的教育與研究。約翰‧霍普金斯的例子，至少有一部分很快就被許多領先的大學模仿，大家或多或少都公認研究所的教育與研究工作，才是大學的核心任務。

　　Abraham Flexner 是普林斯頓高等研究院的第一任院長（他的哥哥 Simon 是洛克斐勒學院醫學研究中心的第一任院長），他長期批判美國的醫學教育，以及一般的高等教育。對他來說，許多大學部的教育都

是浪費且沒有效率，特別是對有天分的學生來說。他稱讚 Gilman，信奉他的理念，並且為他寫了一本傳記❶。

　　當 Det 做約翰・霍普金斯的校長時，他回歸到 Gilman 的理念，並且接受這些理念的指導。他在約翰・霍普金斯最後一年的年報上寫著，他相信：

　　不論是作為思想的基礎或行動的前奏，研究都是現代生活的根本。

他希望：

　　　　減少只強調平凡而缺乏想像力的教學。

並且不要區分「教員、研究生與大學部的學生」。在同一個報告中，他又寫道：

　　對於人類與大自然的研究，導致知識的生長與資訊的增加，都必須專業化。但是，要達到洞悟，必須同時對許多相關領域的知識都求得理解。除非真正具有創造力的學者與學生，在大學裡已能學到求知方法與知識的統合性，否則大學無法提供我們這個複雜的文明社會所極需具有智慧的領導者。

　　在洛克斐勒，Det 終於有機會在毫無限制的條件之下，創立他心目中的理想大學。雖然下面的引文是從 1967–1968 年的目錄摘取出來的，但他所描寫的完美大學，就如同我在 1961 年所發現的一樣。

　　本大學的目標是，為了要增進人類的福祉，而促進自然科學及其應用的研究。

---

❶ Abraham Flexner, *Daniel Coit Gilman : Creator of the American Type of University* (Harcourt, Brace, 1946).

　　大學不只是由研究各專業領域的科學，所形成的各學系之聚合。它應該是科學家的社團，可以自由地追求他們在任何領域中的學術興趣。

　　學生要很少，研究人員要很多。這使得兩群之間的人緊密相連，他們的生活與工作，只是年輕與年長的同事而已。

　　學生必須要學會自己會學習的能力。雖然大學提供許多課程，但是教學的方式以下列為主：討論、研討會、教授在實驗室的研究。因此，每個人都有相當大的自由，參與獨立學習的活躍過程。

在這種環境之下，顯然學生必須非常優秀才得以存活與成長。這看起來似乎有點奇怪，因為沒有限制的往往也是沉重的負擔，並且沒有壓力是所有壓力中最壞的一種。因此，不奇怪，有的學生失敗了，甚至釀成悲劇。但整體而言，是特別的成功。在 125 名的學生中，從 Det 手中接受博士學位的人，有兩位得到諾貝爾獎，有許多位被選上國家科學院的院士，而幾乎所有的人都擔任領先群大學與醫學學院的要職。

在早年，Det 利用他在學術圈的交遊廣闊，招引一些有希望入學的候選者到他身邊來。在他任職校長的最後一天，他還面試了每一位申請入學者，他做這件事情是極端的嚴格。我知道幾個情況，當他參加在華盛頓舉行的政府重要委員會議結束後，他立即搭乘火車返回紐約，會見一位有望入學的學生。

要得到 Ph.D.（博士學位）的其中一個要求是，博士候選者要將博士論文以通俗的形式作公開的演講。據我所知，Det 參加每一場的演講。在華盛頓與其它地方，有許多事務都會佔用掉他的時間，但是大學的事務對他而言仍是最重要的。在我認識他的期間，大學就是他

的生命。他將他的不朽，賭在他偉大的大學實驗這件事情上面。

　　終究，「商業功利的力量」還是讓光輝黯淡下來，並且妨礙了夢想的發展。但是，曾經參與這個夢想的人，「Bronk 的時代」仍然被珍藏在記憶裡。在 1968 年 5 月 29 日 Det 的退休晚宴上，由第二屆的畢業生（1960 年）和未來的諾貝爾獎得主 Gerald M. Edelman 致詞，推崇 Det 一生的偉大貢獻。在這個感人的演講中，有一段非常值得引述：

> 在開頭我要說，我認為在 Bronk 博士的心目中，有關這所大學原創、珍貴與非凡的地方，我最好是引述一本著名的歷史著作，借用其中的一個術語來說明。在 Jocob Burckhart 所寫的《在義大利文藝復興的文明》這本書中第一部分說到「以藝術工作來經營一個國家」(the State as a work of art) 的理念。**在文藝復興時，這在歷史上是一個全新的概念——把國家當作是反省與計算的產物，當作是一件藝術品來經營**。在當今，壓倒性的官僚體系以及專門化的綜合性大學盛行之下，Bronk 博士所信奉與重新發明的大學理念，就是**把大學當作藝術品來經營**。

　　當我離開康乃爾，加入洛克斐勒學院時，我的許多朋友都坦白表達困惑不解。紐約市已經有兩個主要的數學系，一個在哥倫比亞大學，另一個在紐約大學（數學科學的庫朗學院，The Courant Institute of Mathematical Science）。又在 50 哩之內，有普林斯頓大學與耶魯大學的數學系。為什麼還要再增加一個？復次，我們的規模不大，無法提供多樣的課程與討論會。在那段時日，這些正是要培養數學的 Ph.D. 所必備的。但是，在其它大學，由於特殊課程的增生，導致數學從其它科學中被孤立出來。然而，在洛克斐勒學院，我們有一個機會可以將數學帶回傳統的情境，亦即讓數學與物理學融合，這也許可以開拓

出一條通往生物學的道路。我們甚至夢想要教育出會使用「雙料語言」(bilingual) 的科學家，一方面精通數學與精確科學的語言，另一方面也熟稔相當不同的生物學語言，生物學是一個規則少但是例外很多的領域。

在我們協商期間，當我第一次訪問洛克斐勒學院時，我的印象很深刻，就像第一次的訪客，被校園的美麗所感動。那是一個在都市中的綠洲 (oasis)，壯麗的地面風景穿插著大理石鋪成的路徑，宛如古埃及亞歷山卓大學移植到我們這個世紀再現。我在心裡以浪漫的情懷想著：「多麼令人激動與興奮啊，經過這麼多世紀之後，我又可以再一次漫步在花園中，從事教學與研究！」然而，好景不常，自古以來浪漫的夢易醒。

首先，我發現兩位年輕同事 Rota 與 McKean 有一點意氣不相投。他們沒有像我涉及物理那麼深，所以他們感覺被孤立。於是，他們轉移到比較大的大學，有更多的數學家可以互相討論或是保持距離。我們為了彌補這些損失，新聘了一位主修數理物理學的 James A. Glim，並且從哈佛挖角 Joel Cohen 來。Cohen 是真正「雙料語言」的科學家，並且也是文藝復興人。但是，期待要達成即使是微小的成長目標，終究是落空了。

所有的這一切都發生在 Det 退休之後。他的繼任者 Frederick Seitz（以下暱稱為 Fred）是一位著名的理論物理學家，在上任時他是國家科學院的院長，正如 Det 接任 Herbert Gasser 時的情況完全一樣。Fred 承諾要給大學在高能物理實驗的領域一個新的計畫，這非常有助於保持數學的傳播。但因時空不同，財務赤字不斷升高，不久就迫使他啟動激烈的節省措施。

在 1971–1974 這三年期間，我在董事會議上擔任教員的代表，我可以擔保地說，那時候確實是遇到嚴重赤字的問題。光是猛漲的油價，

就讓學校的熱力系統增加一百萬美元的費用。行政當局判斷，情況已嚴重到達臨界點，非要啟動嚴峻的措施不可。

　　大學快速地從富有變成貧窮，我們被攪亂了心情，教職員的士氣垂直下落。面對縮小的預算大餅，自然就會有一些同事，至少把一部分的責任歸咎於 Det 的揮霍無度，他擴充周邊的研究領域與增加研究生的數量過於快速。而科學社群的學者也開始顯現出緊張的氣氛。

　　Fred 努力維持 Det 理念的完整性。在 1970 年，當第一次財務危機出現明確的訊號時，他接到一位最傑出，也是世界知名生物化學家的一封信。信裡建議他，也許把大學再縮減為以生物與醫學為核心的結構，就可以解決財務危機的問題。Fred 把這封信影印一份給我。不久之後，我在訪問西海岸一間領頭的大學時，我被邀請加入他們的教職團隊。對此邀請，我非常動心，因為那封信，動搖了我對洛克斐勒的信心。我去找 Fred 討論這件事情，並且準備要辭職。出乎我的預料之外，Fred 採取所有可能的論證勸我留下來。他極小化那封信的意義，對我作各項保證。我認識 Fred 多年，我完全信任他。因此，我才決定留下來。

　　幾年後，財務狀況更加惡化，到達災難的地步。由此產生的一個結果是，哲學的團隊最先被裁撤掉，但處理得很拙劣，因此給大學帶來公開化的糾紛。在 Fred 的繼任者帶領之下，心理學的團隊接著也被犧牲掉。

　　我在洛克斐勒經過 20 年快樂與豐收的歲月，終於在 1981 年離開。一切訊息都顯示，除非收得到學生，否則大學必然朝著下列的方向走：縮減成原來以生物與醫學研究為主的學院。

　　當我離開時，我還有 4 年就要強迫退休。自從「Bronk 的聖殿」毀掉後，往日美麗的情懷跟著飄遠了。Kitty 和我也厭倦了東部冬天的酷寒，對於持續增長的憤怒，我在 Scarsdale 得到了補償。我們的女兒

與她的兩個孩子住在西海岸。為了讓事情容易些，當南加州大學表達了對我加入他們的團隊感到興趣，任務是幫忙他們建立數學系。於是，我決定遷移到加州。

當我在 1961 年到達洛克斐勒時，已經 47 歲了。從理論上來說，一個人的數學能力高峰期已消逝。這大致上是對的。因為數學，甚至是物理學，都是年輕人的智力遊戲。然而，我認為我最好的一些成果是我待在洛克斐勒期間完成的，那時我已經接受自己被公認為一位老人了。

我在「老年」最喜愛的一個發現跟凝結現象 (phenomenon of condensation) 有關。上一章我已提到過，任何氣體若冷卻到低於某個臨界溫度，並且在足夠高壓下就會產生液化。這樣普遍的現象，甚至到現在都無法利用「第一原理」來解釋，這是令人驚異的事情。所謂「第一原理」是指統計力學的原理。

凝結現象的第一個突破，是由荷蘭物理學家 Johannes Diderick van der Waals 完成的，出現於 1873 年，這是他在 Leiden 大學所寫的博士論文。

每一位高中生，只要讀過初等物理學就都知道，理想氣體的狀態方程式為

$$p = \frac{kT}{v}$$

這叫做 Boyle-Charles 定律。此地的 p 為壓力，v 為比容 (specific volume，亦即每一個分子的體積)，T 為絕對溫度，而 k 為一個絕對常數，叫做波茲曼常數。

理想氣體不會液化，但是 van der Waals 論證說，實際氣體的狀態方程式為

$$\frac{p}{kT} = \frac{1}{v - \delta} - \frac{v}{v^2}$$

其中 δ 涉及非零大小的分子，ν 為它們之間的吸引力（若 $\delta = 0$ 且 $\nu = 0$，則回歸到上述的理想氣體）。

對於足夠大的 T，那麼 $\dfrac{p}{kT}$ 相對於 ν 的圖形，是一條勻滑且遞減的曲線：

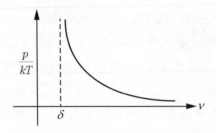

但是低於某個溫度時，圖形會有一個擺動：

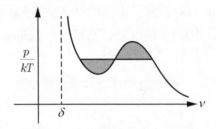

這個擺動現象解釋為氣體開始凝結（亦即液化）。

不幸的是，這個曲線的擺動現象跟熱力學的定律不相容。因此，van der Waals 的理論不可能正確。

Maxwell 採用等面積規則（叫做 Maxwell 規則）彌補了這個情況，亦即將擺動處的曲線用水平直線取代，使得上圖兩個陰影領域的面積相等。這就得到下圖：

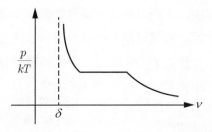

　　但是，Maxwell 的論證是特置性的 (ad hoc)，亦即從外部權宜修正加上去的，問題還是留在那裡。是否單獨使用統計力學，就足以推導出經過 Maxwell 修飾後的 van der Waals 等溫情況呢？換言之，van der Waals 方程經過 Maxwell 的修飾，是靈感激發出來的經驗公式或者是在某種意味下，可由統計力學的原理推導出來？

　　我和 George Uhlenbeck 以及 Per Christian Hemmer 三個人合作寫了三篇論文，證明後者才是正確的答案。Hemmer 是我們在洛克斐勒招收的第一位「博士後」(post-doc) 研究員（目前他在 Trondheim 地方的挪威科技大學，當理論物理學的教授）。

　　在這三篇論文中，我們大量討論一維的特殊模型，這是幾年前我引入的。後來我得知，費曼也引入相同的模型，不過他處理的方式和我的不同。因為這個模型的特殊性質，使我們除了推導出 Maxwell 修飾後的 van der Waals 方程之外，還可以走到更深遠處❷。

❷　以下三人也追隨著我們的工作，但採用不同的方法，首先是 N. G. van Kampen，接著是 J. L. Lebowitz 與 O. Penrose，他們完成更實在的三維的情形。在三維的情形，發現 $\dfrac{1}{v-\delta}$ 這一項是錯誤的，但是正確的形式我們也不知道。因此，嚴格地說，van der Waals 的原方程式只有在一維的情形成立。我們必須強調，欲 van der Waals 的理論嚴格成立，只能在分子之間的交互作用了解得更清楚後，但是它們不可能是導致 van der Waals 狀態方程的那種交互作用。然而，van der Waals 的理論在定性上是極優秀的，只有在臨界點附近除外。

用數學術語來說，我們的討論涉及我先前論文的一個積分方程。這些純粹數學的性質，居然反應了一個片段一個片段的物理實相，實在讓我驚訝不已。從我在 Lycée 往日所學的物理課程，以及大學時代所學的實驗物理，讓我相當熟悉水平片段的等溫現象。據我的記憶所及，它展現給我們的是一個經驗事實。如今一個模糊的記憶圖像可從一個積分方程抽取出來！大自然可能知道這麼多的數學嗎？

我在「老年」第二個滿意的貢獻，是完全不同類型的問題。

美國數學協會 (The Mathematical Association of America) 撥出一筆贈款，找一些數學家來做演講或訪問交談，然後錄製成影片或錄影帶。我也受到邀請來參與，我選擇給一個演講，錄製成影片。演講的標題是：

Can One Hear The Shape of a Drum?
你可以聽到鼓皮的形狀嗎？

這個標題的取名，我只有一半的功勞，另一半歸功於 Lipman Bers。結果造成轟動，超過預期。今日已經很少有數學家沒有聽過這個標題，即使他沒有看過影片或讀過演講的「文本」。

演講與標題的起源，值得在此記上一筆。為了紀念永遠是偉大物理學家之一的 H. A. Lorentz，荷蘭的 Leiden 大學以他的名字設立了一個講座，提供從世界各國來訪問的傑出學者到此研究與講學。在 1963 年的春天，我很榮幸成為「Lorentz 講座教授」，使得 Kitty 和我在荷蘭度過兩個月愉快的生活。在訪問要結束之前，按照慣例，我必須做個半通俗的演講，這是在我之前所有 Lorentz 講座教授都要履行的一件事。演講的地點是在 Ehrenfest 所建立的一個講堂，後來以他的名字來命名。讓我們回想一下，在 Leiden 大學，Ehrenfest 是 Lorentz 理論物理講座的繼任者。我在考慮演講的主題時，想到了我要選擇適當的論

題與適當的標題，即使很微小，也要能夠同時紀念這兩位偉大的物理學家。

我很幸運，在先前的工作中，就有一個論題是理想的演講題目。更重要的是，它起源於 1910 年 Lorentz 在德國哥廷根大學所做的一個演講。

另外，Ehrenfest 喜愛將他的科學論文以問句的方式當作標題（我馬上想到一個，「空間的三維以何種方式表現於物理的基本定律之中?」），為了要紀念他，我將原本是精確且無味的標題改為聳動的問句。因此，就有了「你可以聽到鼓皮的形狀嗎?」

我再說一個有趣的插曲。我的演講宣佈後，海報發布到全荷蘭各地，但是在標題中有一個字拼錯了，變成「**你可以聽到夢的形狀嗎?**」(譯者註) 我說將錯就錯沒有關係，不必更正，但是更正函已經發出去了。因此，剝奪了可能有疑惑的心理分析家聽眾。

✎ 譯者註 ✎

其實，「你可以聽到鼓皮的形狀嗎?」已是含有詩意。原本鼓皮的形狀是用看的，現在居然是用聽的! 其次，不小心把 "Drum" 拼成 "Dream" 變成「你可以聽到夢的形狀嗎?」更富有詩意與想像空間!

回到正式的演講，首先我要為我的詩意標題表達歉意。標題中的「鼓」實際上是小鼓，有一片鼓膜，周邊是固定的。這不像一根弦，因為弦有很單純的泛音 (overtunes) 結構，而鼓膜表現出豐富與更複雜的調和聲音模式。問題的答案仍然是未知（我懷疑問題的答案是否定的），但是可以得到鼓膜的一些幾何資訊。

時間回到 1910 年，Lorentz 在哥廷根大學的演講，他猜測泛音資訊可以決定鼓膜的面積，並且挑戰數學家提出證明（事實上，Lorentz

處理的是三維空間中的電磁振動，但是數學問題的本質與鼓膜振動是相同的）。

希爾伯特去聽 Lorentz 的演講，流傳著一個故事，他預測 Lorentz 的猜測在他有生之年沒有人能證明。結果他錯了，在不到兩年的時間，他的一位優秀的學生 Hermann Weyl 就提出了證明。從而在數學分析學裡，打開了新的且重要的一章。

許多年後（1936 年），瑞典數學家 A. Pleijel 再向前走了一步，他證明：由泛音資訊也可以決定（即聽出）鼓膜周界的長度。

在 1952 年，我由不同的原理出發，給 Weyl 定理一個比較簡單的證明。我發現，泛音頻率的平方，也出現於機率論的擴散過程 (diffusion processes) 之中。當 Lorentz 提出他的猜測時，在物理上擴散現象與鼓膜振動簡直是無關的。然而，從擴散的理論觀點來看 Lorentz 的問題，卻產生洞察的眼光，導致簡化了證明與延伸出更進一步的研究空間。特別地，Pleijel 的結果也可用更透明的方式推導出來 (譯者註)。

─────── ☙ 譯者註 ☙ ───────

一維的弦振動很簡單，利用 Fourier 分析得知，由泛音可以「聽出」弦的長度。參見譯者的一篇文章：〈音樂與數學〉，《數學傳播》，18 卷 1 期，1994。從畢達哥拉斯的「星球的音樂」(the Music of the spheres)、萬有皆數，到達「從音樂中看出數學，從數學中聽出音樂」。Kac 可以說是延續這個西方的傳統，2500 年來，餘音裊裊，不絕於耳。

在回家（回美國）之後，我又前進了一步，這一步打開了一個新視界。如果鼓膜有挖洞，利用我的方法，洞的個數可以透過泛音的計算求得。雖然我無法證明，但是我讓這件事變成看起來似乎合理❸。

❸　不久 I. M. Singer 與 Henry McKean 就提出證明了。

洞的個數單純地跟一個數相關，叫做連通性 (connectivity)，而連通性是拓樸學 (topology) 的一個概念。將拓樸學與分析學的概念連結起來，總是令人興奮不已，也讓聽鼓問題變成一個熱門的研究論題。在 70 年代早期的時候，一位牛津 (Oxford) 的朋友寫信給我，他在信中最後的結語說：「鼓聲震耳欲聾！」

　　再簡略地說我在 Ehrenfest 講堂的演講，這必須回到最早期在此演講所立下的傳統。每一位來此訪問的演講者，必須在黑板下方的白牆上，簽下自己的名字與演講的日期。當理論物理的學院搬遷時，這堵牆壁被切割下來，跟著遷移到新的建築物，讓這個奇妙的傳統得以保留下來。牆上的簽名，看起來像是物理學界的名人錄。輪到我簽名時，讓我有短暫的衝動，想要簽在愛因斯坦與 Becquerel 之間的空白處（正好可以容納下我的名字）(譯者註)。我想，即使不是自然的謙卑，我還是禮貌一點，簽在比較不顯赫的人旁邊。

譯者註

A. H. Becquerel (1852–1908) 跟居禮夫婦共同發現放射性物質，在 1903 年三人共同得到諾貝爾物理獎。

　　回顧我在洛克斐勒這段期間，看到我的著作目錄，令我驚異於我的研究是多麼地活躍！這是真的，我的許多工作都是苦心經營我早期的概念所得到的，我不時可以找到新入口，然後進去探險，發現新天地。雖然沒有什麼驚艷，但是也不壞，這些確實不是一位老人所能完成的工作。

　　在洛克斐勒的歲月，也是我被承認後，大量的報酬開始湧入的時期（我被選為國家科學院的院士，被邀請去作有威望的演講，偶爾獲得獎項，被頒發榮譽博士學位等等）。

　　這種被承認是很奇異的感覺。我回憶我父親告訴我的一件事情，關於他曾短時間就讀的 Odessa 學校（Odessa 是在烏克蘭南部的一個海港），一位數學老師的故事。這位數學老師的名字叫做 V. F. Kagan，在國際上是一位知名人物，因為他對希爾伯特的一個著名問題提出一個簡化的解答，並且對於幾何學也有許多重要的貢獻。他申請 Odessa 大學的博士學位，這在當時與現在的蘇聯都是很高的學位。Odessa 大學是在窮困地方的一個學校，一點都不出色。要得到博士學位，要求的項目之一是 Kagan 必須為自己的博士論文作辯護。在辯護當天，他遇到我父親。在簡短的聊天中，他無疑地嬌飾問道：「為什麼我要尋求他們的承認？在口試委員中，沒有一個人了解我所寫的東西。」

　　這是一個極端的例子，但是不能阻止我們去思考，所有這些訊息的意涵是什麼。事實是，當你被承認時，不論來源是什麼，它都會帶來欣喜。當它不出現時，你會產生某種程度的痛苦，甚至可能具有破壞性。這就是每個人的實情，不需要嬌飾說還會有別的情況。

　　顯然，一個人被承認，最大的報酬與愉悅的信號，就是被邀請到一個有趣且具有智性激勵的地方去待一段時間。

　　除了在 Leiden 大學當 Lorentz 講座教授（1963 年春天）之外，我最幸運的是在 Utrecht 大學當 Kramers 講座的訪問教授（1980 年春天）；還有在 Trondheim 當 Nordita 講座的訪問教授（1968 年秋天）；在比薩的 Scuola Normale Superiore 當 Fermi 講座的講師（1980 年春天）；在牛津大學當訪問講師以及在牛津大學的 Brasenose 學院當訪問學者（1969 年春季的學期）。

　　在各種榮譽中，最讓我感動的一個是來自康乃爾大學。在 1965 年，康乃爾大學慶祝建校一百年，作為慶祝的一部分是，設立一個特別的 Andrew D. White 講座教授的職位。每一位教授的任期是 7 年，責任包括：在不同的期間回校園訪問，做專門的演講與非正式的討論，

跟當地的教授與有組織的學生作辯論。這是一個美妙的構想，它幫忙大學帶來具有創造性與稟賦的各種人才。

我是首批被選上的七人之一，我們這一群人包括 Barbara McClintock，與已故的 Raymond Aron，以及其他人。回到康乃爾當一般的教授，讓 Kitty 和我有許多機會得以跟 Ithaca 的老朋友與同事保持連繫。我也很享受不必太費心力的責任，特別是和一位哲學家兼辯論高手 Max Black，作公開的辯論。

我曾經聽過或讀過許多有關劍橋與牛津學院的訊息，尤其是他們期待追求第一手經驗的熱情，看起來是特別地誘惑人。

有一天，我接到從英國牛津大學 Brasenose 學院寄來的信件，通知我已被選為訪問學者，並且附了一張表格，要我填寫個人的資料，才可以得到藝術碩士學位 (M. A. degree)。填寫表格是絕對必要的，否則我就無法成為教授團的一員，也不能在學院裡用餐。表格有點古怪，我發現無法回答其中的一些問題。最困難的是「寫出父母與監護人的姓名」。最後，我回答說，我的父母雙亡，並且世界上只有一個人有資格當我的監護人，那就是我的妻子 Katherine Mayberry Kac。聯絡人是學院秘書室的一位女士，但我從頭就一直稱呼她為「親愛的先生」(Dear Sir)，當她了解實情後，就不再堅持要我填寫監護人了。

在 Brasenose 信件抵達的那一天晚上，我的女兒和她的未婚夫 Peter 兩個人來到 Scarsdale 跟我們共進晚餐。他們都是紐約大學 (NYU) 的高年級生，主修英文。經過問候後，我說：「我剛接到通知，說我被一個學院選上當訪問教授，在我的記憶中，它的名字似乎很模糊，叫做 Brasenose。」此時 Deborah 與 Peter 異口同聲地喊叫出：「Brasenose 學院！Walter Pater 出身的學院！」今日，Walter Pater 已幾乎不為人所知。年輕的孩子們以混合著輕蔑與憐憫的心情，對我這位無知與弱智的年長者開始敘說 Pater 的事蹟。他們都選了一門變遷時

代的文學課，在此課程中，Pater 的名字隱約放大到可見的程度，尤其任課的教授是研究 Pater 的專家。孩子們引述他們老師對 Pater 的描述：「他試著局限他的聽眾，並且他的成就超過他最狂野的夢想。」就我所知，他確實做到了。當我得知出生與受教育都在荷蘭的 George Uhlenbeck，讀過 Pater 寫的哲學小說名著 Marius the Epicurean（1885年），並且認為這是一本絕佳的文學作品時，這令我非常驚訝。

結果我到 Brasenose 學院時，發現 Pater 並不是那麼常出現。他的畫像掛在房間黑板後方，這個房間緊鄰教員及其客人餐前喝酒的聚會廳堂。他的論文與手稿都屬於 "Warden Sparrow of All Souls" 的財產。

後來，當 Deborah 與 Peter 來牛津大學拜訪我們時，他們發誓要盡他們所能讓 Pater 回復應有的正確位置。他們發現，在當地的墳場，Pater 的墳墓長期被忽視。他們的努力讓 Brasenose 學院感到苦惱，起因於學院在各方面卑劣地對待 Pater。我無法發誓說，是因為他們的努力才讓我一年後再度訪問 Brasenose 學院時，Pater 的畫像已從幽暗處移到客廳明亮處掛起來了 (譯者註)。

譯者註

Walter Pater (1839–1894) 生於倫敦，出身於牛津大學的 Brasenose 學院，是英國的散文家、藝術以及文學批評家，也是小說家。

當然，牛津大學的教育系統完全是精英教育，雖然已經比二次大戰前減輕很多，但是它仍然是超好的一所大學。我願意冒險提出一個猜測：它是為了少數精英而存在的世界上最好的大學。在洛克斐勒大學，只有當一位學生能夠受到個別的特殊照顧時，才可能得到與牛津相比擬的地位。(譯者註)。

———✿ 譯者註 ✿———

英國的《泰晤士報》(*Times*) 有一位音樂書評家，描述英國各大學看待數學的不同態度，相當能反映英國大學的特性：

「在紅磚大學（指二次大戰後所建立的大學），他們把數學當作是科技的工具；在劍橋大學，他們把數學與物理學結合，並且視為趨向哲學之路；在牛津大學，他們把數學想成是藝術本身，跟音樂的對位法與舞蹈關係密切。」

英國的劍橋大學與牛津大學，裡面都分成兩個獨立的機構，一個是大學，另一個是各個學院。大學當然是由各學院組成的，但是兩者的職責獨立且不同。大學負責聘任教授與講師（在英國只有這兩級的教師），提供學習的課程、實驗室的運作以及掌控學位的要求條件與頒發，但也只賦予它做這些事的權力。各個學院獨立於大學，每個學生都隸屬於某個學院。學院的任務是由導師 (tutors) 教導學生作學問的方法與人格的陶冶，並且輔導通過各種指定的考試，以得到學位。除了少數的例外，導師都是由特別研究員 (Fellows) 擔任。特別研究員的選取，是學院保有的令人羨慕的特權。

在理論與原則上，存在兩個分開的教師團體，一個由大學聘任，另一個由各學院自己聘任。在這套制度下，不需要太多的想像力，就可以偵測到兩者之間在先天上可能存在著各種摩擦。事實上，摩擦真的很多。不需要談到細節，但是我可以對讀者保證，大學所聘任的許多年輕講師，無法找到一個學院來安身，不論在經濟上與社交上，都是不快樂之源。另一方面，學院裡許多年輕的特別研究員，即使再得到大學的聘任也不快樂，因為導師的責任與工作繁重，嚴重地妨礙他們作獨立研究的機會，特別是像數學與科學這兩個領域。對某些人來說，處在學院體系中可能產生致命的壞處。

　　對於大學部的學生，這是一個上等的制度，他（她）們可以得到神奇奧妙的教育。對於當特別研究員的教授也是極好的制度。他們沒有當導師的職責，並且享有自由的房間（若未婚的話）與伙食。來此訪問的特別研究員，像我這樣，擁有特別研究員教授級的所有權益，而責任甚至是更少。我非常享受在牛津待兩個月的生活，但是我不時感覺到，我好像是被安置到不同時空的人

　　在我要回家前的一兩天，我到學院去用餐，要跟我同夥的特別研究員說聲再見。因為這時學期已經結束，所以大約只有 10 位仍在大學城裡。我們在一個小房間用餐，我坐在一位最資深的特別研究員旁邊（只有資深者可以在高桌上用餐）。他很迷人，但有點老氣，他的專長是古代史。我們做一些閒聊，我問他，他如何看待未來的世界。令我有點驚訝，他預見了在西方勢力消退之下，會出現許多國家（那時「第三世界」的名稱還未發明）。我本應就此不再談這個論題，但是我情不自禁又問，他是否可以預見有哪一位領導者可以抵制這一股潮流。他回答說，「也許有一位，那就是查爾斯王子 (Prince Charles)。」直到今天，我仍然無法理解，他是否故意要愚弄我。

　　我在洛克斐勒的歲月，已經沒有什麼可以再談了。對於我來說，大部分的時日都是快樂的，甚至當大學的體質開始改變時亦然。當我要離開時，感傷多於憤怒。雖然我不否認有點憤怒，但是我所能說的就是，大學朝著以生物學與醫學為主體的方向走，洛克斐勒仍然是這方面的頂尖大學。學生仍然在那裡，其中就蘊藏著未來的希望。只要有年輕人在，就會充滿著活力，就會有質疑與不馴服的心靈，他們將給學院注入一股力量，以反抗專技化與知識的孤立化。

　　無論如何，那是有趣的，只要它持續地走下去。

9.

卷末後記

If Euclid failed to kindle your youthful enthusiasm,
then you were not born to be a scientific thinker.
如果歐幾里德無法點燃你年輕的求知熱情，那麼
你生來就不是一位科學思想家。

　　　　　　　　　　　　　　　　　—愛因斯坦—

　　何如著作千秋業，長留宇宙一瓣香。
　—石達開 (1831–1863)，參與太平天國革命—

譯者摘要

哲學家經常問:「什麼是哲學?」他們提出了幾十種的答案。我們也要問:「什麼是數學?」

在書末的後記裡,Kac 發表他對數學的評論、看法與信念。自古以來,數學就在理論與應用這兩極之間擺盪。若用 0 與 1 來代表這兩極,那麼 0 與 1 之間的任何數都有人守護與堅持。Kac 主張數學是統合在對偶的這兩端之中,混整且不能分開;他強調數學要跟大自然緊密地連結與互動的重要性,這才是數學與科學的活力泉源。

Kac 的觀點,基本上是屬於古老歐洲理性傳統的想法。從古希臘時代畢達哥拉斯 (Pythagoras) 的「萬有皆數」;到 17 世紀伽利略 (Galileo) 的「偉大的自然之書是用數學語言寫成的」,以及萊布尼茲 (Leibniz) 的「世界上的一切事情都是按照數學規律來發生」;再到 19 世紀 Fourier 與 Poicaré 的「研究大自然是數學問題最豐富的泉源」;到了 20 世紀希爾伯特說:「了解大自然與生命是人類最高貴的任務」(The understanding of nature and life is our noblest task.);直到最近的 21 世紀,物理學的超弦理論 (Superstring Theory),其背後都是高深的數學,它是數學家與物理學家合作追尋宇宙「萬有理論」(Theory of everything) 的最佳例子（目前還未成功）。然而,這個傳統在當今學校的養成教育中差不多已逐漸流失,甚至快要消失了。

數學是一門古老的學問。當我們追溯其源遠流長的歷史時，會發現數學的進展密切地伴隨著整個人類文明的發展。我們可以發現，自從有記載以來，人類的好奇心與理解的願望，大大表現在人類對數學的開拓與熱愛，學習與講授。穿越了所有的世代，數學都是站在理性思想的頂端，並且是人類想要探索自己心靈運作的里程碑。

　　對於數學的這種英雄式的觀點，你在我所寫過的關於我自己的工作裡，將不會找到多少的證據。在我的同代人當中，也很可能好不到哪裡去。然而，數學雖然是由許多部分組成的，但是它仍然保有神奇的內在融貫性。也許這是因為這許多部分，以神祕的方式或如 Hermann Weyl 借自浮士德所說的話：「在黑暗中受孕」(Im Dunkeln Befruchten)，互相影響與滋養著。可是融貫性並不表示數學堅固如磐石。它更像是一個萬花筒 (kaleidoscope)，其中的每一個片段都相同，但是表現出的模式卻千變萬化，無窮無盡。因為這是我的自傳，我自然想要讓讀者一窺曾經震撼過我的萬花筒，它所展現出的各種模式。最後剩下少數的幾頁，我要述說這個萬花筒本身。

　　人類對求知的渴望以及對數學的創造，總是那麼神奇奧祕，只要想到那些曾為這位高貴且難懂的女神而獻身的人，既不求豐厚的物質回報，也不求名聲(譯者註)。為了說明數學所產生的這種熱情，讓我們回到古希臘時代。他們留給我們兩個未解決的幾何問題：第一個是歐幾里德的第 5 公設問題；第二個是幾何的尺規作圖所產生的三大難題，亦即三等分角問題，倍立方問題以及方圓問題。千萬要記住，這只允許用圓規與沒有刻度的尺，並且要在有限步驟內作出圖來。

譯者註

高斯的座右銘（引自莎士比亞的《李爾王》）：

大自然妳是我的女神，我為妳的律法而獻身。

　　歐氏的第 5 公設是說：過直線外一點存在一條直線，而且只有一條直線，平行於原直線。古希臘人對於是否必須假設它而感到內心不安。這幾乎是直觀自明的敘述，似乎可以從其它四個更直觀易懂的公設推導出來。所謂**第 5 公設問題**，或**平行公設問題**是：

**　　如何從首四個公設推導出第 5 公設？**

這純粹是邏輯的問題 (譯者註)。

譯者註

歐幾里德約在西元前 300 年，寫出 13 卷的《原本》，開頭就提出 5 條幾何公設，由此推展出歐氏平面幾何。5 條幾何公設如下：

【公設 1】（線段的公設或直尺公設）過相異兩點，可作且只可作一線段。

【公設 2】（直線的無限公設）線段（有限直線）可以在兩側任意地延長。

【公設 3】（圓的公設或圓規公設）以任一點為圓心、任意長為半徑，可作一圓。

【公設 4】（角的公設，空間的齊性）凡是直角都相等。

【公設 5】（歐氏第五幾何公設，又叫做平行公設）

　　　　　在同一平面內，過直線外一點，可作唯一的一條直線平行於原直線。

　　幾何的尺規作圖問題，看起來可能更奇怪。古希臘人及其後繼者當然都知道，要做到任何程度的準確度，是輕而易舉的事情。他們也都知道，若允許採用更廣泛的作圖工具，就可以精確地作出圖來。但

是，他們偏偏堅持只能採用圓規與沒有刻度的直尺來作圖！這讓人類的一流天才與無名英雄們，奮鬥了幾乎有 18 個世紀之久，但都無功而返。直到 19 世紀才否定地解決，並且是用代數方法漂亮地證明這三大幾何難題都不可能辦得到 (譯者註)。

------------- ❦ 譯者註 ❦ -------------

1837 年 Wantzel, P. (1814–1848) 否定地解決倍立方問題與三等分角問題。

　　我們要特別提醒，三等分角問題的否定解決是指，我們只證明：不是所有的角都可三等分。因此，存在有一個角不可三等分，例如 60 度角；也存有角可三等分，例如 90 度角及其他的無窮多個角都可三等分。

1882 年 Lindemann, C. L. F. (1852–1939) 證明 π 為超越數，從而也否定地解決方圓問題。

　　尺規作圖的幾何三大難題都是否定地解決。否定地解決也是解決！

　　數學家也花了幾乎相等的時間才解決第 5 公設問題。對於這個似乎是難以攻克的堡壘，歷史的書頁仍然是充滿著掙扎與搏鬥。這個偉大而艱困的難題，推動著數學向前發展，這沒有比 17 世紀的修道士 Saccheri (1667–1733) 更具戲劇性，他在修道院嚴厲的生活之下，辛苦工作嘗試要證明第 5 公設，而且自以為辦到了。但卻導致在非歐幾何出現之前，超過一世紀的時間，他就推演出許多非歐幾何的定理。然而，就像許多在他之前與之後的人一樣，他直到死亡都不知道他的追尋沒有成功，因為邏輯的定律注定那是白費功夫（亦即無法證成第 5 公設）。一直要等到 19 世紀初俄國的 N. I. Lobachevsky (1793–1856) 與匈牙利的 J. Bolyai (1802–1860) 提出證明：假設過直線外一點，存在無窮多條直線平行於原直線（即否定第 5 公設），這仍然可以得到一種融貫的幾何學，叫做雙曲幾何學 (hypobolic geometry)。

如果我們想到 Saccheri 以及跟他相像的人，也許我們會原諒 19 世紀的偉大數學家 C. F. Jacobi (1804–1851)，他曾驕傲地宣稱，數學的實踐是「人類精神的榮耀」(pour la gloire de l'esprit humain) (譯者註)。

───────── ✎ 譯者註 ✎ ─────────

Jacobi 的宣稱，詳細的引文原是法文，翻譯成英文如下：

It is true for that Fourier had the opinion that the principal object of mathematics was public use and explanation of natural phenomena, but philosopher like him ought to know that the sole object of the science is "the honor of the human spirit" and under this view a problem of (the theory of) numbers is worth as much as a problem on the system of the world.

Lobachevsky 的話也值得參考：

There is no branch of mathematics, however abstract, which may not some day be applied to phenomena of the real world.

第 5 公設的否定，將兩千多年來定於一尊的歐氏幾何從寶座上拉下來，誕生了非歐幾何、近代的微分幾何、Riemann 幾何、狹義與廣義相對論。引發出思想的大革命，解放幾何學與人類對空間知識的理解，以及什麼是真理的概念。從畢達哥拉斯、歐幾里德，到愛因斯坦，人類走了約 2500 年，一脈相承。

為了追求真理而真理，並不是數學發展與進步背後唯一的動力。如我們所知，數學幫忙我們摘取遠在天邊的星球（相對論與宇宙論），揭開原子內部的祕密（量子力學）。在一些最偉大的數學發現中，微積分是最著名的一個例子，這些都起源於人類要追求對周遭世界的理解而誕生。即使是幾何學，長久以來無疑地也是起源於測地術與天文學。因為數學受到求真與理解大自然這兩種根源的激發，所以它既是科學的皇后，也是科學的女僕（既高貴又能幹）。這兩種對偶腳色是激發出

偉大發展的動力泉源。這使得觀念藉由雜交授精變成可能，從而幫助數學在極端實用與空洞的抽象之間連結出一條互相激盪的直線。

然而，這兩個對偶角色所產生的益處，卻經常不被認識或讚賞。相反的，在我們悠久並引以為傲的歷史各階段中，那些極端「純粹的數學家」，總是想要把數學從其對偶的角色中抽離，並且孤立起來。下面我們從 Plutarch 所寫的〈Marcellus 的生活〉中引出證據：

這些機器是他（阿基米德）設計與發明的，但是他不認為有何重要性，而只將它們當作幾何學的娛樂。為了答應 Hiero 國王的想望與要求，他必須把他令人驚奇的科學沉思化為實際應用，將理論的真理適應於感官與日常的用途，變成一般大眾都能欣賞的東西。Eudoxus 與 Archytas 曾經是力學應用的首創者。力學是高度著名且有價值的藝術。他們用力學來展示幾何真理的漂亮性，支撐實驗、表達感官的滿意度，以及利用文字與圖形來證明錯綜複雜的結論。例如，要解決一個問題，經常需要作一個幾何圖形。當作圖超越尺與規的能力範圍時，兩位數學家都訴諸其它工具的幫忙，並且為達成目標而採用某些曲線與直線的截線段。但是，這卻引起柏拉圖的憤怒，而猛烈抨擊說，這是在敗壞與毀滅美好的幾何學。因此，柏拉圖轉向抽象的純智事物（理型世界），不再回到感官世界，也不再向物質世界要求幫忙。從而，力學開始跟幾何學分家，也被哲學家拒絕與忽略，最後力學在軍事技術中找到棲身之地。

柏拉圖的追隨者仍然跟我們相伴隨，這如同在數學中存在著緊張一樣。由於本身的特性與歷史傳承，數學生存在觀念之間的互相激盪。數學的進展與活力，依賴於抽象幫助具體，反過來，具體又餵養抽象。將數學孤立或作隔離，從長遠來看，都會使數學飢餓或甚至毀滅。

　　在我們之中，有人鼓吹數學的分枝與隔離。像柏拉圖在好幾十個世紀前，他們把數學的應用看做「純粹是腐敗與消滅美好幾何」的元兇。他們期望數學回到「抽象的純智對象」，而我們的極端實用主義者卻主張相反的另一面。

　　數學創造性具有兩大潮流應歸功於人類天才的普遍性與多樣性。每一種都懷著各自的夢想與激情。如果它們共同攜手，就會產生新的夢想與新的激情。如果它們分離，兩者都可能死亡，或一種可能是變成如中世紀學院派的不孕，另一種可能則是變成軍事技術的一部分。

　　數學創造性的兩股潮流:「追求純智的理念世界」以及「向物質世界尋找靈感」。這個觀點是否可以繼續維持運作呢?

　　一個強調 "yes" 的肯定答案由羅素 (Bertrand Russell, 1872–1970) 提出來。他在一篇〈數學與形上學家〉的文章中說:

> 純數學完全是由斷言 (assertions) 組成的系統，所獲致的效果是:如果「如此與如此這般的有關任何事物」的命題成立，那麼「如彼與如彼那般」的另一個命題就成立了。基本上，我們不去討論第一個命題是否確實為真，也不去管「任何事物」是什麼，我們假設這些都為真。這兩個問題都屬於要應用數學的人之事。在純數學中，我們從一些推理規則出發，開始作推理:如果一個命題成立，那麼另一個命題也成立。這些推理規則組成了形式邏輯的主要部分。接著，我們選取看起來似乎有趣的任何假設推導出邏輯結論。如果假設涉及任何事物，而不只涉及某一個或某幾個特殊的事物，那麼我們的推理系統就組成了數學。因此，我們得到「數學」的一個美妙的定義: **數學是這樣的一門學問，我們永遠不知道我們所談的是什麼，也不知道我們所談的是否為真。**初學數學而曾經受到困惑的人，我希望，將會在這個定義中尋得安慰，並且可能也會同意，它是準確的。(譯者註)

譯者註

羅素出身於英國劍橋大學，專攻數學、邏輯與哲學。他領導邏輯原子論(Logical Atomism)學派，後來從事社會運動，關懷人類前途，是個和平主義者。他的著作等身，形成特有的羅素風格的文體，清晰流麗。在 1950 年得到諾貝爾文學獎，這是基於「體認到他的寫作之多樣性與深具意義，還有他捍衛人道主義的理想以及他是一位自由思想的鬥士」。

　　即使我們將羅素文中的「布爾喬亞成分」打折扣，也還會浮現出數學是沉悶與悲哀的圖像。這個圖像並非完全錯誤，只是令人絕望的不完備，並且只看到數學的一個面向。

　　讓我們來看看為什麼。當你學習初等幾何學時，很可能是在「新數學」嚴格公理化猖狂起來之前，所遇到的是那種舊式的幾何。它處理幾何採用的方法，一部分是直觀的，一部分是嚴格的——不妨叫做相對性的公理化。你探討的是點、直線、三角形、直角、全等、相似以及所有的種種事物。但是你曾經有過，無法真正了解什麼是點或什麼是直線嗎？按照歐幾里德來書寫的非常舊式的平面幾何教科書，定義「點」只佔有位置而沒有長度，線段只有長度而沒有寬度(譯者註)。這種定義是難以理解且完全無意義的。因此，當羅素說「在數學中，我們從來就不知道我們談的是什麼」，這是對的。但是，我們如何對我們所不知道的東西做任何事情呢？哈哈，因為公設允許我們把我們不了解的東西連結起來成為「真的」敘述。因此，羅素又是對的。

譯者註

這種點與直線在現實世界中不存在，柏拉圖創立一個理念世界來收容它們。點與直線是只存在於我們心靈之中的理念。但是理念如星辰，可望不可及。所有我們

畫在紙面或黑板上的幾何圖形都不符合歐氏的定義，都是錯誤的。因此，數學教育的「教父」George Pólya (1887–1985) 說：

Geometry is the art of correct reasoning on incorrect figure.

幾何學是用不正確的圖形作正確的論證。

　　準此以觀，唯一有用的結論是，幾何學可以對盲人或電腦講授。公理化必須絕對的嚴謹，然後，對於任何依賴圖形或感官幫忙的東西都要排除掉。歐氏自己的公設系統，絕對不是單純易懂。他跳過一整組的公設，叫做**順序公設** (axioms of order)，這是處理在一直線上相異兩點之間還存在點的概念。但是他對於其它公設又表現得相當傲慢。歐氏平面幾何第一個完備的公設系統，遲至 1899 年才由希爾伯特提出來。對於這項偉大的功績，有些數學家卻看作是為一門美麗的學問敲喪鐘，變得嚴格而繁瑣。今日平面幾何已被貶黜成為電腦的工作 (出現有所謂的「幾何的機器證明」)。

　　當 Lobachevsky 與 Bolyai 發現非歐幾何後，不只是將延續兩千多年的歐氏幾何從絕對真理的寶座上拉下來，也漸漸導致羅素所描述的純數學的新觀點，至少還有一部分被今日許多數學家接受。

　　數學史家 E. T. Bell 在他的《數學的發展》❶中寫到：

對於 1830 年代的抽象代數學以及 Lobachevsky 與 Bolyai 大膽的創造幾何，可以直接追跡到目前 (指 1940 年代) 將數學定位為數學家的**任意創造**❷。這正如一位小說家，創造一個人物、對話或情境。小說家既是創作者也是大師。數學家亦然，隨意設計公設，以此為基礎建立數學系統。

❶ *The Development of Mathematics*, McGraw-Hill, 1940

❷ 粗黑體的強調是我加上去的。

如果你對此很熟悉，那是當然。其實這只是羅素話語的翻版，「現在我們選取任何看起來似乎有趣的假設，然後推導出邏輯結論」。

在某些場合，不論是寫出的或演講的，我曾經提到戰時的一個卡通影片，描述兩個化學家好奇地探勘一個小沙堆，周邊環繞著令人印象深刻的複雜儀器。領隊說：「沒有人真的希望得到一隻乾象，但是看看能夠發現什麼也不錯。」羅素對純數學的看法，變成創造乾象最自由的執照。我很高興地報告，這張執照還不曾被漫無限制地使用過。

這個或那個系統之所以值得探索與研究，只是看起來有趣是不夠的，確實還需要其它強而有力、使人信服的理由。對於一位數學家，還需要有追求內在美的驅迫力。這讓我回想起荷蘭的偉大科學家與工程師 Balthazaar van der Pol，他也是一位優秀的音樂家，我回憶起他曾當著我評論巴哈 (Bach) 的音樂，他說：

巴哈的音樂是偉大的，因為它是不可避免地自然流瀉而出，
並且又是令人驚奇的。

我經常想起這句可愛的雋語，我深信，只要謹慎一些，這句話就可以跟數學連結起來。在數學中，邏輯是一種牢固的制約，只能提供「不可避免性」的結論，但是「驚奇」的要素必須來自邏輯的外部，透過想像力與洞察得到 (譯者註)。

譯者註

Gelfand Israel Moiseevich Gelfand (1913−) 是 Moscow 數學學派一位偉大的數學家。他對數學與音樂的精闢看法，值得參考：

　　我認為數學是我們文化的一部分，就像音樂、詩與哲學。按風格與味道
　　來看，我很高興找到了數學、古典音樂與詩所具有的四個共通的特色：

第一是「**美**」(beauty)，第二是「**簡潔**」(simplicity)，

第三是「**精確**」(exactness)，第四是「**瘋狂的想法**」(crazy ideas)。

這四個要素結合起來，正好就形成了**數學之心** (the heart of mathematics)，也是**古典音樂之心** (the heart of classical music)。

發明集合論追究無窮的 Gerog Cantor (1845–1918) 說：「**數學的本質在於它的自由** (The essence of mathematics lies in its freedom.)。」這是在創造與邏輯之下的自由。費曼認為，物理的理論既要有創新又要符合現有的理論，這是非常艱難又驚心動魄的偉業。

　　Saccheri 從否定第 5 公設開始，正如同後來的 Lobachevsky 與 Bolyai 也都是如此做。他利用邏輯推導出的結論，也如同後來的兩人一樣。但是 Saccheri 堅信第 5 公設是對的，因此當他推導出跟歐氏幾何不一樣的結果時，以為是得到了矛盾，因此錯失發現非歐幾何學的契機。然而，在大致相同的證據之下，Lobachevsky 與 Bolyai 開始相信他們從未導致矛盾，並且大膽地宣稱有一種新的幾何學誕生，不同於歐氏幾何但是跟歐氏幾何一樣的融貫。這個驚人的結論，在當時當然還無法以今日嚴格的標準來證明。然而，經過數十年之後，一位義大利數學家 E. Beltrami (1835–1900) 證明：有一個曲面（稱為擬球面，pseudosphere），它的點與直線（即測地線或最短的直線）滿足 Bolyai-Lobachevsky 的幾何。因此，一個純邏輯練習的想像世界變成實際存在的世界。

　　如果數學只是數學家任意的創造，那麼它可能會淪為永無止境的「乾象」之增殖。對於這樣可怕的命運，我們有防衛之道嗎？在此我擔心我們沒有多少共識。大多數的數學家都傾向於堅持不需要防衛，因為數學的傳統就有最適者生存的機制，當初許多有趣的假設都跟恐

龍一樣，走上滅絕的命運。也許是如此吧，不用擔心。但是我喜歡採取更安全的辦法，那就是：

傾聽大自然的聲音！

這是讓我們用來分辨：什麼東西是有趣的，什麼東西是無趣的。

　　我確信有一件事情是我們所有人都會同意的。數學的創造性本身，就是一個既深廣且迷人的論題。更幸運的是，它並不只是選取「看起來似乎有趣的任意假設」，然後推導出邏輯結論。因為如果是這樣的話，它就永遠不會激發出思想的火花，產生心靈的絕望，以及得到勝利的狂喜，這些至今仍然閃耀在 Bolyai 父子通信的美麗文字裡。

　　這位父親本身是一位著名且受尊敬的數學家，也是高斯的好朋友，他為了勸告他的兒子放棄跟第 5 公設的搏鬥，寫信給兒子說：

　　我航行過如地獄般的死海，經歷過所有的暗礁，
　　返航時總是剩下破碎的桅桿以及被撕裂的帆布。

兒子不理會父親的勸告。然後經過一些時日，卻傳出一個偉大的勝利與神采飛揚的聲音：

Out of nothing I have created a new and wonderful world!
從空無之中我創造了一個嶄新且神奇奧妙的世界！

原書完結

●━●━━━━⌒⌒⌐ 譯者補充 ⌐⌒⌒━━━━●━●

Bolyai 所說的「從空無中我創造了一個嶄新且神奇奧妙的世界!」這是
指他發現了「非歐幾何學」。下面這一首詩相當能表現出他的意境:

有與無

詩人與「無」搏鬥,

奮力從「無」中生出「有」;

詩人叩敲沉寂,

傾聽一個回音;

詩人投身於混沌,

捕捉秩序與美;

對無意義作不息的追逐,

直到它產生意義為止。

將「詩人」改為「數學家」,完全可通。

　　底下譯者以最簡單的方式來說明,什麼是歐氏幾何學 (Euclidean geometry) 與非歐幾何學 (Non-Euclidean Geometry),以及兩者之間的區別。

　　歐氏幾何學建立在五條幾何公設上面,其中最著名的是第五公設,又叫做平行公設,代表著歐氏幾何學的標誌。

　　假設過直線外一點,可作 n 條直線平行於原直線,那麼我們就有下面三種類型的幾何學:

(i) 當 $n = 1$ 的情形。

　　即只能作唯一的平行線,這就得到是**歐氏幾何學**,又叫做拋物幾

何 (Parabolic geometry)，名稱是由圓錐曲線類推得來的。此時，
三角形的三內角和為 180 度。

若放棄第五公設，就得到**非歐幾何學**，這又有兩種類型：

⑾ 當 $n > 1$ 的情形。

即可作多條的平行線，這就是**雙曲幾何學** (Hyperbolic geometry)。
此時，三角形的三內角和小於 180 度。

⒀ 當 $n = 0$ 的情形。

即不存在平行線，這是**橢圓幾何學** (Elliptic geometry)。此時，三
角形的三內角和大於 180 度。球面幾何就是一個例子。

歐氏幾何或拋物幾何　　　　雙曲幾何　　　　　　橢圓幾何
三內角和為 180 度　　　　三內角和小於 180 度　　三內角和大於 180 度

　　給量子力學奠下數學基礎與發展出電腦的 John von Neumann 也
是持著數學與大自然不可分割的看法，並且說得更精細與明確：

　　在一門數學的發展過程中，當它越來越遠離它的經驗源頭，
　　甚至當它已經踏入第二代或第三代的發展期，不再從實際世
　　界的經驗中吸取靈感時，就危機重重了。此時它可能越來越
　　追求唯美，越來越「為藝術而藝術」。這並不必然是壞事，若
　　這門數學還有一些相關的領域圍繞著，而這些領域仍然跟經
　　驗具有密切的聯結，或這門數學仍在一群具有高超品味的數

學家影響之下發展。但是，它仍然具有很大的危險，它會朝抵抗力最小的方向走，有如一條遠離源頭的河流，分成許多無關緊要的小支流，它將淪為一堆散漫無章的繁文縟節。換言之，在距離經驗源頭很遠的地方，在大量抽象化的近親繁殖後，一門數學就有退化或蒸發的危險。

> This alone is to be feared—
> the closed mind,
> the sleeping imagination,
> and the death of spirit.
>
> 唯一應擔心的是：
> 心靈的封閉，
> 想像力的昏睡，
> 以及精神的死亡。
>
> ―柏拉圖 (Plato)―

附錄 I　機率論佳言錄

到我的面前來，繆思說
唱一首詩歌給我聽
是沒有詩人曾經唱過的
唱一首詩歌給我聽
是普適的並且是永恆的

－惠特曼 (Walt Whitman, 1819–1892)－

I. Kac 的數學名言

II. Rota 的數學名言

III. 機率與數學的名言

在西方，當一個人要死之前，常會留下一句「天鵝之歌」，刻在自己的墓碑上，表達最後話語。人之將死其言也善（幽默、智慧或開悟），因此讀起來都很有趣，並且令人會心一笑。英國詩人濟慈 (John Keats, 1795–1821) 的墓誌銘：

Here lies one whose name was writ in water.

這裡躺著一個把名字寫在水上的人。

愛爾蘭詩人蘭葉慈 (W. B. Yeats, 1865–1939) 的墓誌銘：

Cast a cold eye

On Life, on Death

Horseman, pass by!

投出冷眼。

看生，看死。

騎士，向前！

美國詩人佛洛斯特 (Robert Frost, 1875–1963) 的墓誌銘：

I had a lover's quarrel with the world.

我和這個世界曾有過情人的爭吵。

數學家與科學家流行在自己的墓碑上，刻上自己最得意的發現，一個圖形或一條公式。古希臘的阿基米德 (Archimedes) 是首開風氣的人，他刻的是一個圖形：在圓柱裡，內接一個球。瑞士數學家 Jakob

Bernoulli (1654–1705) 在墓碑上刻著他最喜愛的等角螺線（鸚鵡螺的螺線，或叫做對數螺線），並且也刻上一句拉丁文：

> Eadem Mutata Resurgo (Though changed, I arise again the same.)
> **雖然變化，我升起如常。**

這有「歷劫不變」之意。

牛頓的基誌銘這樣寫著：

> Who, by vigor of mind almost divine, the motions and figures of the planets, the paths of comets, and the tides of the seas first demonstrated.
> **這裡躺著的人，他的心靈幾乎如神，首度推演出星球的運動與形狀，彗星的軌道，以及大海的潮汐。**

數學家、科學家、哲學家，甚至是詩人，對於數學或更特殊的機率論、機運、人生命運，偶爾會發表他們的深刻體驗與看法，讀起來常會令人眼睛一亮，了悟於心，頗具有啟發性。以下是譯者多年來所收集的一些佳言，列出來跟讀者分享，傾聽過去的傑出人物所說的智慧語。

I. Kac 的數學名言

1. 自從柏拉圖怪罪 Eudoxus 與 Archytas 敗壞幾何學（古希臘時代幾何學簡直就是數學的總稱）以來，數學的應用性曾被許多領頭的數學家視為腐敗。事實上，在數學中，做數學的動機是基於好奇心，以及渴望求得理解與和諧之美的知識。除此之外的其它動機，才是腐敗數學的根源。

2. 根據數學的本性與歷史傳承,數學是生存在各種觀念的互動與激盪之中。數學的進展與活力,依賴於抽象幫助具體,而具體又反過來餵養抽象。我們不能失去警覺,在人類偉大觀念的河流中,數學只是其一小部分而已。要把數學從中孤立或分割出來,終究是意謂著要窒息它,甚至毀滅它。

3. Wigner 教授曾說「數學具有不可思議的有效性」(the unreasonable effectiveness of mathematics)。事實上,一個理想化的數學模型,可能含有物理實相的種子。從物理的直觀可以猜測出數學定理,反過來,利用數學的推理可以加深物理的洞察力,這兩種情形都是可能的。那麼對於其它面向的直觀來源,我們為什麼要關閉門窗呢?

4. 推廣與抽象化是數學的最重要功能,因為它們讓數學變成有效。但是我也相信,數學推廣與抽象化的有效性是根植於大自然。

5. 我相信大自然比人類的心靈更具有無窮的豐富性。從少數幾個可以建構的面向來看,已經提供給我們無法估計的數學豐富性。因此,這似乎是顯然的:保持著數學與自然科學之間,廣開的互通之路。

6. 職業教育的主要目標是發展技術;但是像數學、物理學或哲學,這些領域的教育,主要目標是要發展觀點(眼光)。

7. 這似乎是顯然的:數學對於發現自然定律並沒有多少幫助。

8. 今日機率論已是所有科學的基石,統計學是它的女兒,它們進入所有人類活動的領域。

9. 在數學家當中,有一群人相信數學本身就可以支撐自己的成長,不

需要跟外界有任何接觸。另外有一群人相信大自然仍然是而且永遠是數學靈感的主要泉源。第一群人叫做「純粹數學家」(雖然用「最純」會更恰當)，而第二群人叫做「應用數學家」(此用語也不很恰當)。我毫無疑問是屬於第二群的人。

10. 根據波爾 (Niels Bohr, 1885–1962) 的美妙說法，數學涉及的是「平凡的真理」(ordinary truth)，亦即定理的敘述之否定是錯的。另一方面，物理處理的是「深刻的真理」(profound truth)，也就是一個敘述的否定，仍然是深刻的真理。因此，一個人若要學物理，必須追隨一位大師。

我們生養於大自然中，「人法地，地法天，天法道，道法自然」，不但是數學家與科學家要從大自然吸取養分，詩人亦然。我們看英國自然主義與浪漫主義詩人華茲華斯的美妙說法：

> Come forth into the light of things,
> Let nature be your teacher.
> 進入事物之亮光，
> 讓大自然為吾師。

II. Rota 的數學名言

組合學所要探討的問題是：按給定的條件或程序，定出一個有窮的集合 (但是背後經常牽涉到無窮集)，要高竿地點算 (count) 此集的元素個數。在 Rota 之前，組合學只是一種「技巧」(Art)，但是他讓組合學變成「科學」(Science)。下面是組合學大師 Rota 論述組合學的文章中一段名言，這是他在 1969 年寫的：

我要提醒讀者，特別是把組合學看作是研究有窮集合的人。無窮多個有窮集合，湊起來就不再是有窮集合，在考慮有窮集合時，無窮總是會找到門路溜進來。沒有比透過組合學更能看見下面 Kronecker 這句名言的錯誤：

上帝創造自然數，其它都是人創造的。

更精確的說法應該是：

God created infinity, and man, unable to understand infinity,
had to invent finite sets.

上帝創造無窮，人無法了解無窮，所以必須發明有窮集。

並且

In the ever-present interaction of finite and infinity
lies the fascination of all things combinatorial.

在有窮與無窮的永恆互相作用裡，含有所有組合事物的美妙。

有窮與無窮之間的永恆張力，特別表現在數學的奧妙上，也含有所有事物的美妙。數學是研究無窮的學問，但是需要具有「以有涯逐無涯」的工夫。

有關 Rota 寫的通俗文章，下面兩本書是絕佳的閱讀資料：

[1] Kac、Rota 與 Schwartz 三人合寫的文集《離散思想——關於數學、科學與哲學的文章》。(Mark Kac, Gian-Carlo Rota and Jacob T. Schwartz, *Discrete Thoughts, Essays on Mathematics, Science, and Philosophy*, Birkhäuser, 1992.)

[2] Rota 寫的《非離散思想》。(Gian-Carlo Rota, *Indiscrete Thoughts*, Birkhäuser, 1997.)

數學的求知活動大致分成三個階段：由問題出發，先有探索的試誤、猜測與發現過程，接著是證明的過程，最後才整理與寫成邏輯嚴謹的論文發表。我們所看到的數學都是第三階段的產品。至於最有趣的第一階段的東西都被特意隱藏或抹掉。這就是 Rota 在上面 [1] 裡的一篇簡短的序文，對於數學家沒有說出整個數學真相（真理、真話）的批評，他這樣寫著（譯者只擷取精華片段譯出）：

　　數學，正如今日的任何領域，要說真話越來越困難。我們明確知道今日所累積的準確事實比以前更多，也徹底地記載著精細的歷史。

　　不幸的是說真話非常不同於只是重複述說這些事實。Antonio Machado 的詩預言式地警告我們：

> 人們經常說謊的理由
> 是他們缺乏想像力。
> 他們沒有認識到，
> 真理也是發明出來的。

　　在不久的將來，當真理來敲門時，我們要重新訓練我們或孩子們適切地說整個真話。在數學中，這個練習特別地辛苦，因為數學發現的狂喜被有系統地隱藏，像抹掉沙地上的足跡一樣。類推思考才是數學的真實生命，需要加強訓練。等到有一天，當下的模糊念頭例如動機與探索過程都可以形式化，變成是修訂過的新邏輯之一部分，可以分配到應得的位置，跟公設與定理平起平坐並列在一起，這對於一位保守的邏輯家來說必是震驚無比。然而，直到這一天來臨之前，數學仍然只說出飛逝的表象，彷彿是低聲向牧師、心理分析師或妻子告白害羞的話語。

　　　　這就像聽歌劇時，通常觀眾只能看見穿戴整齊的演員作亮麗的表演。但是在兩幕之間，如果不小心太早拉開布幔，那麼觀眾就可以窺見尚未穿戴好的女高音家，並且聽見她的尖叫聲。

　　這表示，只能給聽眾看見前臺的表演，不准看見後臺的準備階段。類推到數學，自從古希臘的歐幾里德創立歐氏幾何學以來，數學也只給讀者看見完成後的部分，不給看見創造中的過程，這是 Rota 批評的重點。期待有一天能夠把創造中的過程也能攤在陽光下。

　　Abel (1802–1829) 批評高斯說：

He is like a fox, who erases his tracks in the sand with his tail.

他像一頭狐狸，在沙地上一面走一面用尾巴抹掉足跡。

德國批評家與戲劇家 Lessing, G. E. (1729–1781) 說得精彩：

1. 追求真理的過程本身比擁有真理更珍貴。透過追求的努力，才讓一個人的能力展現，逐漸趨近於完美。而擁有只會讓人安靜、懶惰與驕傲。

2. 如果上帝緊握他的兩手，右手握著的是「所有的真理」，而左手握著的是「永不止息的追求真理並且附加一個條件是常會犯下錯誤」。上帝對我說：「請你選擇！」那麼我必然選擇他的左手，並且說：「天父，請給我左手；絕對的真理只屬於你。」

III. 機率與數學的名言

Aristotle：

　　可能的事情就是經常發生的事情。

Walter Bagehot：

　　人生是機率的學校。

Borel, Èmile：

　　機率必須看作類似於物理量的度量，也就是說，它們永遠無法精確知道，只能估計到某種近似的範圍。

Bulwer, Lytton E. G.：

　　命運嘲笑機率。

Bruno de Finetti（1906–1985，義大利機率學家、統計學家與精算師）：

　　1. 數學的藝術是，教導我們如何不要用蠻力計算的方法。

　　2. 點算 (counting) 的藝術是，不用點算之計算。

　　3. 機率不存在。

Feller, William：

　　1. 所有可能的「機率」定義，都是不夠實用的。

　　2. 機率論是一門數學，類似於幾何學或解析力學。在每一種領域中，我們都必須小心分辨理論的三個層次：

　　　　(a) 邏輯的形式內涵，(b) 直觀的背景，(c) 各種的應用。

　　　若沒有考慮這三個層次的適當關係，則無法欣賞整個結構的性質與迷人之處。

George Canning：

　　我們可以用統計證明任何事情，但是真理除外。

Wells, H. G.：

　　有一天統計思想將變成國民的必備能力，就像讀與寫的能力一樣。

Kolmogorov, A. N.：

　1. 作為一門數學的機率論，就像幾何與代數一樣，必須從公設開始發展。

　2. 我們相當「任意地」侷限於討論滿足連續性公設的機率模型。

Kyburg, H. E., Jr.：

　機率是沒有什麼困難的，它只不過是一個非負的、可列加性的集合函數，最大的取值為 1。

Laplace, Pierre Simon（1812 年）：

　1. 這是非常奇妙的事情，機率論由賭局開始，卻變成人類最重要的一門知識領域。(It is remarkable that a science (Probability theory) which began with consideration of games of chance should have become the most important object of human knowledge.)

　2. 事實上，生活中最重要的問題，大部分真的只是機率的問題。

　3. 機率論追究到底，發現只不過是將常識化約為計算。

Ramanujan (1887–1920) 的故事：

　印度天才數學家 Ramanujan 12 歲時問一位高中學長：

What is the highest truth in mathematics?

什麼是數學的至高真理？

學長回答說：

畢氏定理與股票市場的股價曲線。

前者貫穿千古以來的數學。後者發展出機率論的隨機過程、隨機微積分、隨機微分方程以及金融數學。

Newton :

1. 在數學中，例子比規則有用。

   (In mathematics, examples are more useful than rules.)

2. 我可以計算出星球運行的軌道，但是我無法計算人心的瘋狂。

3. 幾何學從這麼少的幾條原理（10 條公設）出發，就可以得到
   這麼多的結果，這是幾何學的榮耀。(It is the glory of geometry
   that from as few principles, fetched fromwithout, it is able to
   accomplish so much.)

其實機率論亦然，只需要在 Kolmogorov 機率空間的公設下，就
可以推導出那麼豐富的內容。

De Morgan :

我曾經表達過我的願望，想要有一個機率計 (a thermometer of
probability)，一端是不可能，如 2 加 2 等於 5，另一端是必然，如
2 加 2 等於 4。

（可惜人只能製造溫度計，無法製造機率計，因為機率計在上帝
或機運女神的手中。）

Pasteur, Louis :

機運偏愛準備好的人。

Friedrich Nietzsche（哲學家尼采）：

「愛你的命運」，事實上，這就是你的生命。

R. Descartes :

這是很明確的真理，當我們沒有能力決定什麼是真的時候，我們
應該選擇最有可能的答案。

Clive Staples Lewis :

我們可能無法得到真確無疑的東西，但是我們可以得到機率，半
片麵包總比沒有麵包還要好。

Sir William Osler：

　醫學不是百分之百精確的科學，而是一種機率的藝術。

Leucipus（西元前 5 世紀）：

　沒有事情是隨機發生的，任何事情都是按道理與必然規律產生的。

愛因斯坦：

　1. 世界最不可理解的事情是它居然可以理解。

　　（The most incomprehensible thing about the world is that it is comprehensible.）

　2. 物理是人類心靈的自由創造。

　　（Physics is a free creation of the human mind.）

　3. 當我們的知識之圓生長擴大時，相應的未知的圓周亦然。

　　（As our circle of knowledge expands; so does the circumference of darkness surrounding it.）

愛因斯坦與 Max Born 爭論世界是定命的或隨機的。愛因斯坦寫信給 Born 說：

　　You believe in a God who plays dice,
　　　and I in complete law and order.
　　你相信上帝丟骰子，我完全相信定律與秩序。
　　God does not play dice with the world.
　　上帝不是用丟骰子來決定這個世界。

但是 Max Born 卻說：

　　God does play dice with the world.
　　上帝確實是用丟骰子來決定這個世界。

Max Born：（取自 *Natural Philosophy of Cause and Chance* 這本書）

1. 在科學求知活動的第一步，基於沒有觀察是絕對精確的理由，機運的概念就溜進來了。我認為機運比因果關係更基本；因為在具體情況下，要判斷一個因果的關係是否成立，只能利用機運法則對觀測作判斷。

2. 如果上帝把世界造成按照完美的機制在運行，那麼他至少對我們不完美的智慧做了許多讓步，以便可以預測其中的一小部分，不需要解那麼多的微分方程，而只要用丟骰子的辦法（機率方法）就可以做到相當成功的地步。

Democritus：

宇宙中所有存在事物都是機運的產物。

E. Nelson：

把機率視為不自然是多麼不自然的事情。

(How unnatural it is to view probability as unnatural.)

J. C. Maxwell：

大自然的真正邏輯就在於機率的演算。

(The true logic of nature is in the calculus of probabilities.)

Russell, B. (1872–1970)：

1. 對數學做正確的理解，那麼它就像雕刻一樣擁有的不只是真理，還有至高的美，冷酷與嚴峻的美。

(Mathematics, rightly understand, possesses not only truth, but supreme beauty, beauty cold and austere, like that of sculpture.)

2. 數學最讓我欣喜的事情是事物可以被證明。

(What delighted me most about mathematics was that things could be proved.)

3. 我們怎麼膽敢說「機運法則」呢？機運不是站在所有法則的對立面嗎？(How dare we speak of the laws of chance? Is not chance the antithesis of all law?)

羅素當然是俏皮的提問。事實上，數學家與科學家都相信宇宙中任何事物的運作都按自然定律來發生，即使在說不準的機率世界也有「機率法則」(probability laws) 可循，數學與科學的研究就是努力要去找出它們。

Anatole France：

當上帝不願意現身時，也許他就是用機運當作他的化身。(Chance is perhaps the pseudonym of God when he did not want to sign.)

Charles Sanders Peirce：

根據機率的理論，這是不可否認的事實：每個賭徒如果賭得夠久，那麼他終究會輸得精光。

諺語：

十賭九詐，甚至是十賭十詐。十賭九輸，久賭神仙輸。

丹麥諺語：

壞運不會轉成好運，直到更壞的事情發生時。

(Bad is never good until worse happens.)

Terence：

情人吵架是在更新愛情。(Lovers' quarrels are the renewal of love.)

（機率論的隨機過程有一分支叫做更新過程，Renewal process）

Francis Nightingale：

要了解上帝的思想，我們必須學習統計學，因為這些是他的意圖之度量。(To understand God's thoughts we must study Statistics, for these are the measure of his purpose.)

吳承恩的《西遊記》：

> 皇帝輪流做，明年到我家。

西方也有永恆再歸 (eternal recurrence) 的循環思想。

畢達哥拉斯：

> 空間中最美麗的立體是球，平面中最美麗的圖形是圓。

William James：

> 天才就是講究「非習慣思考」的藝術。
>
> (Genius is the art of non-habitual thought.)

J. L. Kelley：

> 在數學中，讀懂字句是不夠的，你必須要聽懂它的音樂。
>
> (In mathematics it is not enough to read the words—you've got to hear the music.)

莎士比亞：

> 大自然這本無窮的天書，我只讀得懂一點點。

費曼：

> 時間就是在沒有事情發生的時候，它仍然發生的東西。
>
> (Time is what happens when nothing else happens.)

Milton, John（失樂園）：

> 混沌這位仲裁者
> 他的決定更增加混亂
> 但是在他的身旁
> 有一位更高的司令者
> 機運，統治著一切

最美麗的兩個公式：

物理學是愛因斯坦公式 $E = mc^2$，代表質能互變公式。

數學是歐拉公式 $e^{i\pi} + 1 = 0$，連貫五個最重要的常數，具有統合所有數學的象徵：0, 1 代表**算術**；i 代表**代數學**；π 代表**幾何學**；e 代表**分析學**。四門學問結合在一個公式之中！數學小說《博士熱愛的算式》其中的「算式」就是指 $e^{i\pi} + 1 = 0$。

雪萊 (P. B. Shelley, 1792–1822)：

1. 在 *Prometheus Unbound*《解放的普羅米修斯》中寫著：

    Fate, Time, Occasion, Chance, and Change?
    To these All things are subject but eternal Love.
    命運、時間、偶然、機運和變易？
    所有的世事都受其掌控，除了永恆的愛。

2. 詩揭開隱藏在世界裡面的美，讓尋常事物看起來是非凡的。
    (Poetry lifts the veil from the hidden beauty of the world, and makes familiar objects be as if they were not familiar.)

George Gordon Byron (1788–1824)，英國詩人：

我知道 2 加 2 等於 4，如果我可以提出證明，我會很高興。但是，我必須說如果我可以用任何辦法把 2 加 2 變成 5，那我會更喜悅。

William Blake (1757–1827)，英國詩人：

1. 今日所證明的，只是往昔所夢想的。

(What is now proved was once only imagined.)

2. 想像力是作為一個人最珍貴的資產。

Cantor (1845–1918)：

1. 在數學中，提出正確問題的藝術比解決問題的藝術更重要。

(The art of asking right questions in mathematics is more important than the art of solving them.)

2. 數學的本質在於它的自由。

(The essence of mathematics lies in its freedom.)

3. 我的整個身體與靈魂都因數學的呼喚而活。

這三句話已經變成數學的格言，至今依然擲地有聲。前一句話迴響著蘇格拉底的聲音，不斷提問質疑的求知方法。第二句話是數學在創造階段的自由想像，接著才是在邏輯之下的自由，這是非常不簡單的事情。最後一句話表現數學家對數學的熱情。

柏拉圖的雅典學院，入門寫著：

不懂幾何學的人，不得進入此門。

達文西 (Da Vinci, Leonardo da Vinci, 1452–1519)：

不懂數學的人不得讀我的書。

Alexander Grothendieck：

有兩樣東西是不顯然的：零的概念以及從未知的黑暗中引出新的觀念。

Heraclitus（西元前 6 至 5 世紀）：

Delphi 的神諭既不顯露也不隱藏，但是它會透露出一些徵兆（線索、端倪）。(The Lord whose is the oracle at Delphi neither reveals nor hides but gives tokens.)

楊振寧 (C. N. Yang)：

這幾乎不是偶然的：大自然只透露出一部分，是為了誘引出人們美麗的數學論證。(It can hardly be an accident that nature betrays her partiality for the beauty of mathematical reasoning.)

Friedrich Schiller (1759–1805)：

Seeks the familiar law in the dreaded wonders of chance.

Looks for the unmoving pole in the flux of appearances.

在機運的恐怖驚奇中，尋找熟悉的定律。

在流變不居的表象中，探求不動的中心。

西方諺語：

1. 天公疼愚人。(Fortune favours fools.)

2. 運氣是盲目的。(Fortune is blind.)

3. 當運氣來敲門時，就快開門迎接。

(When fortune knocks, open the door.)

Poisson (1781–1840)：

1. 生命就是工作。(Life is work.)

2. 生命只有兩樣東西是美好的，那就是發現數學與教數學。

(Life is good for only two things, discovering mathematics and teaching mathematics.)

Poisson 是一位傑出的法國數學家和物理學家，在 1806 年繼承 Fourier 在巴黎工藝大學的教授職位。他發現 poisson 分布律以及 poisson 小數法則。

Paul Dirac :

   1. 如果一個方程式在沒有實際解出它之前,我就可以預測解答的性質,那麼我就認為我了解該方程式。

   2. 一個方程式具有美比符合實驗更重要。

   3. 我們洞察大自然越深,就會發現越多的美。

George Temple :

   數學是一種科學、一種哲學、也是一種藝術。(更是一種大自然的語言。)

Weyl, H. :

   我的工作總是嘗試要結合真與美;當不能兩全時,我通常選擇美。
(My work always tried to unite the true with the beautiful; but when I had to choose one or the other, I usually choose the beautiful.)

Matthew Arnold (1822–1888,英國詩人):

   一個教訓:大自然,讓我向你學習。
(One lesson, Nature, let me learn of thee.)

Voltaire (1694–1778):

   1. 阿基米德的頭腦比荷馬更具有想像力。(There was more imagination in the head of Archimedes than in that of Homer.)

   2. 如果我們不用數學的圓規或經驗的火炬,那麼我們確然無法向前走一步。(When we can not use the compass of mathematics or the torch of experience...it is certain that we cannot take asingle step forward.)

Karl Weierstrass :

   一個數學家無法成為一位完全的數學家,除非他也具有某種詩人的氣質。(No mathematician can be a complete mathematician unless he is also something of a poet.)

Sofia Kovalevskaya（俄國的女數學家，Weierstrass 的學生）：

如果一個人在靈魂中不是一位詩人，那麼他（她）不可能成為一位數學家。

(It is impossible to be a mathematician without being a poet in soul.)

N. Ia. Vilenkin：

有一位棋藝大師曾經說，棋藝的初學者與大師的區別在於，初學者對所有事情在心中都有清晰而固定的模式，但是對大師來說任何事情都是神祕的。

此地的「棋藝」可以當作變數 x，代換成其它適當的事物，例如琴藝、數學、…等等。這是最初步的代數思考。

Wilder, R. I.：

數學的教學要對學生有激發力，先決條件是教師本身要對所教的東西有所感動；否則再多的教學訓練與擁有教育理論都無法補足這個缺失。(Asine qua non for making mathematics exciting to a pupil is for the teacher to be excited about it himself; if he is not, no amount of pedagogical training will make up for the defect.)

Paul Erdös：

為什麼數學美？這就像問貝多芬第九交響曲為什麼美一樣。如果你看不出來，沒有人能告訴你。我知道數很美。如果它們不美，那就沒有東西美麗了。(It's like asking why Beethoven's Ninth Symphony is beautiful. If you don't see why, someone can't tell you. I know numbers are beautiful. If they aren't beautiful, nothing is.)

Novalis (1772–1801)，德國浪漫主義的短命天才詩人：

1. 真正的數學家是充滿著知性的熱情，若沒有熱情就沒有數學。
2. 若把奇蹟視為反自然的事實，那麼它就是非數學的，但是在此意味下就沒有奇蹟。這樣的說法，可從數學來理解，因為對於

數學來說，沒有任何事情是奇蹟。（任何事情皆按數學的規律
來發生。）

3. 理論如魚網，只有拋網的人，才會有所得。

4. 哲學家是懷著思鄉的情懷，在世界上到處尋找心靈的家園。

5. 只有數學家是快樂的人。如果一個人接觸一本數學書，不以獻
身真理的精神且不以上帝的話語去讀，那麼他就無法理解。

(The mathematicians are the only happy ones. He who does not
reach for a mathematical book with devotion and read it as the
word of God does not understand it.)

6. 代數美如一首詩。(Algebra is poetry.)

7. 人體是宇宙中唯一的神廟。(There is but one temple in the
universe and that is the body of man.)

小宇宙 ⊂ 大宇宙

（人體）（大自然）

小宇宙是大宇宙的一部分，並且兩者之間有許多平行類推。小宇
宙是大宇宙中唯一的神廟，裡面住著一個「無位真人」。唯有鍛鍊
身體，經營頭腦，努力工作，修練身、心、靈，貢獻於人群，這
些才是人生的根本要務，才是人生的道路、真理與生命 (the way,
the truth and the life)。

圓周率 π 為何在物理學、數學、機率論與統計學中到處出現呢？
Steinhaus 引波蘭諺語來回答這個問題：

機運如圓的滾動！或風水輪流轉！ (Fortune moves in circle!)

Andrew Lang：

統計像比基尼泳裝。它所顯現的只是暗示性的，而它所隱藏的則
是關鍵性的。

Joseph Butler (1692–1752)：

　　對於我們來說，機率是人生的好嚮導。

Samuel Butler (1835–1902)：

　　生活是由不充分的前提推導出充分結論的藝術。

Jean Cocteau：

　　我們必須相信運氣，否則如何解釋壞人的成功？

Jakob Bernoulli (1654–1705)：

　　1. 統計學是一種猜測的藝術。(the art of conjecturing)

　　2. 統計學是數據的物理學。

R. A. Fisher：

　　1. 統計學是在不確定性與部分資訊之下做決策與猜測的藝術。

　　2. 統計學是將數學應用到觀測數據的學問。

諺語：

　　猜測是廉價的，猜測錯誤則是昂貴的。

Mark Twain：

　　有三種謊言：普通的謊言，該死的謊言，以及統計學。

Wilhelm Stekel：

　　統計學是利用數字來說謊的技術。

Edward Gibbon：

　　從一般看來，機率法則是那麼的真確，但個別看來，它又是那麼的離譜。

Faraday（法拉第，1791–1867）：

　　讓想像力奔馳，用判斷與原理來引導它，但是要再用實驗來掌握與導正它。(Let the imagination go, guiding it by judgment and principle, but holding it in and directing it by experiment.)

　　法拉第晚年喜愛的一首詩：

夜幕低垂星明亮

星空聲聲的呼喚

輕解繫岸的蘭舟

靜靜地滑入海洋

我不再需要羅盤

也不再恐懼波濤

此刻我將親眼見

在天上的領航者

Robert Frost（佛洛斯特，1875–1963，美國詩人）：

We dance round in a ring and suppose,

But the Secret sits in the middle and knows.

我們繞著圈子跳舞並且提出假設，

但是秘密就坐在圓心且知悉一切。

Let chaos Storm!

Let cloud shapes swarm!

I wait for form.

讓混沌刮起暴風雨！

讓雲氣聚集成形！

我等待著秩序到來。

附錄 II　譯者推薦書籍

哪條溪流不匯海?

哪條溪流不是經由大海而相互連結?

縱是獨特的個人角色

也絕非獨自而無相關

莫忘記

靈性是我們合一的真我

—葉東進—

I. 優秀的傳記書籍

下面 [1]～[20] 都是譯者喜愛研讀的書，並且在市面上找得到。這些都是比較屬於科普的著作，適合一般人閱讀。所寫的人物都堪稱是「典範」，是勵志的好榜樣。

[1] 伊芙・居禮（鍾玉澄譯）：居禮夫人傳。志文出版社，臺北，2002。
這是諾貝爾化學獎得主李遠哲最推崇的一本傳記，寫出居禮夫人為追求理想與真理，堅持奮鬥不懈的精神。李遠哲極力推薦年輕學子閱讀這本書。

[2] James Gleick : *Genius, the Life and Science of Richard Feynman*. 1992.
黃小玲、李靜宜譯：理查・費曼，天才的軌跡。牛頓出版公司，臺北，1993。
Kac 認為天才有兩種：「普通的天才」與「魔術般的天才」。費曼是屬於後者，要了解頑童般與魔術般的天才費曼，請讀這本傳記。這是優秀的漢譯本。
另外，下面 [3] 是一本漢譯的費曼訪談錄也是好書，清麗可讀。

[3] 潘恩典譯：天才費曼，科學與生活的探險家。商周出版社，2000。

[4] 湯川秀樹（王寶蓮譯）：旅人──湯川秀樹自傳。遠流出版公司，臺北，1990。
湯川秀樹是日本的理論物理學家，在 1949 年得到諾貝爾物理獎。

[5] 凡異編輯部：現代數學巨星──希爾伯特的故事。凡異出版社，新竹，1986。
這本書薄薄的，適合中學生研讀。德國的希爾伯特 (Hilbert) 是 19 到 20 世紀之交最偉大的數學家之一。他是數學形式主義與結構主義的教主。

[6] John Casti and Werner DePauli：數學巨人歌德爾——關於邏輯的故事。林志懋漢譯，究竟出版社，臺北，2005。

歌德爾在 1931 年提出「不完備性定理」，震撼整個數學界。

[7] John Banville：克卜勒。李淑君漢譯，時報文化出版社，臺北，2005。

本書以小說體的方式描述天文學家 Kepler（克卜勒）追求星球運行規律的驚心動魄過程，令人感動。

[8] Alan Wood：羅素傳。林衡哲漢譯，志文出版社，臺北，1990。

[9] Apostotos Doxiadis and Christos H. Papadimitriou：數學邏輯的奇幻之旅。劉復苓漢譯，繁星多媒體公司，臺北，2008。

這是漫畫版的羅素傳記。

[10] Norbert Wiener：我是一個數學家。凡異出版社，新竹，1990。

[11] 胡作玄：引起紛爭的金蘋果。業強出版社，臺北，1997。

這是 Georg Cantor 的傳記，他因追究「無窮」而創立集合論，引起「數學的法國大革命」。

[12] Freeman J. Dyson, *Disturbing the Universe*. 1981.

邱顯正漢譯：宇宙波瀾。天下文化出版社，2001。

[13] Stanislaw Ulam, *Adventures of a Mathematician*. 1976.

黃燕寧漢譯：一個數學家的回憶錄。凡異出版社，2008。

[14] 鍾肇政編譯：史懷哲傳。志文出版社，臺北，1977。

[15] Irving Stone：梵谷傳。余光中漢譯，九歌出版社，臺北，2010。

[16] James D.Watson : The Double Helix. Lowe Brydone Ltd., London, 1968.

陳正萱、張項漢譯：雙螺旋——DNA 結構發現者的青春告白。時報出版社，1998。

[17] Constance Reid：Hilbert. Springer, 1996.

下面這本是圖書館找得到的回憶錄。

[18] V. I. Arnold : *Yesterday and Long Ago*. Springer, 2007.

這是俄國偉大數學家 Arnold 的精彩回憶錄。譯者漢譯過他的《古典力學的數學方法》，所以對這本回憶錄也情有獨鍾。

愛因斯坦有許多本優秀傳記，我們只列出兩本：

[19] Phillip Frank：愛因斯坦傳。張聖輝漢譯，志文出版社，臺北，1978。

[20] Denis Brian：愛因斯坦，上下冊。鄧德祥漢譯，天下文化出版，臺北，2008。

II. 機率史與統計史的書

[21] Todhunter, I. : *A History of the Mathematical Theory of Probability*. Macmillan, London, 1865.

[22] Maistrov, L. E. : *Probability Theory, A Historical Sketch*. Academic Press. Translated and Edited by Samuel Kotz, 1974.

[23] Hald, A. : *A History of Probability and Statistics and their Applications before 1750*. John Wiley & Sons, 1990.

[24] Hald, A. : *A History of Mathematical Statistics from 1750 to 1930*. John Wiley & Sons, 1998.

[25] Daston, L. : *Classical Probability in the Enlightenment*. Princeton University Press, 1988.

[26] 安藤洋美：確率論の生い立ち。現代數學社，1992。

[27] Stigler, S. M. : *The History of Statistics, The Measurement of Uncertainty Before 1900*. Harvard University Press, 1994.

[28] Jan von Plato : *Creating Modern Probability, Its Mathematics, Physics and Philosophy in Historical Perspective*. Cambridge University Press, 1994.

[29] Krüger, L. etc. editor : *The Probability Revolutions.* 2 vols. MIT Press, 1987.

[30] Barone, J. and Novikoff, A. : A History of the Axiomatic Formulation of Probability from Borel to Kolmogorov. Part I, Arch. Hist. Exact Sci., vol. 18, 123–190, 1978.

[31] Sudderth W. D. and Ramakrishnan : A Sequence of Coin Toss Variables for which the Strong Law Fails. Ame. Math. Month., 939–941, 1988.

[32] Kolmogorov, A. N. : *Foundations of the Theory of Probability.* Chelsea, N. Y., 1956.

此書最早是德文版，1933 年出版，直到 1956 年才譯成英文版。

[33]John von Neumann : *Mathematical Foundations of Quantum Mechanics,* 1932.（這是量子力學的公理化之書，原先是德文版，1949 年才出英譯版。）

III. 通識的書與文章

費曼也有自己寫的幾本科普書，其中下面兩種的漢譯本都很精彩：

[34] Richard Feynman（尹萍與王碧譯）：你管別人怎麼想。天下文化出版公司，1991。

[35] Richard Feynman（吳程遠譯）：別鬧了，費曼先生。天下文化出版公司，1993。

譯者曾經聽過一位國中的女生說，她不是「追星族」，而是「費曼迷」。這令譯者感到驚訝與佩服。還是有年輕人願意做踏實的基本功夫，甚感欣慰。讀費曼的書能讓一個人思想靈動，筋強眼亮。

[36] G. H. Hardy : *A Mathematician's Apo*logy. Cambridge University Press, 1984.

水木耳譯：一位職業數學家的辯白。凡異出版社，新竹，1986。

[37] Gian-Carlo Rota : *Indiscrete Thoughts.* Birkhäuser, 1997.

[38] 蔡聰明: 談 Stirling 公式。數學傳播，17 卷 2 期，1993。

[39] 蔡聰明: 音樂與數學，從弦內之音到弦外之音。數學傳播，18 卷 1 期，1994。

[40] 蔡聰明: 什麼是機率與機率法則? 數學傳播，19 卷 1 期，1995。

[41] 蔡聰明: 機率論為何要建立在機率空間上面? 數學傳播，20 卷 2 期，1996。

[42] 蔡聰明: 誤差論與最小平方法。數學傳播，21 卷 3 期，1997。

[43] 蔡聰明: 如何找出劣幣，簡介訊息與熵的概念。數學傳播，22 卷 3 期，1998。

IV. 一般數學史

[44] Burton, D. M. : *The History of Mathematics.* Chap. 9 The Development of Probability Theory : Pascal, Bernoulli and Laplace. Allyn and Bacon, 1985.

[45] George Temple, *100 Years of Mathematics.* Duckworth, 1981.

[46] W. S. Anglin, *Mathematics : A Concise History and Philosophy.* Springer-Verlag, 1994.

[47] L. E. Maistrov, *Probability Theory, A Historical Sketch.* Academic Press, 1974.

[48] Anders Hald, *A History of Probability and Statistics and Their Applications before 1750.* John Wiley & Sons, 1990.

[49] Stephen M. Syigler, *The History of Statistics, The Measurement of Uncertainty before 1990.* Harvard University Press, 1986.

V. Kac 寫的書與文章

透過通俗的書與文章，Kac 經常會寫出他對數學的獨到領略與見地，這是我最喜歡讀的地方。畫龍點睛的智慧語，無上妙趣，了悟之樂。

[50] Mark Kac, Gian-Carlo Rota and Jacob T. Schwartz: *Discrete Thoughts, Essays on Mathematics, Science, and Philosophy.* Birkhäuser, 1992.（Kac、Rota 與 Schwartz 三人合寫的文集：離散思想——關於數學、科學與哲學的文章。）

[51] Kac and Ulam: *Mathematics and Logic, Retrospect and Prospects.* Fredrick A. Praeger, Publishers. 1968.（這是 170 頁的薄書）

[52] Hugo Steinhaus-A Reminiscence and A Tribute. *American Mathematical Monthly*, vol. 81, no. 6, pp. 572–581, 1974.

[53] Mark Kac: William Feller. In Memoriam. Sixth Berkerley Symposium.

[54] Mark Kac: Can One Hear The Shape of A Drum? A.M.M., 1966. Kac 寫的專業論文更多，這是他的主調，在此就不列出了。

Kac 寫的一些專門書籍：

[55] *Statistical Independence in Probability, Analysis and Number Theory.* Carus Mathematical Monographs. The Mathematical Association of America. 1959. 討論的是「機率論式的數論」，只有 94 頁的薄書，但是寫得非常簡潔且有趣！

[56] *Probability and Related Topics in Physical Sciences*（機率論在物理學上的應用）. Interscience Publisher, INC., New York. 1959.

[57] *Basic Stochastic Processes : The Mark Kac Lectures.* Macmillan Co, 1988.

V. 結束語

我們並沒有回答所有的問題。由我們所找到的答案又生出一系列的新問題。在某種意味下，我們仍然是一樣困惑，但現在我們是處在更高層面，對更重要的事務困惑。學無止境!

桃花盛開

滿樹桃花盛開
未必每朵都能結果
熠熠如玫瑰色的泡沫
映襯雲彩藍天。

靈感也像桃花
每天成千上萬地綻放
開吧! 一切順其自然
別問能收穫什麼。

也當有嬉戲與純真
也當有花開滿樹
否則天地便太過狹隘
生命也缺乏樂趣。

　　　　　　　　 －赫曼‧赫塞（陳明哲譯）－

Mark Kac 簡略年譜

我的生命原是一首詩
我非常想要把它寫出來
但是我無法兩全其美
一面生活又一面寫出它

—梭羅 (Henry David Thoreau, 1817–1862)—

I. Mark Kac 的簡歷

II. Kac 的師承

III. 師徒的主要貢獻

I. Mark Kac 的簡歷

Kac 享年 70 歲。經歷過戰亂的悲慘、種族糾葛，並且擁有一個精彩而幸運的人生，他有著豐富的人生閱歷與數學創造生涯。

1914 年：

　　出生在波蘭 Krzemieniec 的一個猶太家庭，Krzemieniec 現今為烏克蘭的領土。這年正逢第一次世界大戰的爆發。

1914–1925 年：

　　在家由父母親自教導學習。在父親當校長的小學短期就讀兩年。

1925 年（11 歲）：

　　進入波蘭古老的 Lycée 中學就讀，養成基礎教育，對數學與物理學最感興趣。

1930 年（16 歲）：

　　本來父母要他大學時攻讀工程，但在高二的暑假，他用自己的方法推導出三次方程式的卡丹公式，嚐到數學發現的喜悅，從此立志要成為一位數學家。Kac 終究是理想與夢想成真。

1931 年（17 歲）：

　　9 月底進入波蘭第二古老的 Lwów 大學就讀。

1935 年（21 歲）：

　　3 月獲得 Lwów 大學的哲學 Magister 學位。遇到恩師 Steinhaus 教授，是他一生中最重大的事件。

1937 年（23 歲）：

5 月底再獲博士學位。

1938 年（24 歲）：

11 月底拿到赴美國留學的獎學金。12 月底到達美國約翰・霍普金斯大學作博士後研究，躲過二次大戰期間希特勒屠殺猶太人的厄運。家族的人都被殺，Kac 說，他是生還者，所以他是幸運的。數學救了他的生命！因為他若學工程，必然留在波蘭，那麼他必跟家人一樣，遭受被屠殺的命運。

1939–1961 年（25–47 歲）：

任教於康乃爾大學，經歷過第二次世界大戰的後勤支援，參與戰時的放射性實驗室的研究工作。起先他是當講師，1943 年（29 歲）升為助理教授，自然變成美國公民。戰後，在 1947 年（33 歲）連跳兩級，升為正教授。

1961–1981 年（47–67 歲）：

他被挖角到紐約的洛克斐勒學院任教，幫忙將學院擴充成科學研究型的大學。起先做得有聲有色，後來因為發生財務危機而功敗垂成。Kac 離開洛克斐勒大學後，大學又縮回原來的洛克斐勒學院，以生物與醫學研究為主調。目前又回復為大學，至今已有 23 位諾貝爾獎得主。發名愛滋病「雞尾酒療法」的何大一院士就是任教於這間大學。

1981–1984 年（67–70 歲）：

這是生命最後的三年，任教於南加州大學，任務是幫忙創立數學系，度過餘生。

1984 年（70 歲）：

Kac 寫完這本自傳，但來不及看到書出版（1985 年）就過世了。

　　Kac 的一生可以說是如願以償，他成就於機率論及其在物理學上的應用，尤其是統計熱力學上的應用。一個人的一生，若將幸福定義為能夠做自己喜歡做的事情，並且發揮自己的才能，造福人群，那麼 Kac 做到了，他是幸福的。

II. Kac 的師承

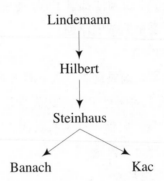

林德曼與希爾伯特都是德國哥廷根大學的偉大數學家。林德曼指導希爾伯特；希爾伯特指導 Steinhaus；然後 Steinhaus 回波蘭 Lwów 大學任教，指導 Banach 與 Kac；最後 Kac 在美國又指導一批傑出的學者，修過他課程的學生有兩位得到諾貝爾物理獎。在他的指導下有 17 位得到博士學位，其中有兩位獲選為美國國家科學院的院士。眼見學問在地球上傳播，不斷地成長與滾動，世界真美好。

III. 師徒的主要貢獻

C. L. F. Lindemann (1852–1939)：

　　在 1882 年證明 π 為超越數，從而否定地解決了兩千餘年的方圓問題，也就是方圓問題無法用尺規作圖來解決。後來，他選取費瑪最後定理的證明來攻堅，結果是無功而返。

David Hilbert (1862–1943)：

　　他先在不變式論、代數數論方面做了基本貢獻。然後做積分方程
　　創立了希爾伯特空間論，可說是 20 世紀工程與科學的數學基礎。
　　他演講了幾何學的基礎，由此契機，研究數學與邏輯的根源，成
　　為形式主義 (Formalism) 的祖師。20 世紀的數學哲學，除了這一
　　脈（可算是主流）之外，另兩派是邏輯主義 (Logicism)，代表人
　　物是羅素；直觀主義 (Intuitionism)，代表人物是 L. E. J. Brouwer
　　(1881–1966)。他在 1900 年國際數學家大會上，提出了著名的「問
　　題 23 則」，簡直是 20 世紀數學家的領航圖。晚年他甚至發表了重
　　力場方程式與愛因斯坦差不到幾天。

希爾伯特的一個故事

有一次希爾伯特在上課時，發現有一位學生不來上課，於是
問班上同學：「某某怎麼不來上課了？」同學回答說：「因為他
不想要讀數學了，他要改行當詩人。」希爾伯特說：「他的想
像力只夠讀詩，不夠讀數學。」

　　換言之，讀數學比讀詩需要更多、更大的想像力。這就是法國啟
蒙運動大將伏爾泰 (Voltaire, 1694–1778) 所說的：

There was more imagination in the head of Archimedes
than in that of Homer.
數學家阿基米德的頭腦比荷馬更具有想像力。

Hugo Steinhaus (1887–1972)：

　　在希爾伯特的指導下，於 1911 年得到博士學位，1916 年來到
　　Lwów 大學任教。他幽默地說他對數學最重要的貢獻就是發現
　　Stefan Banach。他在 1923 年建立銅板序列 (the coin-tossing

sequence) 的機率論模型，並且確認標準 Lebesgue 測度空間就足以承載機率論的研究，這粒種子影響了 10 年後（1933 年）Kolmogorov 在機率論公理化的建構。

Stefan Banach (1892–1945)：

創立 Banach 空間（完備的賦距空間），而希爾伯特空間為其特例，開創出現代泛函分析 (Functional Analysis) 這門無窮維空間的數學。

Mark Kac (1914–1984)：

主要研究領域是機率論及其在物理學上的應用，尤其是在統計物理學上的相變與凝結問題有極大的貢獻。在量子力學的路徑積分、偏微分方程與隨機微分方程中有 Feynman-Kac 公式。另外，在機率式的數論中也有一個 Erdös-Kac 定理，還有聽鼓的數學問題（聞鼓聲能知鼓的形狀嗎?）。這些是 Kac 比較著名的三個學術成果。

Banach 說：「好的數學家可以看出定理之間或證明之間的類推。只有最好的數學家才可以看出類推之間的類推。」Ulam 說：「Kac 屬於後者。」

人名年表

Thales	約 624–546 B.C.	Chebyshev, P. L.	1821–1894
Heraclitus	約 535–475 B.C.	Galton, F.	1822–1911
Aristotle	384–322 B.C.	Kronecker, L.	1823–1891
Archimedes	287–212 B.C.	Dedekind, R.	1831–1916
Pacioli, L.	1445–1517	Wundt, W.	1832–1920
Tartaglia	1499–1557	Mach, Ernst	1838–1916
Cardano(Cardan)	1501–1576	France, A	1844–1924
Fermat, P.	1588–1640	Cantor, G.	1845–1918
Pascal, B.	1623–1662	Lindemann, C. L. F.	1852–1939
Bernoulli, Jacob	1654–1705	Ostwald, W.	1853–1932
de Moivre, Abraham	1667–1754	Poincarè, Henri	1854–1912
Saccheri, G.	1667–1733	Markov, A. A.	1856–1922
Lessing, G. E.	1729–1781	Peano, G.	1858–1932
Laplace, P. S.	1749–1827	Hilbert, D.	1862–1943
Brown, Robert	1773–1858	Smoluchowski, M.	1872–1917
Gauss, C. F.	1777–1855	Russell, Bertrand	1872–1970
Schopenhauer, A.	1788–1860	Kraus, K.	1874–1936
Lobachevsky, N. I.	1792–1856	Hardy, G. H.	1877–1947
Quetelet, A.	1796–1874	Avery, O.	1877–1955
Bolyai, J.	1802–1860	Einstein, Albert	1879–1955
Abel, N. H.	1802–1829	Brouwer, L. E. J.	1881–1966
Jacobi, C. F.	1804–1851	Weyl, Hermann	1885–1955
Wantzel, P.	1814–1848	Bohr, Niels	1885–1962

Lévy, Paul	1886–1971	Gödel, Kurt	1906–1978
Steinhaus, Hugo	1887–1972	de Finetti, B.	1906–1985
Nikodym, O.	1887–1974	Loève, M.	1907–1979
Ramanujan, S.	1887–1920	Ulam, Stanislaw	1909–1984
Banach, Stefan	1892–1945	Erdös, Paul	1913 – 1996
Wiener, Norbert	1894–1964	Kac, Mark	1914–1984
Linus Pauling, L	1901–1994	Crick, F. H. C.	1916–2004
Popper, Karl	1902–1994	王浩 (Hao Wong)	1921–1995
Kolmogorov, A. N.	1903–1987	Dyson, Freeman	1923–
von Neumann, John	1903–1957	Watson, J. D.	1928–
Wintner, A.	1903–1958	Rota, Gian-Carlo	1932–1999
Chargaff, E.	1905–2002	Hawking, Stephen	1942–

(CHRISTIAN JEGOU PUBLIPHOTO DIFFUSION / SCIENCE PHOTO LIBRARY)

Zwei Dinge sin d unendlich :
Das Universum und die Dummheit
der Menschen.
Aber bei ersterem bin mir noch
nicht ganz sicher.

Only two things are infinite :
The universe and human stupidity.
And I'm not sure about the former.

只有兩件事情是無窮的：
宇宙與人類的愚蠢。
對於前者我不能確定。
—愛因斯坦—

索 引

中文索引

ㄅ

ㄆ

ㄇ

ㄈ

ㄉ

鸚鵡螺數學叢書介紹

數學拾貝　　蔡聰明／著

數學的求知活動有兩個階段：發現與證明。並且是先有發現，然後才有證明。在本書中，作者強調發現的思考過程，這是作者心目中的「建構式的數學」，會涉及數學史、科學哲學、文化思想等背景，而這些題材使數學更有趣！

數學悠哉遊　　許介彥／著

你知道離散數學學些什麼嗎？你有聽過鴿籠（鴿子與籠子）原理嗎？你曾經玩過河內塔遊戲嗎？本書透過生活上輕鬆簡單的主題帶領你認識離散數學的世界，讓你學會以基本的概念輕鬆地解決生活上的問題！

微積分的歷史步道　　蔡聰明／著

微積分如何誕生？微積分是什麼？微積分研究兩類問題：求切線與求面積，而這兩弧分別發展出微分學與積分學。微積分最迷人的特色是涉及無窮步驟，落實於無窮小的演算與極限操作，所以極具深度、難度與美。

從算術到代數之路　—讓 x 噴出，大放光明—　　蔡聰明／著

最適合國中小學生提升數學能力的課外讀物！本書利用簡單有趣的題目講解代數學，打破學生對代數學的刻板印象，帶領國中小學生輕鬆征服國中代數學。

鸚鵡螺數學叢書介紹

數學的發現趣談　　蔡聰明／著

一個定理的誕生，基本上跟一粒種子在適當的土壤、陽光、氣候……之下，發芽長成一棵樹，再開花結果的情形沒有兩樣——而本書嘗試盡可能呈現這整個的生長過程。讀完後，請不要忘記欣賞和品味花果的美麗！

摺摺稱奇：初登大雅之堂的摺紙數學　　洪萬生／主編

共有四篇：
第一篇　用具體的摺紙實作說明摺紙也是數學知識活動。
第二篇　將摺紙活動聚焦在尺規作圖及國中基測考題。
第三篇　介紹多邊形尺規作圖及其命題與推理的相關性。
第四篇　對比摺紙直觀的精確嚴密數學之必要。

藉題發揮 得意忘形　　葉東進／著

本書涵蓋了高中數學的各種領域，以「活用」的觀點切入、延伸，除了讓學生對所學有嶄新的體驗與啟發之外，也和老師們分享一些教學上的經驗，希冀可以傳達「教若藉題發揮，學則得意忘形」的精神，為臺灣數學教育注入一股活泉。